DER WESSOBRUNNER STUKKATOR
FRANZ XAVER SCHMUZER

BODENSEE
BIBLIOTHEK

BODENSEE-BIBLIOTHEK

Band 24

Monographien
zur Kunstgeschichte des
Bodenseeraumes

Jan Thorbecke Verlag Sigmaringen
1979

Eva Christina Vollmer

Der Wessobrunner Stukkator
FRANZ XAVER SCHMUZER

Ein Meister des süddeutschen Rokoko

Jan Thorbecke Verlag Sigmaringen
1979

CIP-Kurztitelaufnahme der Deutschen Bibliothek

Vollmer, Eva Christina:
Der Wessobrunner Stukkator Franz Xaver Schmuzer: e. Meister d. süddt. Rokoko / Eva Christina Vollmer. – Sigmaringen: Thorbecke, 1979.
(Bodensee-Bibliothek; Bd. 24)
ISBN 3-7995-5024-0

NE: Schmuzer, Franz Xaver

BODENSEE-BIBLIOTHEK BAND 24

Buchgestaltung: Ulrich Ulrichs, Sigmaringen
Gesamtherstellung: M. Liehners Hofbuchdruckerei KG, Sigmaringen
Printed in Germany · ISBN 3-7995-5024-0

INHALT

VORWORT

Die Bedeutung des Namens Schmuzer gründet sich vor allem auf den hervorragenden Leistungen dieser Künstlerfamilie im Bereich der Stuckdekoration. Nachdem eine teilweise Bearbeitung der frühen und mittleren Stuckdekorationen zur Verfügung steht [1] und auch die Bautätigkeit der Familie vollständig abgehandelt worden ist [2], versucht die vorliegende Arbeit, die von der Philosophischen Fakultät der Johannes-Gutenberg-Universität Mainz 1977 als Dissertation angenommen wurde, eine weitere Lücke in der Schmuzer-Forschung zu schließen, indem sie erstmals das reichhaltige Schaffen des Rokokomeisters Franz Xaver Schmuzer in seiner Gesamtheit vorstellt.

Acht Stuckdekorationen Schmuzers waren der Verfasserin zu Beginn ihrer Beschäftigung mit Wessobrunner Stukkaturen des Rokokos aus der Literatur bekannt (Kappel, Oberammergau, Osterzell, Rottenbuch, Schmiechen, Seekirch, Steingaden, Weingarten). Hinweise auf elf weitere Arbeiten Schmuzers, wobei sich teilweise die bereits angestellten Vermutungen auf diesen Meister bestätigten, gaben Dr. Gabriele Dischinger, Dipl. Ing. Wilhelm Neu und Dr. Karl Kosel (Bidingen, Eching, Eismerszell, Hausen, Heinrichshofen, Hohenpeißenberg, Mittenwald, Partenkirchen, Petzenhausen, Pfaffenhausen, Winkl). In den nun folgenden Jahren unternahm die Verfasserin mehrere ausgedehnte Reisen durch Süddeutschland, wobei sie neben den Hauptwerken bayerischen und schwäbischen Rokokos eine große Anzahl weniger bekannter Bauten besuchte, die aufgrund ihrer baugeschichtlichen Entstehungszeit und wegen ihrer bisher unbekannten Ausstattungskünstler als mögliche Werke für F. X. Schmuzer in Betracht kamen. Dabei konnten neben sieben neuen Schmuzerdekorationen (Ammerhof, Ettal, Iffeldorf, Krün, Obermarchtal, Türkenfeld, Zankenhausen) mehrere Stuckausstattungen, die bisher lediglich als »gute Stuckdekorationen des 18. Jahrhunderts« [3] bekannt waren, bestimmten Meistern zugeordnet werden, so beispielsweise
Franz Xaver Feichtmayr d. Ä.: Paar, um 1747 (Lkr. Aichach-Friedberg); Oberostendorf, um 1747 (Lkr. Ostallgäu, früher Kaufbeuren); Geltendorf, um 1754 (Lkr. Landsberg, früher Fürstenfeldbruck); Roggenburg, um 1756 (Lkr. Neu-Ulm); Obereglfing, um 1757 (Lkr. Weilheim-Schongau, früher Weilheim);

1 Kosel.
2 Dischinger.
3 Bayerische Kurzinventare, Dehio, Schnell & Steiner Kirchenführer, Reclams Kunstführer, u. a.

Feichtmayr-Übelher-Werkstatt: Mühlfeldkirche in Bad Tölz, um 1736/37 (Lkr. Bad Tölz-Wolfratshausen); Chordekoration in Bauerbach, um 1736 (Lkr. Weilheim-Schongau, früher Weilheim); St. Alban bei Dießen, um 1739 (Lkr. Landsberg); Ebersberg, ehem. Klosterkirche St. Sebastian, um 1750 (Lkr. Ebersberg); Andechs, Kreuzkapelle, 1751/55 (Lkr. Starnberg);
Joseph Fischer aus Faulenbach: Chordekoration in Stoffen (Pfarrkirche), um 1740/45 (Lkr. Landsberg); Schwedenkapelle in Stoffen (Werkstattarbeit), um 1740/45 (Lkr. Landsberg); Leeder, um 1741/45 (Lkr. Landsberg, früher Kaufbeuren); Hohenfurch, um 1743/45 (Lkr. Weilheim-Schongau, früher Schongau); Altdorf, um 1747/48 (Lkr. Ostallgäu, früher Marktoberdorf); Sachsenried, um 1753/54 (Lkr. Weilheim-Schongau, früher Schongau); Lengenfeld, um 1760 (Lkr. Ostallgäu, früher Kaufbeuren);
Andreas Henkel aus Mindelheim: Langhaus der Klosterkirche Mussenhausen, um 1763 (Lkr. Unterallgäu, früher Mindelheim);
Johann Michael Merck: Raisting, um 1765 (Lkr. Weilheim-Schongau, früher Weilheim); Pähl (Kirche und Pfarrhof), um 1772 (Lkr. Weilheim-Schongau, früher Weilheim); Unterhausen, um 1773 (Lkr. Weilheim-Schongau, früher Weilheim); Rott (Pfarrkirche und Ottilienkapelle), um 1775/79 (Lkr. Landsberg); Reichling, um 1780 (Lkr. Landsberg).

Die Stuckdekorationen der übrigen besuchten Kirchen waren entweder – entgegen den Angaben in den betreffenden Inventaren – zu früh entstanden, um als Arbeiten Schmuzers in Frage zu kommen, oder es handelte sich um Werke einheimischer Stukkatoren, die nicht dem Wessobrunner Kreis angehören.

Allen geistlichen und weltlichen Betreuern von Kirchen und Archivalien in nachfolgend genannten Orten sowie den Behörden und Institutionen, die durch ihre Unterstützung mit zum Gelingen dieses Buches beigetragen haben, sei hiermit verbindlichst gedankt: der Diözese Augsburg, dem Bischöflichen Priesterseminar Dillingen, dem Erzbischöflichen Ordinariatsarchiv München, den Hauptstaatsarchiven in München und Stuttgart, den Landräten der Kreise Fürstenfeldbruck, Garmisch-Partenkirchen, Landsberg und Weilheim-Schongau, den Pfarrarchiven in Osterzell, Schongau, Unterammergau und Wessobrunn, den Staatsarchiven in München und Sigmaringen, der Handschriftenabteilung der Bayerischen Staatsbibliothek München, dem Bürgermeisteramt der Stadt Weingarten. Zu den von Joseph Schmuzer errichteten Bauten teilte Dr. Gabriele Dischinger (München) großzügig die Ergebnisse ihrer archivalischen Arbeiten mit. Die Durchsicht des Freiherrlich von Wiedersperg-Leonrodschen Schloßarchivs in Schmiechen nahm freundlicherweise Archivpfleger Helmut Rischert (Augsburg) vor.

Besonderer Dank gebührt meinem verehrten Lehrer Prof. Dr. Fritz Arens (Mainz), der die vorliegende Arbeit mit stetem Interesse begleitet und durch zahlreiche Anregungen gefördert hat. Ferner bin ich zu aufrichtigem Dank verpflichtet Sr. Pia Josefa Cremer vom Kloster der Heimsuchung Mariä (Obermarchtal), Pfarrvikar Martin Achter (Augsburg), P. Thomas Hermann OSB (Obermarchtal), Herrn Dr. Sigfrid Hofmann (Steingaden), Herrn Oberamtsrat Kaiserauer, Pädagogische Hochschule Weingarten, P. Laurentius Koch OSB, Archivar des Benediktinerklosters Ettal, P. Adalbert Nagel OSB (Benediktinerabtei Weingarten), Herrn Dipl. Ing. Wilhelm Neu (München), Weihbischof Rudolf Schmid (Augsburg) und P. Dr. Gebhard Spahr OSB, Stiftsarchivar der Benediktinerabtei Weingarten.

EINLEITUNG

Die Kunst des Stuckierens ist zwar ein uraltes Handwerk, das bis etwa 7000 v. Chr. zurückreicht, aber erst im Zeitalter des Barocks sollte sie eine zentrale Bedeutung erlangen [4]. Nach der italienischen Stuck-Renaissance in der ersten Hälfte des 16. Jahrhunderts traten Stuckdekorationen in Deutschland erstmals in der Residenz von Landshut auf, die bis etwa 1545 von italienischen Künstlern ausgestattet wurde. Es waren also oberitalienische Stukkatoren, die im 16. Jahrhundert erstmals die Stuckkunst überhaupt in den Norden brachten [5]. In Bayern kamen am Ende des 16. Jahrhunderts die einheimischen Maurer und Steinmetzen mit Stukkatoren aus den Niederlanden und Italien zusammen und übernahmen von ihnen den in Deutschland bisher nicht bekannten Kunstzweig [6]. Im Laufe des 17. Jahrhunderts entwickelte sich daraus im oberbayerischen Wessobrunn eine Künstlergemeinschaft, die zur bedeutendsten Stuckschule Europas werden sollte [7]. Im letzten Drittel des 17. Jahrhunderts erhielten die südländischen Meister so starke Konkurrenz aus dem inzwischen erstarkten Wessobrunner Kreis, daß ihre Bedeutung im 18. Jahrhundert, als die aufwendigsten Aufgaben an Wessobrunner vergeben wurden, immer mehr abnahm [8]. In dieser Zeit besaßen die Wessobrunner geradezu das Monopol, d i e Stukkatoren zu sein. Wir können uns in Süddeutschland, das die bedeutendsten Werke deutschen Barocks und Rokokos aufweist, kaum einen Bau von Geltung in Erinnerung bringen, ohne dort Wessobrunner zu finden [9].

4 VIERL, S. 9; LANDOLT, S. 96. Auf die verschiedenen Techniken des Stuckierens wird im folgenden nicht eingegangen, da hierüber erschöpfend VIERL Auskunft gibt.

5 MEDICI-MALL, S. 9.

6 MOREL, S. 12. Die Großbauten dieser Zeit waren St. Michael in München (1583–97) und die maximilianische Residenz in München (1611–19); vgl. BRANDIS, S. 70 f.

7 Nach HAUTTMANN, S. 86, gab es im 17. Jh. fünf Stukkatorengruppen: 1. Miesbach, 2. die Italiener in der Münchener Theatinerkirche, 3. den Carlone-Trupp in Niederbayern und der Oberpfalz, 4. den Petrini-Trupp in Unter- und Oberfranken, 5. Wessobrunn.

8 MOREL, S. 11. Nach LANDOLT, S. 97, liegen die Kennzeichen des Wessobrunner Stucks der »klassischen Phase« (bis ca. 1715) und seine Unterscheidungsmerkmale gegenüber der italienischen Richtung in der Herrschaft der üppig entwickelten, aber schon bald mehr und mehr stilisierten Akanthusranke und anderer vegetabilischer Motive (auf Kosten des früheren flachen Rahmenwerks), ferner im Zurücktreten des Figürlichen und im gänzlichen Verzicht auf die von der italienischen Richtung bevorzugten Kartuschen mit geschweiften und gerollten Rahmen.

9 SCHNELL II, S. 192.

Seit die Bedeutung der »Wessobrunner Schule« für den Dekorationsstil des 17. und 18. Jahrhunderts erkannt worden ist, hat man sich immer wieder mit einzelnen herausragenden Vertretern dieser rund sechshundert Künstler umfassenden Gemeinschaft beschäftigt [10]. Neben den Feichtmayr und Zimmermann waren die Schmuzer die bedeutendste Architekten- und Stukkatorenfamilie von Wessobrunn. Sie übten ihre Kunst in sechs Generationen aus und lassen sich vom 16. bis ins 18. Jahrhundert hinein verfolgen. Die ersten uns bekannten Mitglieder der Familie [11] werden in den Wessobrunner Klosterliteralien als Maurermeister bezeichnet [12]. Der erste Stukkator scheint Georg Schmuzer (1575–1645) gewesen zu sein. In den folgenden Generationen entwickelte sich der Typus des Stukkatorarchitekten, dessen Hauptrepräsentanten Johann (1642–1701) und Joseph Schmuzer (1683–1752) waren [13]. Mit Josephs Sohn Franz Xaver, dem letzten künstlerisch tätigen Mitglied der Familie, der sich wieder überwiegend der Kunst der Stuckdekoration zuwandte, schließt sich der Kreis.

Franz Xaver Schmuzer war ein Zeitgenosse von Dominikus und Johann Baptist Zimmermann sowie von Johann Michael und Franz Xaver Feichtmayr. Seine Hauptschaffenszeit, in der er häufig im Auftrage bayerischer und schwäbischer Abteien arbeitete, fällt in die vierziger und fünfziger Jahre des 18. Jahrhunderts. Seine letzte archivalisch gesicherte Stuckdekoration entstand 1766. Zu diesem Zeitpunkt ist ein allmähliches Nachlassen der Bautätigkeit und der materiellen Kräfte zu bemerken [14]. Viele Hauptmeister der Wessobrunner Schule zur Rokokozeit waren nicht mehr am Leben oder starben kurze Zeit später [15]. Die meisten großen Wallfahrts- und Klosterkirchen des Rokokos waren bis 1765 vollendet [16]. Unter diesen Umständen ist es kaum verwunderlich, daß Franz Xaver Schmuzer in seinen letzten acht Lebensjahren offenbar nicht mehr gearbeitet hat. Eine erneute Tätigkeit aufgrund des im Jahrzehnt von 1775 bis 1785 in Süddeutschland noch einmal einsetzenden gesteigerten Baueifers, als Wessobrunner wie Johann Michael Merck, Thassilo Zöpf, Thomas Schaidhauf, Jakob Rauch, Johann Michael Gigl und Franz Xaver Feichtmayr d. J. Beschäftigung fanden, verhinderte der Tod Schmuzers im Jahre 1775.

10 Der Begriff der »Wessobrunner Stukkatorenschule« wurde 1888 von Gustav von Bezold und Georg Hager geprägt: »Als Gustav von Bezold und ich im Sommer 1888 das Bezirksamt Landsberg durchstreiften, um die Denkmale der Kunst zu erforschen, fanden wir in einer Anzahl Kirchen Stukkaturen von auffallend ähnlichem Charakter, und frugen wir, zu welchem Kloster oder welcher Herrschaft die Kirche früher gehörte, so erhielten wir in der Regel die Antwort: zu Kloster Wessobrunn. So erwuchs uns während der Wanderung der Begriff der Wessobrunner Stukkatorenschule« (Hager II, S. 15).

11 Kaspar, gest. vor 1595; Christoph, um 1561–1647; Georg 1575–1645. Siehe dazu die Stammtafel in Dischinger, S. 177–180.

12 Hager I, S. 355 f.

13 Auch Dominikus Zimmermann (1685–1766); vgl. S. 82 ff.

14 Hoffmann, S. 7.

15 Anton Gigl † 1757 (Buch E, Seite 17), Joh. Bapt. Zimmermann † 1758 (E 21), Joh. Georg Übelher † 1763 (E 29), Anton Landes † 1764 (E 32), F. X. Feichtmayr d. Ä. † 1764 (ist Bürger von Augsburg, daher kein Eintrag in den Wessobrunner Büchern), Joh. Gg. Gigl † 1765 (E 33), Dominikus Zimmermann † 1766 (in Wies/Steingaden), Joseph Anton Feichtmayr † 1770 (in Mimmenhausen/Salem), Johann Michael Feichtmayr † 1772 (in Augsburg).

16 Z. B. 1750 Neu-Birnau, 1754 Wies, 1755 Indersdorf und Andechs, 1756 Neustift, Schäftlarn und Gutenzell, 1758 Zwiefalten und Roggenburg, 1763 Rott am Inn, 1764 Ottobeuren.

ZUR BIOGRAPHIE[17]

Franz Xaver Schmuzer wurde am 27. November 1713 als erstes Kind des Baumeisters Joseph Schmuzer und der Therese Schnell in Gaispoint-Wessobrunn getauft[18]. 1722 wurde seine Schwester Maria Agathe geboren, die 1741 den Stukkator Johann Georg Übelher heiratete[19]. Übelher war Hofstukkator des Hochstifts Kempten sowie Mitarbeiter der Brüder Feichtmayr und vielleicht auch Johann Baptist Zimmermanns[20]. Seine bedeutendsten Leistungen sind die Ausstattungen der Kemptener Residenz, der Zisterzienserstiftskirche Wilhering, der Benediktinerabteikirchen Amorbach, Münsterschwarzach und Ettal sowie der Wallfahrtskirche Maria Steinbach[21]. Gelegentlich arbeitete Schmuzer mit seinem Schwager zusammen[22] und wurde durch ihn mit dem Augsburger und Münchener Stil in Berührung gebracht. Über zwanzig Jahre lang gibt es keine Nachricht über Lebensweg und Ausbildungshergang Schmuzers. Erst 1737 taucht sein Name wieder auf, als im April dieses Jahres die Umgestaltungsarbeiten in der gotischen Stiftskirche von Rottenbuch begannen, die sein Vater als Rottenbucher Klosterbaumeister leitete und bei denen der 23jährige Franz Xaver als Palier dem Stukkatorentrupp vorstand: der Rottenbucher Stiftsdekan und Klosterchronist Joachim Hoffmair berichtet, daß »der Ober-Pallier Franz Xaveri Schmuzer an der geschwinde, fleiß unnd wis-

17 Die biographischen Angaben folgen, wenn nichts anderes vermerkt, den Einträgen in den im Pfarrarchiv Wessobrunn aufbewahrten Matrikelbüchern, Bände C–E.
18 Taufeintrag in Buch C, Seite 86 (siehe Quellendokument 1). Unter Gaispoint verstand man in alter Zeit das Dorf Wessobrunn im Gegensatz zum Kloster. Haid ist das eine Viertelstunde nördlich vom Kloster auf der Höhe gelegene Dorf. Die berühmten Schmuzer stammen von dem in Gaispoint ansässigen Zweig der Familie ab (Hager I, S. 348, 356). Nach der Säkularisation des Klosters erhielt Gaispoint am 1. 12. 1853 die Erlaubnis, den Namen Wessobrunn zu übernehmen (Schnell III, S. 193 Anm. 17). Das Geburtshaus in der heutigen Schmuzerstraße 10 war seit 1663 in Familienbesitz. Schon 1711, als das Haus von Joseph Schmuzer übernommen wurde, wird es als »gemauerte Behausung« erwähnt (im Unterschied zu den überwiegend hölzernen Wohngebäuden) und 1813 mit einem Schätzwert von 1100 Gulden veranschlagt (Neu II, S. 18).
19 Taufeintrag am 21. 9.1722 in C 154; Heiratseintrag am 6. 2. 1741 in D 39.
20 Schnell I, S. 15; Brandis, S. 13 ff. Daß Übelher als Gehilfe Johann Baptist Zimmermanns für den Münchener Hof gearbeitet hat, haben Otto Aufleger und Karl Trautmann in »Die Reichen Zimmer der Königlichen Residenz in München«, München 1893, S. 9, ohne Quellenangabe überliefert. Nach Thon (Anm. 782) ließ sich ein archivalischer Nachweis dafür nicht finden.
21 Ebd., Brandis, S. 17 ff., 109 ff.
22 Ettal, Seekirch.

senschafft solle andere ybertroffen haben«[23]. Über die Ausbildung in der Maurer- und Stukkatorenzunft erfahren wir bei Norbert Lieb, daß sich einer dreijährigen Lehre eine etwa zweijährige Gesellenzeit anschloß[24]. Nächste Stufe der Berufstätigkeit war die Funktion des Paliers. Die ordnungsgemäß bestandene Lehre und die Gesellenzeit waren Grunderfordernis, ein rechtschaffener Palierdienst die gute Voraussetzung zur Seßhaftigkeit, Heirat und Erlangung des Meisterrechts[25]. Franz Xaver Schmuzer muß also in der Zwischenzeit die geforderte Ausbildung erhalten haben, und was liegt näher, als daß Joseph Schmuzer selbst seinem einzigen Sohn und Erben die von ihm meisterhaft beherrschte Kunst des Stukkierens beibrachte. Ungefähr fünf Jahre hat Franz Xaver als Palier gearbeitet, denn 1743 unterzeichnete er in Weingarten als »Stukhador Meister von Wessenbrunn«[26].

Die soziale Stellung eines Stukkators im 17. und 18. Jahrhundert war keine geringe; er stand über dem Handwerker im Ansehen eines Künstlers[27]. Im Trupp der Bau- und Kunsthandwerker nahm und nimmt der Stukkator eine Sonderstellung ein. Arbeitsvorgang und Arbeitsprodukt charakterisieren ihn als Spezialisten. Meist lieferte er selbst Entwürfe zu seinen Dekorationen, war er planendes und ausführendes Organ zugleich[28]. Mit der Zeit gelangten die Stukkatoren zu einem solchen Selbstbewußtsein, daß sie nicht länger mit jenen Handwerkern gleichgesetzt werden wollten, zu denen sie einstmals gezählt hatten[29]. Zahlreiche zeitgenössische Quellen zeugen von der Achtung, die man den Stukkatoren und ihrer Kunst entgegenbrachte. Bei Bauaufträgen wurden beispielsweise neben dem Akkord mit dem Baumeister fast immer separate Arbeitsverträge mit dem Freskanten und dem Stukkator geschlossen[30]. Die Löhne der Stukkatoren stehen durchweg über denjenigen der Handwerksmeister und sind am ehesten mit den Honoraren der Freskanten vergleichbar[31]. Auch im schriftlichen Verkehr wurden die

23 Hoffmair, Sprengelsbach, S. 544. Bei Mois I, S. 40 zitiert (siehe Quellendokument 21 b).
24 Lieb/Dieth, S. 13 f.
25 Ebd.
26 Siehe Quellendokument 27.
27 Medici-Mall, S. 18 f.
28 Morel, S. 14.
29 Ebd.
30 Ebd.
31 Ebd. An Franz Xaver Schmuzer wurden folgende Löhne gezahlt: Eismerszell 182 fl. + 12 fl. Kostgeld; Weingarten 1100 fl + 30 fl. 40 xr. verehrt; Pfaffenhausen 350 fl.; Frauenkirche Petzenhausen 135 fl.; Osterzell 250 fl. + 1 fl. 30 xr.; Kappel 360 fl.; Pfarrkirche Petzenhausen 320 fl.; Schmiechen 970 fl. (einschließlich des Altars); Seekirch 150 fl. + 16 fl.; Obermarchtal 254 fl.; Ammerhof 375 fl. Ein Vergleich mit den Ausgaben für die jeweiligen Freskomaler zeigt, daß die beiden Künstler, »deren Arbeiten hauptbestimmend für die Raumwirkung einer Rokoko-Kirche sind« (Morel, S. 22), im allgemeinen mit nahezu gleich hohem Honorar rechnen konnten. Bei F. X. Schmuzer lag der Stukkatorlohn sogar durchweg über dem des Malers:

	Stukkator(en)		Freskant	
Rottenbuch:		3546 fl.	M. Günther	1534 fl.
Osterzell:		250 fl.	J. B. Baader	100 fl.
Seekirch:		150 fl.	F. Sigrist	90 fl.
(Lhs. Übelher		450 fl.)	(Lhs. F. M. Kuen	450 fl.)
Ammerhof:		375 fl.	J. A. Veeser	100 fl.

Stukkatoren als Künstler geachtet: »während die Handwerker mit dem bloßen Nachnamen erwähnt sind, geht bei den Stukkateuren fast immer der Vorname voraus, ebenso der Titel ›Herr‹. Bei Arbeiten in Klöstern waren sie zusammen mit Maler und Bildhauer an die Hof- und Herrentafel geladen, während Künstlersöhne und Handwerker an der Meistertafel, Handlanger und andere Hilfskräfte in der ›Knechtstube‹ verpflegt wurden« [32].

1741 war Franz Schmuzer, der Bruder des Joseph, »praecellens in arte Gypsatoria Magister« [33], im Alter von 64 Jahren gestorben. Nun stand der knapp 30jährige Franz Xaver an der Spitze der Schmuzer-Werkstatt [34], während sich sein Vater Joseph den mannigfachen Bauaufträgen widmete.

In die Zeit nach der Meistersprechung fällt die erste Heirat Schmuzers mit Maria Anna Franziska Herckner, die außerhalb Wessobrunns stattgefunden haben muß, da die Trauung nicht in den Wessobrunner Matrikelbüchern verzeichnet ist. Das erste (frühverstorbene) Kind dieser Ehe wurde im Januar 1746 geboren. Im diesbezüglichen Taufeintrag wird Schmuzer als »Dominus« und »praecellens Gypsator« bezeichnet [35]. Die ein Jahr später, im Januar 1747 geborene Tochter Maria Veronika heiratete 1769 den Stukkator Johann Maximus Schmid [36].

Bereits im Juni 1748 starb Schmuzers erste Frau [37]. Die zweite Heirat mit Maria Rosa Filser aus Schongau fand im November 1750 statt [38]. Von den dreizehn Kindern dieser Ehe [39] überlebte nur der 1754 geborene Sohn Johann Joseph das Kindesalter [40].

Während der noch am Beginn stehenden Bauarbeiten an Joseph Schmuzers letztem Werk, der Stiftsanlage von Rottenbuch, starb der Baumeister 1752 im Alter von 69 Jah-

32 Morel, S. 14.
33 Sterbeeintrag am 21. 4. 1741 in D 41.
34 Zum Betrieb einer Werkstatt war außer den Stukkatoren, die die eigentliche Antragarbeit besorgten, eine Reihe von Hilfskräften nötig. »Sie wurden für den handwerklichen Teil der Arbeiten gebraucht, für die Bereitung der Stuckmasse, die mehrmals am Tag zu erfolgen hatte, für die laufende Versorgung des Stukkators mit Material auf dem Gerüst, für das Ziehen der Stuckprofile (Quadraturer), für das Gießen von Einzelmotiven, die später vom Meister in die Dekoration eingefügt wurden usw. Ältere Gesellen assistierten dem Stukkator bei der künstlerischen Arbeit« (Morel, S. 20 f.). Weitere Angaben zum Betrieb einer Stukkatorenwerkstatt mit Angaben über Löhne, Unterkunft und Verpflegung, Akkorde zwischen Bauherr und Stukkator bei Morel, S. 14–22. Über die Organisation der Ausbildung und Tätigkeit, Familien- und Sippenverbindungen usw. siehe Lieb/Dieth, S. 12–15. Zur Frage der Arbeitsteilung und der Weitergabe von Aufträgen vgl. Pest, S. 57 f.
35 Taufeintrag am 12. 1. 1746 in D 218 (siehe Quellendokument 3).
36 Taufeintrag am 15. 1. 1747 in D 235 (siehe Quellendokument 3); Heiratseintrag am 6. 2. 1769 in E 22 (siehe Quellendokument 8).
37 Sterbeeintrag am 13. 6. 1748 in D 77 (siehe Quellendokument 4).
38 Heiratseintrag am 23. 11.1750 in D 74 (siehe Quellendokument 5).
39 Siehe Quellendokument 6.
40 Zum Zeitpunkt seiner zweiten Heirat bezog Schmuzer das Haus in der heutigen Zöpfstraße 8, das er bis zum Tode seiner zweiten Frau 1768 mit seiner Familie bewohnte. Seit 1765 gehörte ihm auch sein ehemaliges Geburtshaus (Schmuzerstraße 10), das nach Joseph Schmuzers Tod 1752 von dessen Schwiegersohn Übelher übernommen worden war. Als F. X. Schmuzers Tochter Veronika 1769 heiratete, überließ er ihr das Haus Zöpfstraße 8 und zog in sein Geburtshaus, das auch sein Sterbehaus geworden ist (Neu II, S. 7).

ren [41]. In den fünfzehn Jahren ihrer Zusammenarbeit haben Vater und Sohn in rund zehn Kirchen und Klöstern Beispiele ihrer Kunst hinterlassen, darunter in Rottenbuch, Oberammergau, Mittenwald, Weingarten, Hohenpeißenberg und Ettal.

Nur wenige Jahre später starb auch Schmuzers Schwester Agathe mit 37 Jahren [42]. Der Witwer Johann Georg Übelher ging knapp vier Monate nach dem Tod seiner ersten Frau eine zweite Ehe mit der Klostergärtnerstochter Scholastika Raffler ein. Bei der Eheschließung im Februar 1760 war Franz Xaver Schmuzer Trauzeuge [43].

Schmuzers letzte gesicherte Arbeit ist die 1766 im Auftrag des Klosters Obermarchtal erfolgte Stukkierung der Ammerhofer Kapelle bei Tübingen. In den Wessobrunner Matrikelbüchern taucht sein Name 1767 anläßlich einer Hochzeit, bei der er Trauzeuge war, zum letzten Mal vor seinem Tode auf [44]. Wie er die letzten neun Jahre seines Lebens verbrachte, wissen wir nicht. Nach weiteren Schicksalsschlägen, dem Tod der Mutter (1765) [45] und seiner zweiten Frau Maria Rosa (1768) [46], starb Franz Xaver Schmuzer am 24. April 1775 im Alter von 62 Jahren in Wessobrunn [47]. Es blieb ihm erspart, auch den frühen Tod des einzigen Sohnes Johann Joseph miterleben zu müssen, der fast auf den Tag genau zwei Jahre nach seines Vaters Tod nur 22jährig diesem ins Grab folgte [48]. Mit ihm erlosch die Familie Schmuzer vollends.

41 Sterbeeintrag am 19. 3. 1752 in E 4 f.; siehe Dischinger, S. 173.
42 Sterbeeintrag am 16. 10. 1759 in E 23.
43 Heiratseintrag am 11. 2. 1760 in E 14 (siehe Quellendokument 10 d). Übelher starb drei Jahre später (1763) in Maria Steinbach (Sterbeeintrag am 24. 4. 1763 in E 29, zitiert bei Hager I, S. 439, Anm. 1; seine Witwe heiratete am 19. 10.1763 den Maler Matthäus Günther (Schnell I, S. 15).
44 Siehe Quellendokument 10 g.
45 Sterbeeintrag am 25. 6. 1765 in E 33.
46 Sterbeeintrag am 8. 11. 1768 in E 37 (siehe Quellendokument 7).
47 Sterbeeintrag am 24. 4. 1775 in E 54 (siehe Quellendokument 11).
48 Sterbeeintrag am 27. 4. 1777 in E 59 (siehe Quellendokument 12).

DIE WERKE

Unter dem Einfluss des Vaters

Die erste archivalisch gesicherte Arbeit Franz Xaver Schmuzers ist die 1737 unter der Leitung seines Vaters begonnene Umgestaltung der gotischen Stiftskirche zu Rottenbuch [49]. Eine solch umfangreiche Aufgabe, bei der der 23jährige Schmuzer die verantwortungsvolle Position eines Oberpaliers innehatte, wäre ihm sicher nicht anvertraut worden, wenn er sich nicht schon vorher als Stukkator bewährt hätte. Wo Schmuzer seine praktischen Erfahrungen gesammelt hat, wissen wir nicht. Wenn man aber davon ausgeht, daß die angehenden Maurer und Stukkatoren in der Regel im Alter zwischen 14 und 19 Jahren ihre dreijährige Lehre antraten [50], kann man etwa das Jahr 1731 als Ende von Schmuzers Lehrzeit annehmen. Der Unterricht erfolgte zum Hauptteil in der Praxis, an den Baustellen. In »Winterkursen« wurde das nötige theoretische Wissen vermittelt. Da die Weiterbildung der Gesellen ebenfalls vorwiegend in der Praxis geschah, ist es möglich, daß Franz Xaver bei den von 1729 an entstehenden großen Kirchenbauten seines Vaters – Welden [51] (1732 stuckiert), Garmisch [52] (1732/33 stuckiert) und Gablingen [53] (1735 stuckiert) – im jeweiligen Stukkatorentrupp mitgewirkt hat [54]. In allen drei Bauten wurden die Stukkaturen nach dem Entwurf Joseph Schmuzers ausgeführt [55]. Es handelt sich um überwiegend vegetative Dekorationen in frühen Rokokoformen, durchsetzt mit Band- und Gitterwerk, wobei Welden mit seinen Akanthusranken und Kelchblattgehängen noch dem neun Jahre früheren Pfaffenhofen [56] verpflichtet ist, während in Gablingen bereits manches auf Rottenbuch weist.

49 Siehe Quellendokument 22.
50 Lieb/Dieth, S. 13.
51 Dischinger, S. 76 ff., 152 f.
52 Ebd., S. 72 ff., 141 f.; Hitchcock II, S. 135 ff.
53 Dischinger, S. 79 ff., 141.
54 In der Reihe der von 1729 an entstehenden Kirchenbauten Joseph Schmuzers gehört auch die 1732–34 errichtete Wallfahrtskirche Maria Aich bei Peißenberg (Lkr. Weilheim-Schongau), deren Stuckdekoration (um 1734) sich an Welden und Garmisch orientiert (Dischinger, S. 160). Auch hier könnte der junge F. X. Schmuzer praktische Erfahrungen gesammelt haben.
55 Vgl. Anm. 51–53.
56 Dischinger, S. 63 ff., 148; Kosel, S. 234 ff.

Auch die *Wallfahrtskirche St. Anton in Partenkirchen* ist mit großer Sicherheit ein Werk der Schmuzer, obwohl Bauakten nicht mehr erhalten sind [57]. An die 1704 erbaute Votivkirche, bestehend aus einem kleinen achteckigen Zentralbau und Altarraum, wurde 1735/36 ein Langhaus angebaut und gleichzeitig das Oktogon stuckiert [58]. Als Architekt des Erweiterungsbaus wird mit großer Wahrscheinlichkeit Joseph Schmuzer angenommen [59]. Es fällt nicht schwer, ihm auch den Entwurf für die Stukkaturen des Oktogons zuzuschreiben, die deutlich auf die Stuckdekorationen von Garmisch und Gablingen weisen (Abb. 1,2). Übereinstimmend wurde reine Bandwerkornamentik, mit Gitterwerk, eingestreuten Blüten und Blumenvasen durchsetzt, verwendet. Das Blattwerk mit den leicht umgebogenen Enden ist gleichartig behandelt, Muschelwerk fehlt in Garmisch und Partenkirchen noch ganz. Die geschweifte Kartuschenform weist eindeutig auf Chor und Querhaus in Rottenbuch hin. »Die zarten Stukkaturen im achteckigen Teile des Kirchleins erscheinen wie eine weitere Entwicklung der Garmischer und sind im übrigen den letzteren sehr verwandt« [60].

Als Joseph Schmuzer 1735 von dem Augustinerchorherrenstift Rottenbuch zum Klosterbaumeister ernannt [61] und mit Umgestaltungsplänen für die Stiftskirche beauftragt worden war [62], mußte ihm die Gelegenheit, sich vom Können seines Sohnes im Hinblick auf künftige Aufgaben zu überzeugen, in Gablingen und Partenkirchen günstig erschienen sein, so daß wir nicht zuletzt aus diesem Grunde die Mitwirkung Franz Xaver Schmuzers in den genannten Bauten annehmen sollten.

Die Umgestaltung der Stiftskirche Rottenbuch 1737–1745

1735 übertrug Propst Patritius Oswald von Rottenbuch (1700–1740) seinem Klosterbaumeister die Aufgabe, die spätgotische Stiftskirche im Stile seiner Zeit umzugestalten (Farbtafel I und Abb. 3). Die Vorbereitungen dieses Unternehmens beanspruchten zwei Jahre, so daß die Arbeiten erst im Frühjahr 1737 beginnen konnten [63]. Das Problem, das Joseph Schmuzer zu lösen hatte, war die Umwandlung einer mittelalterlichen Basilika unter Berücksichtigung der spätbarocken Raumauffassung [64]. Am eigentlichen Baukörper sollten keine wesentlichen Veränderungen vorgenommen werden; vielmehr galt es, den Innenraum neu auszustatten [65]. Aus diesem Grunde trifft der bisweilen er-

57 Dischinger, S. 68 f., 159.
58 Zur Datierung 1735/36 siehe Lamb I, S. 371 ff., und Mick, S. 16–54. Meist wird der Umbau 1738/39 datiert, aber seit Carl Lamb unter dem Dachstuhl die in Mörtel geritzte Jahreszahl »1736« fand und auch Holzers Signatur »I. Holzer 1736« auf der oberen Glocke des Freskos vor der westlichen Seitenkapelle erstmals richtig entziffern konnte, muß der Um- und Erweiterungsbau in die Jahre 1735/36 gelegt werden.
59 Wie Anm. 57.
60 Hager I, S. 432 f.; Mois V, S. 81–87. Zu den Gitterwerkfüllungen vgl. Anm. 301.
61 Dischinger, S. 72.
62 Ebd., S. 104 ff., 148 f.
63 Ebd., S. 104.
64 Ebd.
65 Ebd. Dies gilt auch für die Umgestaltung des Langhauses in Steingaden, S. 36 ff.

hobene Vorwurf, die Umgestaltung des 18. Jahrhunderts habe sich der architektonischen Aufgabe nicht gewachsen gezeigt, am Wesentlichen vorbei [66]. In Rottenbuch spielte der Baumeister Schmuzer nur eine untergeordnete Rolle [67] (lediglich die Fenster wurden umgeformt und vermehrt, die Spitzbögen verkleidet und die steilen Gewölbe nach Abschlagen der Rippen verschalt); hier war es der Stukkator, »welcher gemeinsam mit seinem Sohn eine der schönsten und bedeutendsten Rokokodekorationen schuf, die er nur noch einmal, in Ettal, zu überbieten versuchte« [68].

Durch die Aufzeichnungen des Stiftsdekans Joachim Hoffmair sind wir bis ins kleinste Detail über die Umgestaltungsarbeiten in Rottenbuch unterrichtet [69]. 1737 wurde mit der Dekoration in Chor und Querhaus begonnen, für die man genau zwölf Monate benötigte. Nach dem Riß Joseph Schmuzers arbeiteten neun Wessobrunner Stukkatoren und zwei Lehrbuben unter der Leitung des Oberpaliers Franz Xaver Schmuzer; Joseph Schmuzer selbst hat in Rottenbuch nicht mehr eigenhändig mitstuckiert [70]. Da er meistens mehrere Aufträge nebeneinander auszuführen hatte [71], konnte er nur immer da und dort nachsehen, um das bisher Geleistete zu überprüfen und künftige Aufgaben zu besprechen [72]. Schon Jakob Mois wies in diesem Zusammenhang daraufhin, daß der Anteil des Franz Xaver als Oberpalier bei der Ausstuckierung der Kirchenbauten seines Vaters, besonders in späterer Zeit, viel bedeutender gewesen sein muß, als man bisher angenommen hat [73].

Die Dekoration des Mittelschiffs erfolgte drei Jahre später, 1741–1742 [74]. Auch das südliche Seitenschiff wurde 1742 zum größten Teil fertiggestellt. Nach einer Zwangspause, die der Österreichische Erbfolgekrieg verursacht hatte, wurden die Arbeiten 1745 mit der Stuckierung der Orgelempore und der (durch die Säkularisation zerstörten) Josephskapelle beendet.

Die Dekoration in Chor und Querhaus, 1737/38: Die Wandgliederung ist in den Ostteilen einheitlich. Über dem umlaufenden Gesims erheben sich – von geschweiften Konsolen unterstützt – Pilaster, deren rotmarmorierte Füllungen mit vergoldeten Bandwerkmotiven verziert sind. Sie tragen korinthisierende Kapitelle, ein kämpferartiges Zwischenglied und das Gebälkstück. In den darüber aufsteigenden Gewölbezwickeln sind lebhaft geschwungene Kartuschen angeordnet, deren auffälliger Umriß im kurz zuvor stuckierten Partenkirchener Oktogon vorgebildet ist. Sie werden von kräftigem Muschelwerk und volutenartig eingerolltem Band- und Akanthusblattwerk umgeben, aus

66 KDB Obb. I, 1 S. 591, und Dehio III, S. 471, wo die Leitung der Innendekoration dem Maler Matthäus Günther und die Stukkaturen Johann Feichtmayr zugeschrieben werden. Diese Theorie hat G.-F. Koch, S. 42 übernommen.

67 Dischinger, S. 105.

68 Ebd.

69 Hoffmair, Sprengelsbach (siehe Quellendokument 22).

70 Mois I, S. 37.

71 Dischinger, S. 101; Mois I, Anm. 121: gleichzeitig mit der Rottenbucher Neugestaltung hatte Joseph Schmuzer Aufträge in Friedrichshafen, Oberammergau, Mittenwald, Pfaffenhausen und Weingarten zu erfüllen.

72 Über die Aufgaben eines Klosterbaumeisters berichtet Dischinger, S. 17.

73 Mois I, S. 37.

74 Siehe Quellendokument 22.

dem zusätzlich vergoldete Palmwedel und Blattzweige hervorwachsen. Die stilisierte Scheitelpalmette wird gleichfalls von eingerolltem Laubwerk gerahmt.

Die Stichkappen sind mit Ornamenten aus Muschelwerk, geschweiften Bandwerkgliedern, Blattranken und blütenbesetzten Gitterfeldern verziert. Die Stichkappenscheitel werden abwechselnd von kleinen Kartuschen und geflügelten Engelsköpfchen auf Wolken bedeckt; die Kappengrate sind mit Band- und Blattwerkornamenten besetzt. Zwischen den Stichkappenfeldern ranken sich vergoldete Blumengirlanden, die an den eingerollten Enden einzelner Bandwerkschwünge aufgehängt sind. Die pilasterförmigen Fensterumrahmungen schmücken im Scheitel plastische Aufsätze aus gerolltem Band- und Laubwerk, Vasen und Akanthusranken.

Die Mitte des Chorgewölbes bedeckt ein großes ovales Deckenbild, dessen Rahmen, wie auch bei den übrigen Gewölbefresken, mit goldenen, an Beschlagwerk erinnernden Ornamenten besetzt ist. Nach Osten und Westen schließt sich an das Fresko ein aus Gitter-, Ranken- und Muschelwerk gebildetes Feld an, das Ähnlichkeit mit der Ornamentik über dem Hochaltar der Stiftskirche Dießen aufweist (Abb. 4,5) [75].

Das Vierungsgewölbe wird durch schmale Gurtbögen von den Chor- und Querhausgewölben abgegrenzt. Im Scheitel der Bögen sind breit angelegte, C- und S-förmig geschwungene Ornamente aus Band-, Muschel- und Gitterwerk so angeordnet, daß sie die einzelnen Gewölbefelder miteinander verbinden. Über den Eckpfeilern der Vierung, die besonders reich verziert sind, steigen vier große Kartuschen aus üppigem Roll- und Laubwerk in die Gewölbezwickel auf und ragen bis in das mittlere Rundfresko hinein [76]. Auch in den Querhausarmen sind über den Wandpilastern große Kartuschen angeordnet, die über die ornamentbesetzten Rahmen der vierpaßförmigen Deckenfresken bis in das Innere der Gemäldefelder reichen (Abb. 6). Die beiden unterschiedlich gestalteten Kartuschentypen bestehen aus sehr fein ausgearbeiteten Muschelrändern, vergoldeten Blattwedeln, Blumenranken und eingerolltem Akanthusblattwerk [77].

Zwischen dem Stuck des Langhauses und dem der Ostteile ist ein Wandel in den Formen und Motiven zu erkennen. Infolge der damals sehr raschen Entwicklung der Stuckmuster ist die Spanne von ein paar Jahren nicht ohne Wirkung geblieben [78]. In den Ostteilen von 1737/38 »sind die Formen kräftiger und gedrängter; neben dem Roll- und Muschelwerk noch reichlich mit Band- und Pflanzenmotiven durchsetzt. Barocke

75 Die kurz zuvor (1735/36) von der Stukkatorengemeinschaft Feichtmayr-Übelher geschaffene Stuckdekoration in der Klosterkirche zu Dießen (München I, S. 29 ff.; Brandis, S. 111 ff.; G.-F. Koch, S. 42) läßt sich sowohl von der verwandten Motivik als auch von der ähnlichen Stuckbehandlung her gut mit Rottenbuch (Chor und Querhaus) vergleichen. Es seien hier nur erwähnt die mit Ornamenten besetzten Freskorahmen, die Wolkenbildungen mit den geflügelten Puttenköpfchen, das Motiv des Engelskopfes vor einer Palmette oder Muschel an den Kapitellen und die mit den Rottenbucher Vierungskartuschen in Form und Aufbau sehr ähnlichen Dießener Kuppelkartuschen.

76 Die Vierungskartuschen werden in Kapitel Mittenwald, S. 25, genau beschrieben.

77 Bei der Kartusche, die an den Ost- und Westseiten der Querhausarme angebracht ist und die in ihrem unteren Teil einen von breiten C-Bögen begleiteten (Engels?)-Kopf zeigt, kommt erstmals ein knorpeliger, wie geknetet wirkender Muschelrand vor, wie er für F. X. Schmuzers Dekorationen der fünfziger Jahre charakteristisch ist.

78 Mois I, S. 72.

Gestalt und Fülle zeigen namentlich die großen Kartuschen am Vierungsgewölbe« [79]. In der Langhausdekoration von 1741/42 dagegen »sind die Formen leichter und bewegter« [80]. Nur noch vereinzelt tritt Bandwerkornamentik auf, dafür herrscht nun reines Rocaillewerk vor [81].

Dekoration des Mittelschiffs, 1741/42: Der Stuckdekor an den Wänden des Mittelschiffs ist einer bestimmten Reihenfolge unterworfen. Ausgangspunkt in dem sechsjochigen Langhaus sind die mittleren Pfeiler, von wo aus die sich anschließenden Wandfelder und Fensterlaibungen jeweils drei Ornamentthemen nach Osten und Westen weitertragen [82]. Die geschweiften Stuckrahmen der Hochwandfresken zeichnen sich durch einen ungewöhnlichen Formenreichtum aus (Abb. 7). Es ist kaum mehr ein Unterschied in der Behandlung des Blatt- und Muschelwerks zu bemerken, das von spitz zulaufenden, ausgefransten, über knorpelige und runde Formen bis hin zu wellen- oder faltenartig gebogenen Muschelwerksäumen reicht. Die Rocaillen sind häufig mit vergoldeten Pfeifen, Glöckchen und Punkten besetzt. Der äußerst bewegte Eindruck wird durch die umgebogenen Spitzen und Ränder des Laub- und Rocaillewerks sowie durch die zusätzlich eingefügten, lebhaft geschwungenen Palmwedel und Blattranken noch unterstrichen.

An den Arkadenpfeilern steigen flache Pilaster auf (Abb. 8, 9, 10), deren hellblaue Füllungen von Band- und Blattwerk umspielt werden. Ihre Kapitelle sind im Aufbau denen der Ostteile gleich, doch ist an Stelle des kleinteiligen Rollwerks, der vergoldeten Blumen und der stilisierten Scheitelpalmette bedeutend mehr Muschelwerk getreten [83]. Über den Gebälkstücken setzt sich die Bewegung fort in schwungvollen, großzügigen Kartuschen aus Muschel- und Blattwerk, die abwechselnd ein in goldgelben Tönen gemaltes Fresko oder eine stilisierte Vase mit vergoldeten Rosenzweigen auf zartblauem Grund rahmen [84].

Bei der Gestaltung des Mittelschiffgewölbes wurde mit der Zusammenfassung der mittleren Joche durch ein großes Fresko der Mittelpunkt festgelegt (Farbtafel I und Abb. 3). Durch den vergoldeten Rahmen wird dieses Gemälde zusätzlich hervorgehoben

79 Ebd.
80 Ebd.
81 An dieser Stelle sei auf die (nur noch im Chor erhaltene) Stuckdekoration der Pfarrkirche St. Johann Bapt. in Holzhausen bei Buchloe (Lkr. Landsberg) hingewiesen, die möglicherweise von der Schmuzer-Werkstatt geschaffen worden ist (Abb. 14). Die dem Kloster Steingaden inkorporierte spätgotische Kirche wurde 1739 einheitlich umgestaltet (Fresken von dem Augsburger Johann Georg Lederer). Die Bildkartuschen mit den seitlich herauswachsenden Engelsköpfen sind offensichtlich vom Rottenbucher Chor und Querhaus beeinflußt, während die Stichkappenfüllungen Vorbilder in Gablingen und Partenkirchen haben. Bei der letzten Restaurierung 1970/71 stürzte das Langhaus ein und wurde durch einen modernen Neubau ersetzt, so daß heute nur noch Chor und Turm in ihrer ursprünglichen Gestalt erhalten sind. Literatur: KDB Obb. I, 1 S. 530; Hist. Atlas 22/23, S. 195; Heimatbuch Landsberg, S. 500.
82 Wie Anm. 78.
83 Siehe auch die Kapitelle in Oberammergau (Abb. 18), die eine direkte Vorstufe zu den Rottenbucher Langhauskapitellen darstellen, sowie das züngelnde Blattwerk im Scheitel der Eismerszeller Kartuschen (Farbtafel IV).
84 Hier wird zum ersten Mal das Motiv des Blattwedels, der einen kleineren C-Bogen überkreuzt, verwendet. Vgl. dazu die Dekorationen seit 1749, bei denen dieses Motiv sehr häufig auftritt.

und deutet so den Versuch einer Zentralisierung des Längsraumes an [85]. Alle Deckenfresken werden durch überleitende geschweifte Motive mit den Stichkappenfüllungen verbunden. Über dem Triumphbogen befindet sich das unierte Wappen des Klosters Rottenbuch und seines Propstes Clemens Prasser (1740–1770) [86].

Dekoration der Seitenschiffe, 1742 und 1744: Die Seitenschiffe werden ebenfalls durch Pilaster gegliedert. Die originellen Kapitelle (Abb. 11) – einmal ein Engelskopf in Muschelwerk, dann ein aus Rocaille- und Laubwerk gebildetes Ornament – können wir später in ähnlicher, noch weiterentwickelter Form auch in Hohenpeißenberg, Winkl, Petzenhausen, Türkenfeld, Schmiechen und Seekirch antreffen [87].

An den Gewölben werden je zwei Deckenfresken von einem dichten Gespinst lebhaft bewegter Stukkaturen umgeben (Abb. 13). Die Form der Gemäldefelder und die sie rahmenden C-Schwünge, die von kleinteiligem Blattwerk überspielt werden, lassen sich einwandfrei von dem Mittelfresko des Eismerszeller Chores ableiten [88]. Im Unterschied zur Mittelschiffsdekoration wird in den Seitenschiffen wieder überwiegend Bandwerkornamentik, vermischt mit Rocaille- und Blattwerk, verwendet. Wegen der geringen Höhe sind die Stukkaturen zarter und kleinteiliger; auch auf Vergoldung der Ornamente wurde verzichtet.

Dekoration der Westempore, 1745: Die Westempore wölbt sich in Stichbögen über die drei Schiffe des Langhauses. Der das Mittelschiff überspannende Bogen nimmt in seiner Mitte das Rückpositiv der Orgel auf (Farbtafel II). Darunter sind in einer von Gitterwerkfeldern begleiteten querovalen Kartusche drei musizierende Engel im Halbrelief dargestellt. Die Flächen seitlich davon werden mit großzügig geschwungener Rocaille-, Blatt- und Bandwerkornamentik bedeckt. Die dabei entstehenden kleinen Kartuschen sind mit Puttenköpfen, Rosetten, Eiern, Punkten, Pfeifen, Glöckchen und Blütengirlanden verziert.

Im Mittelpunkt der Emporenbögen, die sich über die Seitenschiffe spannen, befinden sich je zwei Engelsköpfe in einem kreisrunden Muschelrand, der wiederum von C-förmigen Rocailleschwüngen, kleinen Gitterwerkfeldern, Palmwedeln, Blattranken und Laubwerk mit umgebogenen Spitzen gerahmt ist. Die Dekoration des ebenfalls mit Fresken geschmückten dreischiffigen Joches unter der Orgelempore schließt sich motivisch und stilistisch den Stukkaturen der Seitenschiffe und der Empore selbst an.

Die außergewöhnlich reiche Stuckdekoration wurde dem gotischen Raumgefüge sehr feinfühlig angeglichen. Auf sonst – auch bei der Umgestaltung mittelalterlicher Kirchen – als obligat geltende Formen der Barockarchitektur wurde verzichtet. Die Pilaster sind flach, und ihre Gebälkstücke treten nur wenig hervor, da sonst der ohnehin schmale Raum noch mehr beengt worden wäre. Ein umlaufendes verkröpftes Kranzgesims fehlt, weil man dadurch die Horizontale zu stark betont und das Aufwärtsstrebende des

85 Dischinger, S. 105; Hitchcock II, S. 140.

86 Nachfolger des 1740 verstorbenen Rottenbucher Propstes Patritius Oswald wurde der ehemalige Oberammergauer Kaplan und Pfarrvikar Clemens Prasser (Mois IV, S. 150). Sein Wappen besteht aus einem Lamm und den Anfangsbuchstaben seines Wahlspruchs P*rodesse* O*mnibus*, N*emini* O*besse* C*upio* = Allen zu nützen, keinem zu schaden, ist mein Bestreben (Pörnbacher I, S. 51).

87 Vgl. dazu die entsprechenden Kapitel.

88 Siehe S. 26 f.

gotischen Wandsystems gehemmt hätte. Auch auf Gewölbegurte wurde verzichtet [89]. »Der Besucher wird durch die Fülle der Farben, Ornamente und Formen gänzlich von dem architektonischen Aufbau abgelenkt, sein Eindruck von der über alles gebreiteten Dekoration bestimmt, die wie auf einem unsichtbaren Träger ruht« [90]. Neben dem überquellenden Formenreichtum und der technisch vollendeten Ausführung der Stukkaturen zeichnet sich die Rottenbucher Dekoration vor allem durch ihre sorgfältige Detailbehandlung aus, die, besonders in den älteren Ostteilen, an Dominikus Zimmermanns Stuckkompositionen in Steinhausen denken läßt [91]. Aus einer Fülle liebevoll gestalteter Einzelheiten, die mit bloßem Auge kaum erkennbar sind, seien hier nur die mit kleinen goldenen Punkten besetzten Blattschwünge, die ganz der Natur nachempfundenen Blüten, Blätter und Früchte, das in feinste Falten gelegte Muschelwerk und die wie Perlschnüre anmutenden Ränder der Muschelwerksäume herausgegriffen (Abb. 12). Die hohe künstlerische Leistung, die Joseph Schmuzer mit seinem Sohn hier erbracht hat und die in dieser Geschlossenheit einmalig im Werk der Schmuzer geblieben ist, stellt Rottenbuch an die Spitze der Stuckkunst des 18. Jahrhunderts.

Die Pfarrkirche in Bidingen 1738

Im Jahre 1738, als die Umgestaltung der Rottenbucher Ostteile ihrer Vollendung entgegenging, wurde die spätgotische Pfarrkirche St. Pankratius in Bidingen umgebaut und gleichzeitig mit Stuck und Fresken versehen. Wegen vieler Ähnlichkeiten mit Rottenbuch ist anzunehmen, daß die Stukkaturen in Bidingen von denselben Wessobrunner Künstlern geschaffen wurden, die unter Joseph und Franz Xaver Schmuzer in der Stiftskirche Rottenbuch arbeiteten [92]. Die Dekoration der Pfarrkirche ist verständlicherweise sparsamer und zurückhaltender als die der Klosterkirche (keine Kapitelle, keine Vergoldung, keine Wolken mit Engelsköpfen an den Stichkappenscheiteln, einfache Profilrahmen ohne aufgelegte Ornamente, teilweise nur gemaltes Gitterwerk), aber die Verwandtschaft mit den Rottenbucher Stukkaturen ist leicht zu erkennen. Besonders die Langhauskartuschen weisen auf das Vorbild (Abb. 15), aber auch die Besetzung der Stichkappengrate und die Fensteraufsätze lassen sich gut vergleichen. Vorherrschend ist Bandwerkornamentik; vereinzelt kommen auch Muschelmotive vor, meist als Abschluß einer Kartusche.

An den Profilrahmen des Chorfreskos schließen östlich und westlich kleine, von Band- und Gitterwerk umgebene Kartuschen mit Chronogrammen (1909 und 1907) an. In den Zwickeln der Stichkappentonne sitzen insgesamt vier geschweifte Bildkartuschen, die von Blatt- und Gitterwerk gerahmt werden. Ihr oberer Teil wird von einem halb-

89 Mois I, S. 72.
90 Dischinger, S. 105.
91 Da viele Einzelheiten der Stuckbehandlung in Rottenbuch als Folge der Steinhausener Dekoration anzusehen sind, muß Joseph Schmuzer die dem Prämonstratenserstift Schussenried zugehörige Wallfahrtskirche gekannt haben. Der 1727 begonnene Bau wurde 1729–32 von zwölf (namentlich bekannten) Wessobrunner Stukkatoren unter der Leitung Dominikus Zimmermanns um 3025 fl. ausgeschmückt (siehe Alfons Kasper/Wolf Strache, Steinhausen – Ein Juwel unter den Dorfkirchen, Stuttgart 1957, speziell S. 40 ff., 60 ff.; Brandis, S. 121 ff.).
92 Kurzinventar Marktoberdorf, S. 51 f.

kreisförmigen Gesimsstück mit Scheitelpalmette abgeschlossen, auf dem seitlich Blumenvasen angeordnet sind.

Die Unterseite des Chorbogens ist mit blattdurchsetztem Bandwerk, Blumenvasen und einer Scheitelrosette verziert (Abb. 16). Über dem Scheitel des Chorbogens sitzt eine querformatige Kartusche mit einem Chronogramm (1738) und flankierenden Gitterwerkfeldern. Die zu beiden Seiten aus der Kartusche hervorwachsenden Blütenranken folgen dem Verlauf des Chorbogens.

Das Tonnengewölbe des Langhauses wird von drei großen Deckenfresken beherrscht, deren breite Profilrahmen von Bandwerk mit Gitterfeldern und Blütengehängen umgeben werden. Auf die Ähnlichkeit der Langhauskartuschen mit den Rottenbucher Chorkartuschen wurde bereits verwiesen (Abb. 15). Anstelle von Kapitellen befinden sich unter den Kämpferstücken Ornamente aus Band-, Gitter- und Laubwerk. In die Brüstungen der beiden Orgelemporengeschosse sind je drei Bildfelder eingelassen. Der sie umgebende Stuck wird von Michael Petzet der Restaurierung von 1907/09 zugeschrieben [93].

Da die Bidinger Stukkaturen von schwächerer Qualität sind als diejenigen von Rottenbuch, ist hier vermutlich die Schmuzer-Werkstatt unter der Leitung eines Paliers tätig gewesen. Dieser Palier muß nicht Franz Xaver Schmuzer gewesen sein; er könnte beispielsweise auch in der Person des Wessobrunners Michael Schmidt vermutet werden, der bei den Arbeiten in Garmisch, Rottenbuch und Oberammergau beschäftigt war. Da Bidingen nicht dem Herrschaftsbereich des Klosters Rottenbuch angehörte, ist es denkbar, daß Joseph Schmuzer 1738 einen anderen Palier dorthin entsandt und seinen Sohn bei den vorrangigen Arbeiten in Rottenbuch behalten hat.

Die Pfarrkirche in Oberammergau 1739/40

Im Jahre 1736 wurde mit dem Bau der von Joseph Schmuzer entworfenen Pfarrkirche St. Peter und Paul in Oberammergau begonnen [94]. Bauherr war das Kloster Rottenbuch unter seinem Propst Patritius Oswald. Durch den Rottenbucher Stiftsdekan Joachim Hoffmair, der die Bauzeit ausführlich beschrieben hat, sind wir – wie in Rottenbuch – genauestens über den Ablauf der Bau- und Ausstattungsarbeiten bis hin zur Weihe unterrichtet [95]. Unter dem 24. August 1739 berichtet Hoffmair, daß der Palier Michael (Schmidt) von Wessobrunn, der bis dahin mit abschließenden Arbeiten in Rottenbuch beschäftigt war, nun mit seinem einzigen Jungen nach Oberammergau gegangen sei, um dort mit Franz Xaver Schmuzer zu arbeiten. In diesem Jahr (1739) waren die Stukkatoren noch bis Anfang November in Oberammergau tätig; 1740 waren acht Wessobrunner mit Stuckieren beschäftigt. Da sie in den Beschreibungen der folgenden Jahre nicht mehr erwähnt werden, scheinen die Stuckarbeiten 1740 abgeschlossen gewesen zu sein.

Der Oberammergauer Chorraum wird von einer Pendentifkuppel überwölbt (Abb. 17). In den Hängezwickeln sitzen große herzförmige Bildkartuschen, die von Band- und Blattwerk, gekerbten Muschelrändern und geschwungenen Gitterfeldern gerahmt werden und deren Form von den Rottenbucher Querhauskartuschen übernommen

93 Ebd.

94 Dischinger, S. 97 ff., 144 f.

95 Hoffmair, Oberammergau (siehe Quellendokument 17).

wurde. Die Bekrönung, die in einer Volute ausläuft, greift über den profilierten Rahmen in das Kuppelfresko hinein.

Das aus den abgerundeten Ecken des Chorraums entstandene Bogenfeld hinter dem Hochaltar ist mit einem filigranhaften Muster aus Bandwerk überzogen. Vorherrschend sind C-Bögen, an deren eingerollten Enden Blatt- und Blütengirlanden aufgehängt sind. Das Bandwerk selbst ist flach auf den Untergrund aufgelegt, nur die naturhaften Elemente treten plastisch hervor.

Die Kompositkapitelle sind im Chor und Langhaus ähnlich gestaltet (Abb. 18, 10): im Chor wird das mittlere Gitterfeld teilweise von Rocaillewerk überdeckt; bei den Langhauskapitellen sitzt vor dem Gitterfeld ein Engelskopf, der aus einer Muschel hervorwächst. Die Kapitelle, die zeitlich zwischen Rottenbuch-Chor/Querhaus und Rottenbuch-Langhaus stehen, verdeutlichen den Übergang vom kräftigeren und gedrängteren spätbarocken Stil Joseph Schmuzers zu den leichteren Formen des Rokokos. Die Unterseite des Chorbogens ist mit Bandwerk und Rosettengittern geschmückt.

Die leicht konkav geschwungene Ostwand des Langhauses wurde in gleicher Weise mit einem Netz aus zarter Bandwerkornamentik dekoriert wie das Bogenfeld hinter dem Hochaltar (Abb. 17). Über dem Chorbogenscheitel ist ein breites, vierpaßförmiges Bildfeld angebracht, dessen Band- und Blattwerkrahmung in die Hauptkuppel hineinragt und dort in einer Volute endet. Die hochformatigen Bildkartuschen in den Pendentifs der Hauptkuppel (vgl. Pfaffenhausen) werden seitlich von Gitterfeldern mit daraus hervorwachsenden geflügelten Engelsköpfen, Muschelrändern, Blattwedeln und Weinlaubranken begleitet. Der in die Kuppel übergreifende Aufsatz wird von einer Muschel mit stilisierter Palmette bekrönt [96]. Diese Kartuschen sind zwar den Rottenbucher Vierungskartuschen noch verpflichtet, doch erscheint ihre Form gegenüber dem Vorbild vereinfacht und weniger barock-pompös. Die kräftigen Voluten dort sind hier auf kleine Spiralen aus Muschelwerk reduziert; das in Rottenbuch noch ganz barock empfundene Blattwerk, wie es beispielsweise auch in Mittenwald verwendet wird, fehlt hier fast vollständig.

Der abgerundete Bogen und die Quertonne über den Seitenarmen sind ebenfalls mit fein verschlungenem Bandwerkdekor geschmückt (Abb. 19). Im Scheitel des Bogens befindet sich ein kleines geschweiftes Bildfeld, dessen unterer Teil von einem Wolken-Strahlen-Gebilde mit geflügelten Puttenköpfen überspielt wird. Eine lange Blütengirlande folgt dem Verlauf des Bogens. Die Fensteraufsätze in Chor und Langhaus sind in Form breiter Spruchkartuschen oder ovaler Bildmedaillons gestaltet, denen geschwungenes Gitter-, Blatt- und Bandwerk beigegeben ist.

Die beiden westlichen Travéen werden durch ein großes Deckengemälde mit kräftig profiliertem Leistenrahmen zusammengefaßt [97]. Breit gefächertes Blattwerk, das in einen mit Brokatmalerei verzierten Schild übergeht, verbindet das Fresko mit der Hauptkuppel. In den mittleren Zwickeln über den Seitenwänden sind große Bildkartuschen angeordnet, die von S-förmigen gekerbten Muschelrändern mit übergreifenden Blattzweigen,

96 Dies ist ein älteres Motiv, das beispielsweise auch in Gablingen und Rottenbuch vorkommt.
97 Die Form des geschweiften Freskorahmens, wie sie von F. X. Schmuzer erstmals im Oberammergauer Langhaus angebracht wurde, verwendet er später auch in Winkl (S. 43 f.), Hausen (S. 63) und Schmiechen (S. 64 f.).

Rosettengittern, Blatt- und Bandwerk gerahmt werden. Die äußeren Zwickelfelder und die Stichkappen sind mit Bandwerkornamentik überzogen, die zusätzlich mit Laubwerk, Blatt- und Blütengirlanden, Weinlaubranken und Muschelrändern durchsetzt ist. Die Stichkappenscheitel werden wieder von geflügelten Engelsköpfen auf Gewölk bedeckt (Abb. 20).

Zum Ruhm der Oberammergauer Pfarrkirche hat in erster Linie das ausgewogene Erscheinungsbild des Innenraums beigetragen, der ungewöhnliche Gleichklang aller beteiligten Künste [98]. Dies wiederum ist auf die häufige Zusammenarbeit des »aufeinander eingespielten Teams« [99] Joseph Schmuzer (Architekt), F. X. Schmuzer (Stukkator) und Matthäus Günther (Freskant) zurückzuführen, denen auch das heutige Erscheinungsbild der Pfarrkirche in Mittenwald zu verdanken ist.

Die Pfarrkirche in Mittenwald 1739/40

Etwa gleichzeitig wie in Oberammergau wurde auch in Mittenwald der Bau einer größeren Pfarrkirche notwendig. Nach längeren Verhandlungen des Mittenwalder Pfarrers Johann Ludwig Schmid mit dem zuständigen Bischof von Freising wurde 1737 mit dem Neubau des Langhauses nach dem Entwurf Joseph Schmuzers begonnen [100]. Nachdem der Bau zunächst recht zügig vonstatten gegangen war, tauchten im Sommer 1739 solche Zahlungsschwierigkeiten auf, daß sogar eine Baueinstellung drohte [101]. Nach einem Brief des Pfarrers vom 17. März 1739 [102] sollte gleich nach den Osterferien mit der Stuckierung des Langhauses begonnen werden. Beim Auftreten der finanziellen Schwierigkeiten brachen die Stukkatoren aber ihre Arbeit in Mittenwald ab und dekorierten von August bis November 1739 die Oberammergauer Kirche. Da der Pfarrer in einem weiteren Brief vom 30. September 1740 an den Bischof von Freising [103] die Hoffnung ausdrückte, daß das Gerüst in Chor und Langhaus »inner etlich Wochen« abgetragen und herausgetan werden könne, werden die Stuckarbeiten aber doch Ende des Jahres 1740 beendet gewesen sein.

Der verantwortliche Stukkator wird in den Mittenwalder Bauakten namentlich nicht erwähnt. Vergleicht man jedoch die unmittelbar vorangegangenen Stuckdekorationen Joseph Schmuzers in Garmisch, Gablingen, Partenkirchen und Rottenbuch (Chor/Querhaus) mit Mittenwald, so kann ihm auch hier ohne Bedenken der Entwurf für die Stukkaturen zugeschrieben werden. Weil er sich aber zu dieser Zeit wegen mehrerer gleichzeitiger Aufträge [104] nur gelegentlich in Mittenwald aufhalten konnte, wird er die Ausführung der Stukkaturen wieder seinem Sohn überlassen haben. Zudem sind die Dekorationen von Oberammergau und Mittenwald in vielem einander so gleich, daß man schon aufgrund des gesicherten Oberammergau auch in Mittenwald auf Franz Xaver Schmuzer schließen darf. Bei beiden Dekorationen machen sich Einflüsse früherer Stuckarbei-

98 Dischinger, S. 123.
99 Ebd.
100 Dischinger, S. 99 ff., 143.
101 Münchner Jahrbuch, S. 102.
102 AEM, Pfarrakten Mittenwald.
103 Ebd.
104 Eismerszell, Oberbeuren, Pfaffenhausen, Weingarten; vgl. auch Anm. 71.

ten Joseph Schmuzers bemerkbar. So finden sich zum Beispiel a) Wolken mit geflügelten Engelsköpfen am Scheitel der Stichkappen in Rottenbuch (Chor und Querhaus), b) mit Ornamenten besetzte Stichkappengrate (als Weiterentwicklung der traditionellen mit Blattstäben besetzten Kappengrate) in Partenkirchen und Rottenbuch, c) Blatt- und Blütengirlanden in Partenkirchen, Gablingen und Rottenbuch, d) die Verzierungen der Gurtbögen mit Bandwerkornamentik und vergoldeten Blumenvasen (diese nur in Mittenwald) in Garmisch und Gablingen.

Der Rahmen des beherrschenden Chordeckenfreskos besteht aus einzelnen C-förmigen Profilleisten, die durch bewegte Ornamente mit eingelegten Rosettengittern und in das Gemälde hineinragenden Engelsköpfen miteinander verbunden sind (Farbtafel III) [105]. Die Bildkartuschen sind den Langhauskartuschen in Oberammergau vergleichbar. Über den Oratorien befindet sich je ein hochovales Bildfeld, dessen Profilrahmen kräftiges Bandwerk säumt. Die mit Gitterwerk gefüllten Bandwerkornamente in den Stichkappen, die sich in ihren Umrissen dem Dreieck der Stichkappe anpassen, erinnern samt den auf Wolken schwebenden geflügelten Engelsköpfen am Stichkappenscheitel an die sehr verwandten Lösungen in Rottenbuch.

Das fast quadratische Langhaus wird von einer flachen Pendentifkuppel überwölbt (Abb. 22). Die vier Kartuschen in den Hängezwickeln stehen in der Nachfolge der Rottenbucher Vierungskartuschen. Das hochformatige Bildfeld wird von einzelnen, an den Enden volutenartig eingerollten und mit Blattwerk überwucherten Leisten umgeben. Die rahmenden Teile bestehen aus plastisch hervortretendem Muschelwerk und kräftigen Blattschwüngen. Auf den seitlich angefügten weit ausladenden C-Bögen, denen Blattwedel entwachsen, sitzen Puttenköpfe. Gemeinsam sind den Kartuschen auch die bekrönenden Voluten mit den anschließenden Gitterfeldern sowie der über den Kuppelring greifende schildförmige Aufsatz.

Die Westwand des Langhauses ist in gleicher Weise dekoriert wie die Oberammergauer Langhausostwand. Auch die Fensteraufsätze und die Kartuschen über dem mittleren Langhausfenster stimmen in beiden Dekorationen überein. Dem Kuppelraum folgt östlich ein leicht eingezogener, von einem böhmischen Gewölbe überspannter Raumteil, dem sich beidseitig Kapellen anschließen. Das Gewölbe dieses Joches wird von einem breit angelegten Deckengemälde beherrscht, dessen gezackter Rahmen an den runden Schmalseiten von kleineren Bildkartuschen überschnitten wird. Sie lassen in ihrer plastischen Modellierung mit volutenartig eingerollten Muschelrändern und ausgeprägtem Blattwerk das Vorbild Rottenbuch durchklingen.

Über dem Chorbogenscheitel erhebt sich eine reich gestaltete Kartusche mit dem Wappen des Fürstbischofs von Freising und den in Stuck gearbeiteten Insignien geistlicher und weltlicher Macht (Abb. 21). Seitlich der Kartusche hängen Blütenketten herab, die dem Verlauf des Chorbogens folgen. Das breit gefächerte Akanthusblattwerk im Scheitel der Wappenkartusche sprengt den Rahmen des Zwischenjochfreskos, der sich an dieser Stelle volutenartig einrollt (dasselbe Motiv am westlichen Langhausfresko in Oberammergau). Die Wandflächen über den Öffnungen zu den Seitenkapellen sind mit Bildfeldern geschmückt, die im unteren Teil dem Rund der Bogenöffnung folgen, oben eingezogen-rundbogig geschlossen sind und von Gitterwerkfeldern bekrönt werden.

105 Morel, S. 45: Deckenspiegel Typ C.

Die Kreuzkapelle auf der Nordseite wurde bereits 1727 erbaut, von Benno Perghofer aus Polling stuckiert, von Jos. Dieffenbrunner ausgemalt, und 1734 geweiht [106]. Joseph Schmuzer behielt die Kapelle bei der Planung des Neubaus bei und stellte ihr die Johann-Nepomuk-Kapelle auf der Südseite gegenüber, die gemeinsam mit der Pfarrkirche stuckiert wurde. Den Gewölbescheitel bedeckt ein vierpaßförmiges Fresko, umgeben von Muschelrändern und Bandwerkbögen. Über einzelne C-Bögen ranken sich vergoldete Blatt- und Blütengirlanden. In den Stichkappen sitzt eine birnenförmige Bildkartusche, die von geschweiften Gitterwerkfeldern begleitet wird.

In den bisher behandelten Kirchen hat Franz Xaver Schmuzer vorwiegend nach Entwürfen seines Vaters gearbeitet. Bei der nun folgenden Stuckausstattung für die kleine Kirche in Eismerszell löst sich Franz Xaver allmählich von dem Einfluß seines Vaters. Die Chordekoration in Eismerszell, die für die Deckengestaltung der Rottenbucher Seitenschiffe vorbildlich geworden ist sowie die sichtbare Weiterentwicklung des Oberammergauer Kartuschentyps lassen diesen Ort zum Beginn der selbständigen Tätigkeit Franz Xaver Schmuzers werden.

Erste Höhepunkte selbständigen Schaffens

Die Filialkirche in Eismerszell 1740

Die alte Kirche St. Georg in Eismerszell (Pfarrei Moorenweis), die dem Kloster Wessobrunn inkorporiert war, wurde 1737 so baufällig, daß sie geschlossen werden mußte [107]. Der 1739 erfolgte Neubau des Gotteshauses ist ein Werk Joseph Schmuzers, der hier wiederum seinem Sohn die Stuckdekoration anvertraute. Aus den Bauakten [108] geht zwar hervor, daß Franz Xaver drei Monate für die Stuckierung benötigte, es bleibt aber offen, ob er 1740 oder 1741 in Eismerszell weilte. Wahrscheinlich ist das Jahr 1740 anzunehmen, da ihn die im April 1741 einsetzenden Arbeiten für die Umgestaltung des Rottenbucher Langhauses so beansprucht haben dürften, daß eine Anwesenheit in Eismerszell 1741 kaum möglich erscheint. 1740 dagegen war in Rottenbuch infolge des Todes des Propstes und wegen eines vom Kurfürsten geforderten Zwangsdarlehens eine Pause in der Kirchenrenovation eingetreten. Die Stuckarbeiten in Oberammergau und Mittenwald waren 1739 schon so weit fortgeschritten, daß Schmuzer 1740 den Eismerszeller Auftrag ausführen konnte.

Wie in den oben erwähnten Baurechnungen steht, hat »Joseph Schmuzer Kunstbaumeister und Stokador in Wessobrunn für drei Riss und den gemachten Riß« 23 Gulden erhalten. Wahrscheinlich hat er auf diesen Rissen auch die Anordnung der Stukkaturen festgelegt; ihre Gestaltung weist allerdings darauf hin, daß Franz Xaver Schmuzer bei der Ausführung weitgehend freie Hand gehabt haben muß.

Der aus dünnen C-Bögen zusammengesetzte Rahmen des Chorhauptfreskos wird in den Mittelachsen von züngelndem Akanthusblattwerk unterbrochen (Farbtafel IV). Diese bewegten Blattgebilde (auch bei der Mittenwalder Wappenkartusche) bilden gleichzeitig

106 Dehio/Gall, S. 213; KKF Nr. 17, S. 4; Hitchcock II, S. 135.
107 Dischinger, S. 138.
108 Kirchenrechnungen im Pfarrarchiv Moorenweis (siehe Quellendokument 14).

die Scheitel von vier Kartuschen, die in das Deckengemälde hineinragen. Form und Rahmung des Chorfreskos hat Schmuzer beinahe unverändert in den Rottenbucher Seitenschiffen übernommen (Abb. 13).

An den Stichkappenscheiteln befinden sich kleine, von schmalen C-Bögen gerahmte Bildfelder, die auf brokatgemustertem Untergrund das sonst in Stuck ausgeführte Motiv der geflügelten Engelsköpfe auf Wolken wiedergeben. Die Chorkartuschen, die über den Doppelpilastern aufsteigen, haben ihr Vorbild in Oberammergau. Beibehalten wurden die annähernd herzförmige Gestalt und die seitlich hervorwachsenden Blattwedel und Muschelränder. Gegenüber Oberammergau stellt das züngelnde Blattwerk im Scheitel der Kartuschen eine Weiterentwicklung der dort verwendeten palmettenartigen Gebilde dar, die im Rottenbucher Querhaus begann und in der Eismerszeller Form in den vierziger Jahren in Schmuzers Stuckdekorationen oft verwendet wird.

Der Profilrahmen des Langhausfreskos ist in dieser Form fast identisch mit dem Dekkenspiegel im Raum 213 des Weingartener Nordostpavillons (1743) (S. 35). Ein Überleitungsmotiv aus Blattwerk verbindet das von Gitter- und Muschelwerk umgebene Heiliggeistloch mit dem Hauptfresko.

Der Typ der Spruchkartusche über dem Chorbogen (Abb. 24) läßt sich bis Asch [109] (1720) und Pfaffenhofen [110] (1721–23) zurückverfolgen. In Welden, Gablingen und Mittenwald befindet sich anstelle eines biblischen Spruches jeweils ein Wappen in dieser Kartusche, wodurch sich die bedeutend reichere Gestaltung dieser Beispiele erklärt. Die Langhauskartuschen erinnern in ihrer Gesamtform an die fast gleichzeitigen Chorkartuschen von Mittenwald, nur werden statt des bisher üblichen seitlichen Muschelrandes kräftige Blattwedel verwendet, die in das Kartuschenfeld hineinragen und sich in darüber aufsteigenden S-Kurven fortsetzen.

In den Stichkappen der drei Fensterachsen sitzen zwei verschiedene Ornamente aus Band-, Gitter- und Rocaillewerk, die formal in der Nachfolge der Stichkappenfüllungen in Gablingen, Partenkirchen und Rottenbuch (Chor, Querhaus) stehen. In ähnlicher Form finden wir sie in den fast gleichzeitig mit Eismerszell entstandenen Mittenwalder Chorstukkaturen und dem ein Jahr später begonnenen Rottenbucher Langhaus. In den fünfziger Jahren tauchen sie noch vereinzelt (zum Beispiel in der Kappel, Iffeldorf und Schmiechen) auf, sind dann allerdings nur noch in den Grundelementen mit Eismerszell oder Rottenbuch vergleichbar.

Die zartgrün getönten Stukkaturen an der zweigeschossigen Orgelempore stammen aus späterer Zeit (um 1770/75) und können Thassilo Zöpf und seinem Kreis zugewiesen werden (Abb. 25).

Wie aus den Baurechnungen hervorgeht, hat F. X. Schmuzer nicht nur die Eismerszeller Kirche stuckiert, sondern auch die Altäre und die Kanzel hergestellt. Leider sind die Schmuzerschen Altäre nicht mehr vorhanden; über ihren Verbleib ließ sich nichts ermitteln. Die heutige Altarausstattung stammt aus dem 19. Jahrhundert. Auch die Kanzel ist nicht mehr in ihrer ursprünglichen Gestalt erhalten und kann kaum als Werk Schmuzers angesprochen werden (Abb. 23). Ihr Dekor bildet eine Einheit mit den Stukkaturen der Orgelempore, die ja eindeutig auf Thassilo Zöpf weisen. Ein Vergleich der Eismers-

109 Dischinger, S. 135.
110 Siehe Anm. 56.

zeller Kanzel mit Zöpfs Kanzeln in St. Leonhard im Forst (um 1761) und in der Kreuzbergkapelle bei Wessobrunn (1771) fördert so deutliche Übereinstimmungen zutage, daß auch im Falle der Eismerszeller Kanzel die Zuschreibung an Zöpf gerechtfertigt erscheint [111].

Nach Beendigung der Stuckarbeiten in Oberammergau, Mittenwald und Eismerszell (alle 1740 abgeschlossen) war Franz Xaver Schmuzer zunächst zwei Sommer lang in Rottenbuch beschäftigt. Zu dieser Zeit entstand eines der umfangreichsten Werke Joseph Schmuzers, die Klosteranlage in Weingarten [112], die zu einem großen Teil von des Baumeisters Bruder Franz und nach dessen Tod (1741) von seinem Sohn Franz Xaver mit Stukkaturen geschmückt wurde.

Die Prälatur der Benediktinerabtei Weingarten 1743

Bereits zweieinhalb Jahre nach der Weihe der monumentalen Weingartener Abteikirche am 10. September 1724 wurde unter Abt Sebastian Hyller (1697–1730) im Frühjahr 1727 an der Nordseite der Basilika mit dem Bau des Ostflügels der neuen Klosteranlage begonnen [113]. Nach dem 1723 entstandenen Idealplan wäre Weingarten die größte Stiftsanlage nördlich der Alpen geworden [114]. Als aber im Frühjahr 1728 auch der Bau des Nordtraktes begonnen werden sollte, erhob die Innsbrucker Regierung (d. i. der kaiserliche Statthalter für Vorderösterreich) aufgrund von Territorialrechten wegen Beeinträchtigung der das Klostergebiet berührenden »via regia« dagegen Einspruch und erließ am 27. April 1728 ein Bauverbot [115]. So konnte nördlich der Basilika vorerst nur der Ostflügel (ohne den nordöstlichen Eckpavillon) vollendet werden. Man wendete sich daher auf die Südseite der Basilika und begann dort mit dem Bau des Ostflügels (der heutigen Akademie) samt dem südöstlichen Eckpavillon, der 1732 von Baumeister Joseph Schmuzer vollendet wurde [116].

Erst 1740 erhielt Abt Placidus Renz (1730–1745) vom Wiener Hof die Genehmigung zum Weiterbau und berief unmittelbar darauf Joseph Schmuzer erneut nach Weingarten. Die Prozeßkosten mit Wien und eine schlechte Verwaltung ließen 1744 die Verschuldung des Klosters auf über 300 000 Gulden wachsen [117]. Der Idealplan von 1723 konnte auch in einer reduzierten Fassung nicht mehr verwirklicht werden. Noch ehe die Prälatur vollendet war, mußte Abt Placidus 1745 abdanken. Unter seinen Nachfolgern Dominicus Schnitzer (1745–1784) und Anselm Rittler (1784–1803) wurden noch der Südostflügel des Konvents und ein Teil der Vorbauten an der Ostseite errichtet. 1792 mußten die Arbeiten endgültig eingestellt werden. Obwohl die Klosteranlage – haupt-

111 Thassilo Zöpf war 1775 mit der Umgestaltung der (von Joseph Schmuzer 1718–20 erbauten) Pfarrkirche im benachbarten Moorenweis beschäftigt – ein weiterer Grund, ihn für die spätere, Empore und Kanzel betreffende Neugestaltung in Eismerszell anzunehmen. Eismerszell war Filiale von Moorenweis, das wiederum Wessobrunn inkorporiert war.

112 DISCHINGER, S. 108 ff., 151 f.

113 Ebd., S. 108.

114 SPAHR I, S. 34.

115 DISCHINGER, S. 109; Inventar Ravensburg, S. 159 f.

116 Ebd., S. 151 f.

117 SPAHR I, S. 30.

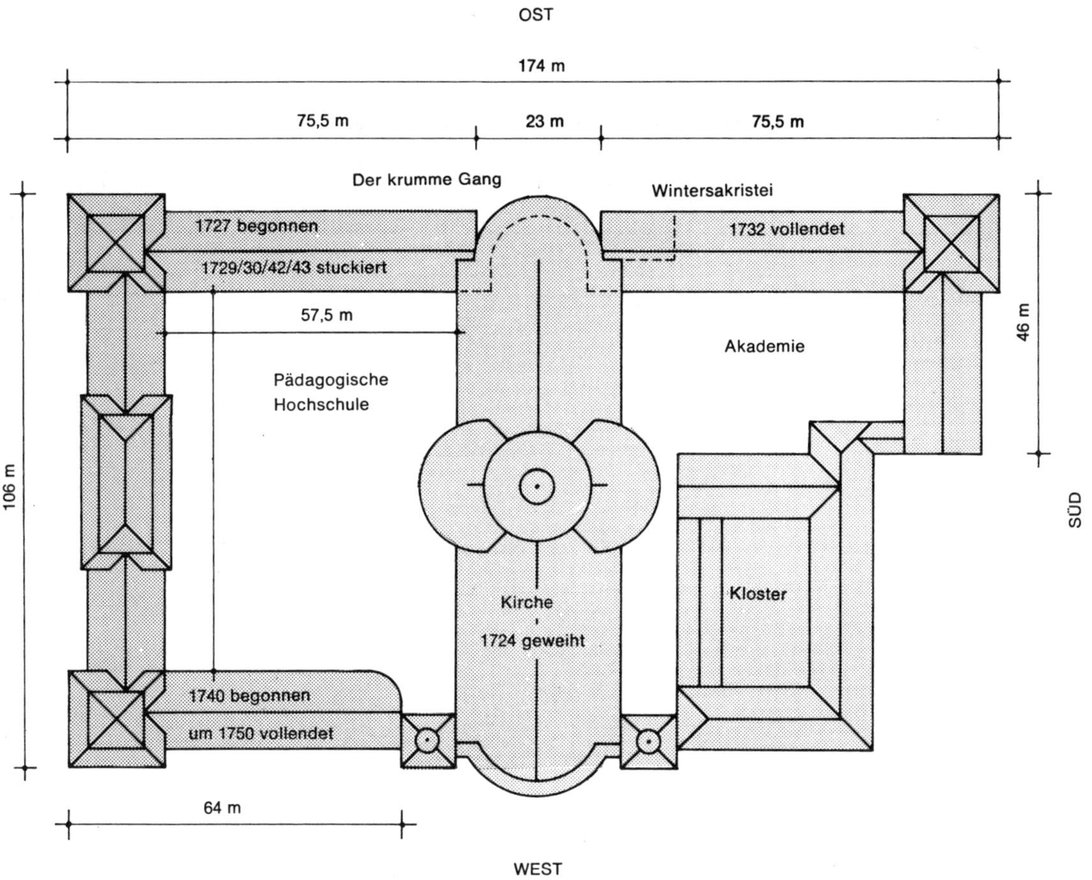

Weingarten. Grundriß der bestehenden Anlage

sächlich auf der Südseite – Torso geblieben ist, erwecken ihre Hauptfronten – im Westen 64 Meter, im Norden 106 Meter, im Osten 174 Meter lang – einen monumentalen Eindruck [118].

Die Stuckdekorationen im Inneren der Klosteranlage lassen drei Stilphasen erkennen:

1. Die Stukkaturen der Gänge im ersten und zweiten Geschoß des 1727 begonnenen Osttraktes nördlich der Basilika sind in einem Zuge mit denen des sogenannten »Krummen Ganges« (das ist der siebenachsige Chorumgang) und des südlichen Ostflügels samt der Wintersakristei entstanden (Abb. 26, 27). Franz Schmuzer erhielt in den Jahren 1730 bis 1732 für seinen »Verding im Neugebau« 1185 Gulden [119]. Da die Abteirechnungen (Nr. 461a) erst von 1730 an erhalten sind, konnten durchaus schon vor 1730 Zahlungen geleistet worden sein, zumal da der Eintrag vom 18. September 1730 von einem Schmuzer noch zustehenden Rest über 150 Gulden berichtet (wohl für den östlichen Prälaturtrakt und den Krummen Gang, die stilistisch kurz vor dem »Akademietrakt« anzu-

118 Ebd., S. 34.
119 Siehe Quellendokument 27 b.

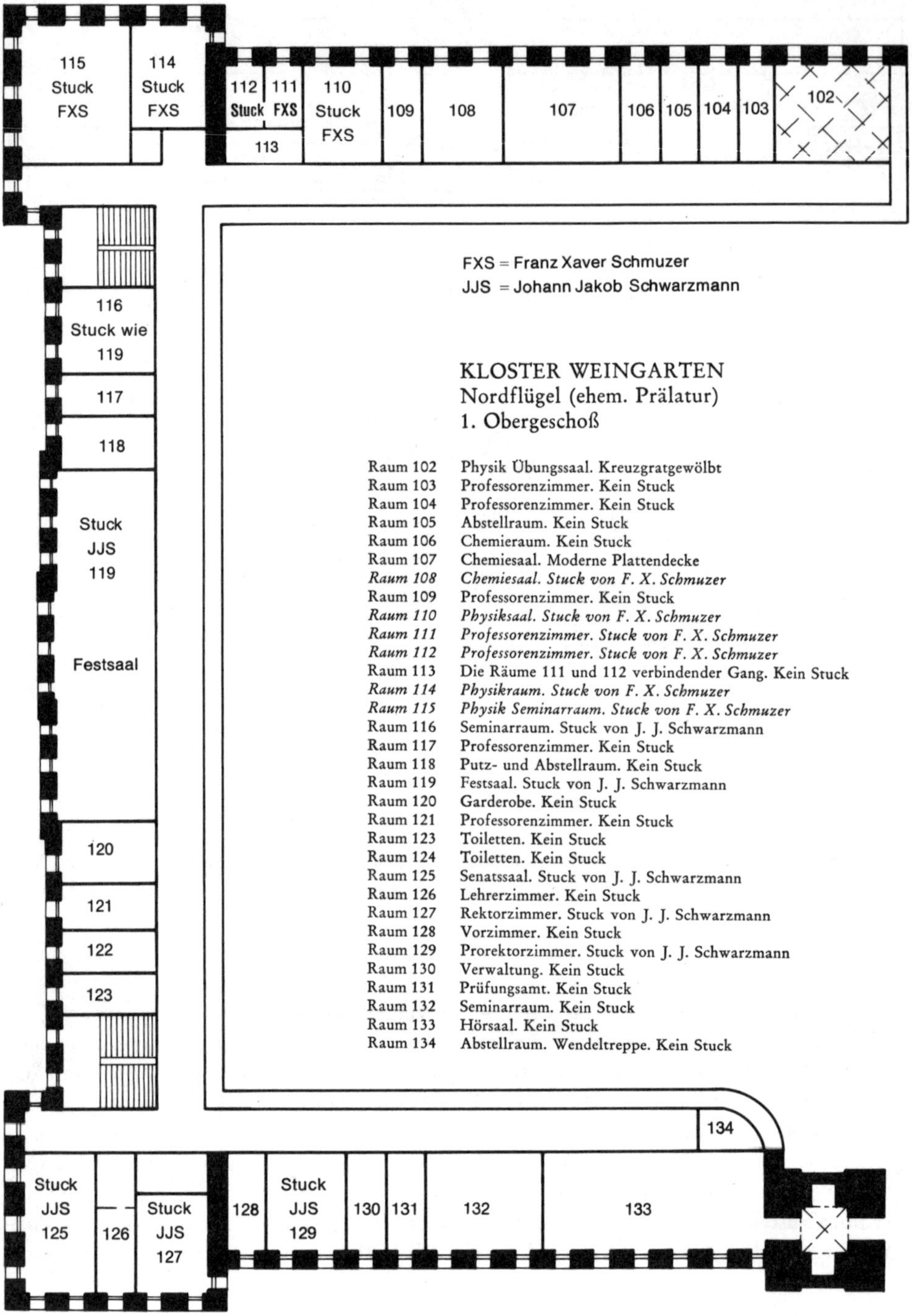

FXS = Franz Xaver Schmuzer
JJS = Johann Jakob Schwarzmann

KLOSTER WEINGARTEN
Nordflügel (ehem. Prälatur)
1. Obergeschoß

Raum 102 Physik Übungssaal. Kreuzgratgewölbt
Raum 103 Professorenzimmer. Kein Stuck
Raum 104 Professorenzimmer. Kein Stuck
Raum 105 Abstellraum. Kein Stuck
Raum 106 Chemieraum. Kein Stuck
Raum 107 Chemiesaal. Moderne Plattendecke
Raum 108 Chemiesaal. Stuck von F. X. Schmuzer
Raum 109 Professorenzimmer. Kein Stuck
Raum 110 Physiksaal. Stuck von F. X. Schmuzer
Raum 111 Professorenzimmer. Stuck von F. X. Schmuzer
Raum 112 Professorenzimmer. Stuck von F. X. Schmuzer
Raum 113 Die Räume 111 und 112 verbindender Gang. Kein Stuck
Raum 114 Physikraum. Stuck von F. X. Schmuzer
Raum 115 Physik Seminarraum. Stuck von F. X. Schmuzer
Raum 116 Seminarraum. Stuck von J. J. Schwarzmann
Raum 117 Professorenzimmer. Kein Stuck
Raum 118 Putz- und Abstellraum. Kein Stuck
Raum 119 Festsaal. Stuck von J. J. Schwarzmann
Raum 120 Garderobe. Kein Stuck
Raum 121 Professorenzimmer. Kein Stuck
Raum 123 Toiletten. Kein Stuck
Raum 124 Toiletten. Kein Stuck
Raum 125 Senatssaal. Stuck von J. J. Schwarzmann
Raum 126 Lehrerzimmer. Kein Stuck
Raum 127 Rektorzimmer. Stuck von J. J. Schwarzmann
Raum 128 Vorzimmer. Kein Stuck
Raum 129 Prorektorzimmer. Stuck von J. J. Schwarzmann
Raum 130 Verwaltung. Kein Stuck
Raum 131 Prüfungsamt. Kein Stuck
Raum 132 Seminarraum. Kein Stuck
Raum 133 Hörsaal. Kein Stuck
Raum 134 Abstellraum. Wendeltreppe. Kein Stuck

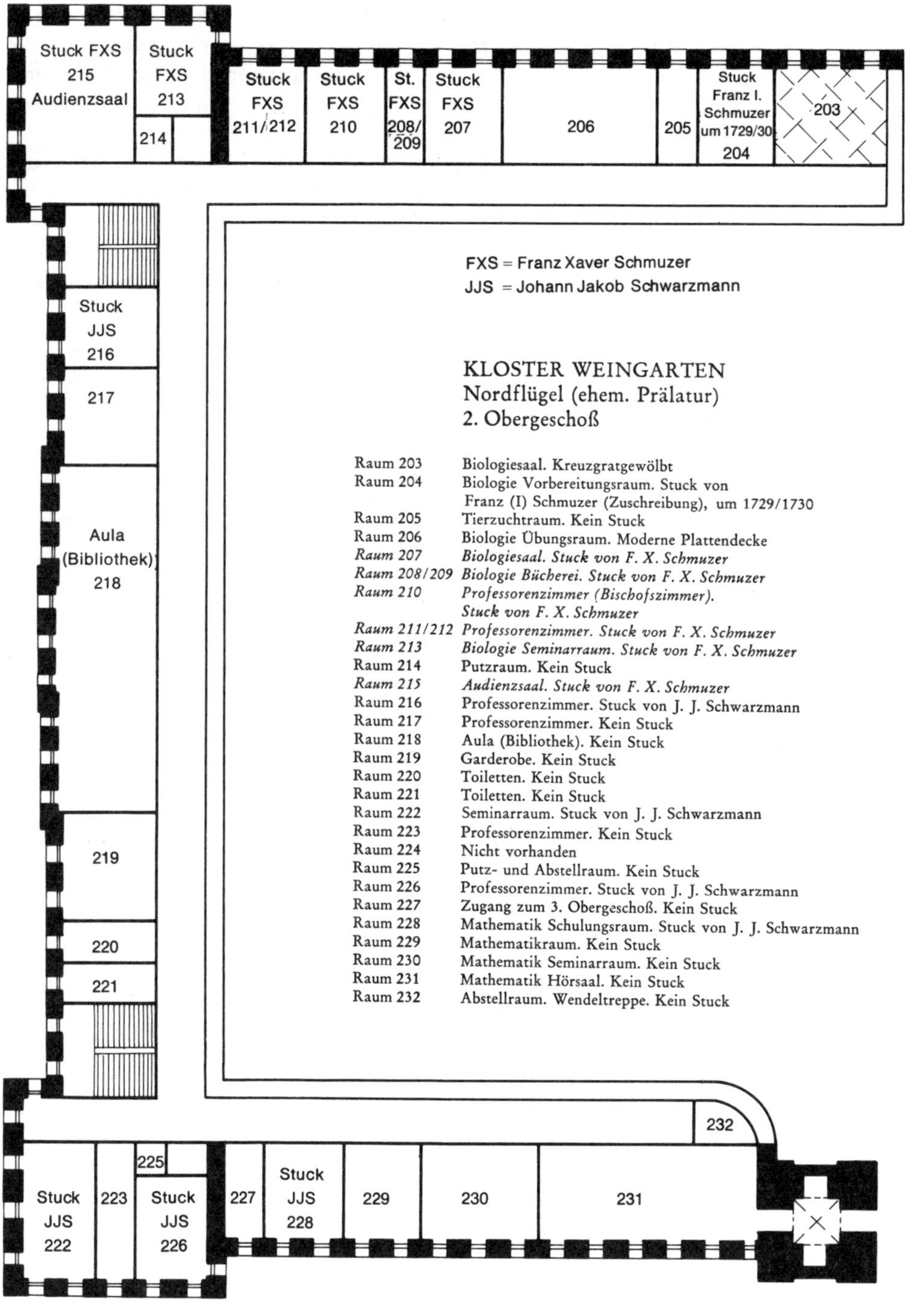

FXS = Franz Xaver Schmuzer
JJS = Johann Jakob Schwarzmann

KLOSTER WEINGARTEN
Nordflügel (ehem. Prälatur)
2. Obergeschoß

Raum 203	Biologiesaal. Kreuzgratgewölbt
Raum 204	Biologie Vorbereitungsraum. Stuck von Franz (I) Schmuzer (Zuschreibung), um 1729/1730
Raum 205	Tierzuchtraum. Kein Stuck
Raum 206	Biologie Übungsraum. Moderne Plattendecke
Raum 207	*Biologiesaal. Stuck von F. X. Schmuzer*
Raum 208/209	*Biologie Bücherei. Stuck von F. X. Schmuzer*
Raum 210	*Professorenzimmer (Bischofszimmer). Stuck von F. X. Schmuzer*
Raum 211/212	*Professorenzimmer. Stuck von F. X. Schmuzer*
Raum 213	*Biologie Seminarraum. Stuck von F. X. Schmuzer*
Raum 214	Putzraum. Kein Stuck
Raum 215	*Audienzsaal. Stuck von F. X. Schmuzer*
Raum 216	Professorenzimmer. Stuck von J. J. Schwarzmann
Raum 217	Professorenzimmer. Kein Stuck
Raum 218	Aula (Bibliothek). Kein Stuck
Raum 219	Garderobe. Kein Stuck
Raum 220	Toiletten. Kein Stuck
Raum 221	Toiletten. Kein Stuck
Raum 222	Seminarraum. Stuck von J. J. Schwarzmann
Raum 223	Professorenzimmer. Kein Stuck
Raum 224	Nicht vorhanden
Raum 225	Putz- und Abstellraum. Kein Stuck
Raum 226	Professorenzimmer. Stuck von J. J. Schwarzmann
Raum 227	Zugang zum 3. Obergeschoß. Kein Stuck
Raum 228	Mathematik Schulungsraum. Stuck von J. J. Schwarzmann
Raum 229	Mathematikraum. Kein Stuck
Raum 230	Mathematik Seminarraum. Kein Stuck
Raum 231	Mathematik Hörsaal. Kein Stuck
Raum 232	Abstellraum. Wendeltreppe. Kein Stuck

setzen sind, etwa 1729/30)[120]. Zwar wird in den Belegen nicht zwischen nördlichem und südlichem Ostflügel unterschieden, sondern nur vom »Neugebau« gesprochen, die Stukkaturen sind aber so verwandt, daß Franz Schmuzer in jedem Fall für den gesamten Ostteil als Stukkator angenommen werden muß. Auch die Dekoration des Raumes 204 ist Franz Schmuzer (um 1729/30) zuzuschreiben[121].

2. Im Oktober 1743 quittierte Franz Xaver Schmuzer, der inzwischen das Meisterrecht[122] erlangt hatte, für »im mitere und obere Stockh« (des Nordflügels) gemachte Stukkatorarbeit den Empfang von 1100 Gulden[123]. Zu diesem Zeitpunkt (1743) war der Ausbau der Prälatur noch nicht abgeschlossen. So läßt es sich erklären, daß viele Räume erst nach 1743 und von anderer Hand stuckiert worden sind[124]. Da Schmuzer in der Quittung nicht angibt, für wieviele und welche Räume er bezahlt wurde, lassen sich die von ihm dekorierten Zimmer und Säle nur durch stilvergleichende Untersuchungen von den später ausgeschmückten unterscheiden. Einwandfrei von Schmuzers Hand sind die Räume in beiden Stockwerken des Nordostpavillons sowie je vier Zimmer im ersten und zweiten Stock des Ostflügels[125].

3. Der Nordwestpavillon ist in beiden Geschossen von dem Vorarlberger Johann Jakob Schwarzmann (Zuschreibung der Verfasserin aufgrund seiner Dekorationen in Pfullendorf, Wald, Schussenried, Meßkirch und Feldkirch-Levis (Haus Wohlwend) ausstukkiert worden, der sich auch im heutigen Festsaal, in den Treppenhäusern und Gängen nachweisen läßt (Abb. 28–31). Bei diesen Stukkaturen tritt das Bandwerk weitgehend in den Hintergrund. Sehr schmale Rocaillebögen oder mit Muschelwerk besetzte C-Bögen herrschen vor. Die in sich durchbrochenen Muschelwerkfiguren durchdringen und überspielen einander. Die Ornamentik ist immer reich mit Blumenranken durchsetzt, die sich aber in der Auswahl der Blatt- und Blütenarten von den bei den Wessobrunnern bevorzugten Pflanzenmotiven unterscheiden. Von Schmuzers Art abweichend ist auch die Rahmung der Felder in den Gängen, wo mehrere leicht profilierte Stäbe in stetig sich

120 Ebd.

121 Franz Schmuzer hatte von 1718 an in der Klosterkirche Weingarten die Stukkaturen ausgeführt und zusätzlich sechs Langhausaltäre und die Kanzel (heute in Bergatreute, Lkr. Ravensburg) gebaut (Kosel, S. 185 ff.).

122 Er quittierte 1743 als »Stuckhador Meister« (siehe Quellendokument 27 a).

123 Es ist denkbar, daß ursprünglich Franz Schmuzer den von 1740 an von Joseph Schmuzer erbauten Nord- und Westtrakt der Prälatur ausstuckieren sollte, nach seinem Tode aber (21. April 1741) der Auftrag an Franz Xaver überging.

124 Möglicherweise war Schmuzers Tätigkeit von Anfang an auf den Ostflügel und den Nordostpavillon beschränkt, weil der Westtrakt noch im Ausbau begriffen war. Der geplante zweigeschossige Bibliothekssaal, der sich über den gesamten Mittelrisalit des Nordflügels erstreckt und für den sicherlich eine Stuck- und Freskoausschmückung vorgesehen war, ist bis heute im Rohbau stehengeblieben und wird jetzt als Aula der Pädagogischen Hochschule genutzt.

125 Es muß berücksichtigt werden, daß im 19. Jh. verschiedene Stuckdecken zerstört worden sind, als die Bauten an der Nordseite der Kirche nacheinander Sommerresidenz des württembergischen Königs, später Waisen- und Lehrerbildungsanstalt und schließlich längere Zeit Kaserne waren (Spahr I, S. 18). Dazu gehören wahrscheinlich die mit modernen Platten verschalten Dekken der Räume 107 und 206, möglicherweise auch die Säle 133 (nach Drissen, S. 91, Anm. 22, der ehemalige Festsaal des Offizierkasinos) und 231 sowie die Zimmer 103–106 und 130–132. Ob dabei, zumindest im Osttrakt, auch von Schmuzer stuckierte Decken in Verlust geraten sind, kann nicht mehr festgestellt werden. Die hohe Summe von 1100 Gulden läßt aber die Vermutung zu, daß Schmuzer für diesen Betrag mehr als zwölf Räume ausgeschmückt hat.

änderndem Verlauf sogar unter den Stuckornamenten hindurchlaufen. Manche der Stuckdekorationen haben ein bestimmtes Programm: so der Festsaal (Raum 119) mit der Darstellung der vier Elemente und der vier Jahreszeiten; Raum 222 mit Emblemen der Fakultäten (Philosophie, Theologie, Medizin, Jura); Raum 125 mit Symbolen geistlicher und weltlicher Macht, der Wissenschaften und der Kriegskunst. Auch Architekturen und Landschaften werden in die Ornamentik einbezogen. Schwarzmanns Stukkaturen sind in die Zeit um 1770 zu datieren.

Bei den insgesamt zwölf von Franz Xaver Schmuzer stuckierten Räumen handelt es sich um die Zimmer 108, 110, 111, 112, 114, 115, 207, 208/209, 210, 211/212, 213 und den Audienzsaal 215. Da das Dekorationssystem in der Mehrzahl dieser Räume gleich ist, wird – um Wiederholungen zu vermeiden – auf eine detaillierte Beschreibung jedes einzelnen Zimmers verzichtet und statt dessen eine Gesamtübersicht gegeben, die ein kurzes Eingehen auf jeweilige Varianten einschließt. Von dieser summarischen Beschreibung ausgeschlossen und gesondert behandelt werden die Räume 210, 213 und 215.

Das Dekorationssystem ist in sieben Räumen gleich (108, 110, 114, 115, 207, 211/212 und 213): Um den Deckenspiegel herum sind die Hauptmotive der jeweils über der Hohlkehle ansetzenden Stuckdekoration so verteilt, daß sich eine Betonung sowohl der Diagonalen als auch der Mittelachsen ergibt [126]. Bei den schmalen, nur eine Fensterachse umfassenden Räumen (111, 112, 208/209) wird die Kehle in die Dekoration der Decke einbezogen. Die Hauptmotive betonen die Diagonalen und die Endpunkte der Querachse. Von diesen beiden Dekorationssystemen weichen nur das sogenannte Bischofszimmer (210) und der Audienzsaal (215) ab.

Die Deckenspiegel lassen sich in fünf Räumen vergleichen. Abgesehen von der variablen Grundform (oval in 108 und 114, rund in 110, vierpaßförmig in 211/212) ist der Aufbau jedesmal gleich, indem der kräftigen inneren Profilleiste eine äußere schmale Leiste folgt, die in den Mittelachsen in zierliche, mit Bandwerk besetzte Bögen übergeht. Im Prinzip ähnlich, aber reicher gestaltet ist der Deckenspiegel in Raum 115 (Abb. 33, 34), wo sich dem inneren Profilstab, der an den Schnittpunkten mit den Diagonalachsen besonders lebhaft geschweift ist und dort von Muschelwerk überspielt wird, eine schmale Bandleiste anschließt, die sowohl in den Diagonalen als auch in den Mittelachsen in zarte Bandwerkornamente übergeht. Diese Bandwerkbögen enden häufig in umgebogenen Blattspitzen und werden von zierlichen Rocaillesäumen begleitet. In den einachsigen Räumen wird das Plafondzentrum von einem Kranz von Bandwerkschwüngen umgeben. Sie sind sparsam mit Blattwerk durchsetzt, Muschelwerk fehlt gänzlich.

In fast allen Räumen werden die Diagonalen mit Kartuschen betont. In Raum 108 sind es asymmetrische Kartuschen aus C-förmigen Bandwerkbögen, die von Laubwerk und sehr fein bearbeitetem Muschelwerk begleitet und überspielt werden (Abb. 32); in Raum 110 herzförmige, mit Gitterwerk gefüllte Kartuschen, aus deren Scheitel sich mit Blumen gefüllte Rocaillevasen erheben – ein Motiv, das auch als Türbekrönung im Chor von Hohenpeißenberg wiederkehrt; in den Zimmern 111 und 112 (Abb. 35) etwas unruhig wirkende Kartuschen bzw. Bandwerkornamente mit Gitterwerkfüllung und ausgeprägtem Akanthusblattwerk; in Raum 114 wieder herzförmige Kartuschen mit kleinen Gitterwerkaufsätzen und einer stilisierten Palmette im Scheitel (Abb. 36); in

126 Morel, S. 62 f.; Typ a III.

Raum 208/209 kleine Bandwerkkartuschen mit stilisierter Scheitelpalmette; in Raum 211/212 Kartuschen aus Bandwerkbögen mit Gitterwerk, Glöckchen, Rosetten und Laubwerk; in Raum 213 Rocaillekartuschen. In den Räumen 115 und 207 verwendet Schmuzer das Motiv eines Springbrunnens (Abb. 37, 38): einmal steigt die Fontäne aus einem Rocaillegebilde hervor, das von C- und S-förmigen, mit Gitterwerk gefüllten Teilen kartuschenartig gerahmt wird (115), zum anderen wird der aus einer Rocaillevase hervorsprudelnde Wasserstrahl von einem dekorativen Gebilde aus Band-, Blatt- und Muschelwerk umgeben (207). Vergleicht man die beiden Ornamente, so erscheint das letztere leichter, lockerer, mehr dem »Style rocaille« verpflichtet, während das üppige Eckmotiv in Raum 115 noch spätbarocken Duktus erkennen läßt [127].

Die Motive an den Endpunkten der Mittelachsen bestehen vorwiegend aus Muschel-, Gitter-, Blatt- und Bandwerk (108, 110, 111, 112, 114, 207, 211/212) und sind teilweise mit Blütengirlanden versehen. In Raum 115 finden sich zwei besonders schön gestaltete Rocailleornamente (Abb. 33, 34): das Motiv in der Nord-Süd-Achse hat die Form einer querovalen Kartusche, in deren Mitte sich über kleinen Muscheln eine mit Blumen gefüllte Vase erhebt. Darüber wölbt sich ein kronenähnlicher Blattreif, der aus der Bandornamentik der äußeren Deckenspiegelleiste entstanden ist. Auf diese Weise wird der Deckenspiegel direkt mit den Querachsenmotiven verbunden (ähnlich auch in 110 und 114). Die entsprechende Verzierung in der Ost-West-Achse setzt sich ebenfalls aus Band- Gitter-, Blatt- und Rocaillewerk zusammen. Die Verbindung zur Ornamentik des Dekkenspiegels stellen verschlungene Bandwerkschwünge und Glöckchen dar.

In Raum 210, dem sogenannten »Bischofszimmer«, stellt die bemerkenswerte Dekoration, die durch ihre außergewöhnliche Wandgliederung und die reiche farbige Fassung auffällt, die direkte Vorstufe zum Langhaus der Gnadenkapelle auf dem Hohenpeißenberg dar (Abb. 39). Der gesamte Raum wird von einer stuckierten Bogenstellung umzogen, die an eine Pergola erinnert. Manche der grün getönten und mit vergoldeten Bandleisten eingefaßten Wandpilaster tragen S-förmige, nach einer Seite volutenartig eingerollte Giebelaufsätze, die dann paarweise einander zugewendet sind. So wird auch die von einem Stichbogen überspannte Eingangstür – wie später die Türumrahmungen in Hohenpeißenberg und Ettal – von solch einem Pilasterpaar mit geschweiftem Aufsatz gerahmt. Die übrigen Pilaster haben einen waagerechten Abschluß, auf dem mit Blumen gefüllte Rocaillevasen stehen. In der Mitte der Seitenwände bricht die Arkatur nach drei Bogenstellungen ab, setzt sich in einer Ranke aus Rocaille- und Blattwerk fort und geht dann wieder in Arkaden über.

Die Kehle, die sich um den ovalen Deckenspiegel herumzieht, ist mit duftigen Rocailleornamenten verziert, die, in vier Gruppen zusammengefaßt, die Mittelachsen betonen. Sie bestehen vorwiegend aus C-Bögen, die entweder als reine Bandwerkbögen oder besetzt mit Blatt- und Muschelwerk erscheinen. Gitterfelder, Glöckchen und Blumenket-

127 Nach BRANDIS, (S. 106, Anm. 152), erfährt das Springbrunnenmotiv in den dreißiger Jahren bei den Stukkaturen J. B. Zimmermanns in den »Reichen Zimmern« der Münchener Residenz und in der Amalienburg eine bedeutende Steigerung und Verfeinerung. Siehe auch die südöstliche, das Element Wasser darstellende Kartusche im Weingartener Festsaal, die allerdings nicht von der Hand Schmuzers stammt (Zuschreibung der Verfasserin an Joh. Jak. Schwarzmann).

ten bereichern die Dekoration. Die einzelnen Gruppen sind durch vergoldete Bandzüge miteinander verbunden. Die Hohlkehle wird von einem wulstigen Profilstab abgegrenzt, der in den Mittelachsen von gefächerten Blattmotiven überspielt wird.

Die Kartuschen in den Eckzwickeln erinnern mit dem annähernd herzförmigen Innenfeld etwas an die Eismerszeller Chorkartuschen. Die wie Flügel ausgebreiteten seitlichen Gitterfelder mit den daran anschließenden Rocailleschwüngen tauchen ganz ähnlich bei den Pfaffenhausener Kuppelkartuschen auf. Das asymmetrische Scheitelmotiv, das in einer Blattranke mit umgebogener Spitze endet, reicht bis in die Hohlkehle hinauf.

In Raum 213 ist der lebhaft geschwungene Deckenspiegel dem Rahmen des Eismerszeller Langhausfreskos nachgebildet (Abb. 40). Die vier Eckkartuschen mit stark verjüngtem unterem Teil sind mit Gemälden ausgefüllt, die die Tageszeiten symbolisieren (Abb. 41). Das bisher dominierende Bandwerk wird hier zugunsten von Rocaille- und ausgeprägtem Blattwerk aufgegeben und taucht nur noch am Fuß der Kartuschen in Form von verschlungenen Bögen mit herabhängenden Glöckchen auf. Den Rocailleglie-dern werden im oberen Teil der Kartuschen schlanke, sich hoch aufrichtende Blätter mit umgebogenen Rändern hinterlegt. Im Scheitel befindet sich jeweils ein großer S-förmig geschwungener Blattwedel, der von einem kleineren C-förmigen Blattwedel überkreuzt wird [128].

Die Ornamente in der Querachse sind ebenfalls als Kartuschen ausgebildet (Abb. 43). Sie sind mehr in die Breite gezogen als die Eckkartuschen und dienen als Rahmen für kleine Landschaftsgemälde. Auch hier ist das Bandwerk weitgehend von Rocaillewerk verdrängt worden und kann sich lediglich im Scheitel und am Beginn der seitlichen Blattranken behaupten. Auch die Ornamente in der Längsachse bestehen überwiegend aus Muschel- und Blattwerk. Es ist fein gerippt und entspricht in seiner Behandlung den ungefähr gleichzeitigen Dekorationen in Eismerszell und Rottenbuch.

Der quadratische, durch zwei Geschosse reichende Audienzsaal (Raum 215) im zweiten Stock des Nordostpavillons wird von einem gewaltigen Deckenfresko des Gottfried Bernhard Göz, die Verehrung der Heiligblut-Reliquie darstellend, beherrscht (»1742« datiert) (Abb. 44, 45). Da der Saal an allen vier Seiten von Fenstern durchbrochen ist, konzentriert sich die Stuckdekoration auf die Rahmung von sechzehn Ölgemälden und die Bekrönung der Fenster. Die Stuckrahmen der Wandgemälde knüpfen, wenn auch in vereinfachter Form, an die kurz zuvor entstandenen prächtigen Rahmen der Rottenbucher Hochwandfresken an (Abb. 42). Hier wie dort bestehen sie aus Blatt- und Rocaillemotiven mit umgebogenen Spitzen und Rändern, Gitterwerk und Blattranken und zeichnen sich durch eine vorzügliche Detailbehandlung aus.

In den hochrechteckigen Feldern unter den Fensteröffnungen wird einfache, aber wirkungsvolle Bandwerkornamentik mit Blatt-Muschel-Motiven verwendet. Als Fensterbekrönungen dienen – in der Mehrzahl asymmetrische – Rocaillemotive mit seitlich ansetzenden C-bogigen Bandwerkschwüngen. Die asymmetrische Ecklösung aus Rocail-

128 Auf dieses Motiv wurde bereits in Rottenbuch (S. 19, auch Anm. 84) aufmerksam gemacht. Es wird als Abschluß kleinerer Kartuschen auch in Petzenhausen, Osterzell, Hausen, Ettal, Iffeldorf, Zankenhausen und Krün verwendet.

lewerk mit gezackten und gewellten Rändern erinnert formal an Übelhers Eckkartuschen im Fürstäbtlichen Schlafzimmer der Kemptener Residenz [129].

Zusammenfassend läßt sich bemerken, daß die Weingartener Stukkaturen großenteils von der Rottenbucher Langhausdekoration abhängen. Die Ornamente bestehen aus Band-, Blatt-, Gitter- und Muschelwerk, es kommen aber auch ausgesprochene Rocaillebildungen vor. Das Bandwerk wird gegenüber Oberammergau und Mittenwald kleinteiliger, die Blumenranken werden zierlicher, die Bögen schmaler. Daß die Dekoration aber nicht nur von Vorbildern beeinflußt wurde, sondern selbst auch vorbildlich gewirkt hat, beweisen die Gnadenkapelle auf dem Hohenpeißenberg und der Rottenbucher Emporenbereich, für den Weingarten als unmittelbare Vorstufe anzusehen ist.

An dieser Stelle sei auch auf die Pfarrkirche St. Maria in (Weingarten-)Altdorf [130] hingewiesen, die 1738/39 auf dem Gelände des jetzigen Kreuzbergfriedhofs von Joseph Schmuzer erbaut und 1744 von Johann Zick ausgemalt worden war [131]. 1816 wurde die Kirche für 8000 Gulden zum Abbruch verkauft und im Winter 1818/19 abgerissen. Die Stukkaturen, die, wie die bei Grabaushebungen immer wieder zutage geförderten Reste beweisen, vergoldet waren, sind wahrscheinlich um 1743 entstanden und könnten ein Werk Franz Xaver Schmuzers gewesen sein. Dafür sprechen die häufige Beschäftigung in Bauten seines Vaters sowie die gleichzeitige Tätigkeit in Kloster Weingarten.

Die Umgestaltung der Klosterkirche Steingaden

Aus Anlaß der sechshundertsten Wiederkehr des Jahrestages der Klostergründung (1147–1747) entschloß sich der Steingadener Abt Hyacinth Gassner (1729–1745), das Mittelschiff des Langhauses der romanischen Basilika im Stile seiner Zeit umgestalten zu lassen. Steingaden gehört neben Rottenbuch, Andechs und Indersdorf zu den markantesten Beispielen barock veränderter mittelalterlicher Anlagen (Farbtafeln V und VI). »Charakteristisch ist, daß der Umbau weniger Sache des Architekten ist, sondern mehr die des Malers und des Stukkateurs. Der Bau wird jeweils kaum in seiner materialen Substanz angegriffen, er wird durch Stuck und Fresken ver-bildet« [132]. In Steingaden hat man nach Art des gebundenen Systems je zwei Arkadenbögen zu insgesamt drei Doppeljochen zusammengefaßt und diese anstelle der vormaligen Flachdecke mit Flachkuppeln [133] überwölbt. In die Zwickel der Flachkuppeln sind mit Spiegeln gefüllte Kartuschen eingelassen, die bis in die Fresken hineinreichen. Den Pfeilern wurden Pilaster mit korinthisierenden Kapitellen und hohen Gebälkstücken vorgelegt. Die ehemals spitzbogigen Arkaden, von der Umgestaltung der Seitenschiffe in spätgotischer Zeit herrührend, wurden in Rundbögen verwandelt. An der Hochwand des Mittelschiffs sind wie in Rottenbuch Gemälde angeordnet (Abb. 46). »Die Rocaille an den Übergängen zwischen Architektur

129 SCHNELL I, Taf. 9, 10, 17; LOERS, S. 18 ff.; BRANDIS, S. 13 ff. Vgl. auch Anm. 210.

130 Die heutige Stadt Weingarten hieß bis 1865 in Unterschied zu der Benediktinerabtei auf dem Martinsberg Altdorf. Frdl. Hinweis auf die Altdorfer Pfarrkirche von P. Adalbert Nagel, OSB.

131 In den Quellen (HStA Stuttgart, B 522 Nr. 461 a) wird der Stukkator namentlich nicht erwähnt. Weitere Angaben zu Altdorf bei SPAHR I, S. 205 (Ortsregister), und DISCHINGER, S. 152.

132 RUPPRECHT, S. 48. Zu diesen Ausführungen siehe auch Rottenbuch (S. 16 f.).

133 Die Flachkuppeln bestehen aus hölzernen Lattengewölben. Siehe HEILMAIER, S. 136, und PÖRNBACHER II, S. 8.

und Fresken erzeugt die charakteristische Bildeinheit. Der Aufbau des Mittelschiffs ist nun folgender: Arkade, Wandfresko, unregelmäßige Fensteröffnung, Deckenfresko. Die architektonische Raumgrenze ist unwirksam gemacht, der Kirchenraum aus der Architekturwirklichkeit in die Bildhaftigkeit überführt« [134].

Eine genaue Datierung für die Steingadener Umgestaltung fehlte bisher. Die Deckenbilder Johann Georg Bergmüllers sind bis auf das Fresko unter der Orgelempore unsigniert. Die Jahreszahl 1751 auf diesem Gemälde kann sich aber nur auf den Zeitpunkt der Vollendung von Bergmüllers Malereien beziehen; die Stukkaturen gehören ohne Zweifel einer früheren Stilstufe an [135]. Hans Heinrich Diedrich datiert die Deckenfresken 1741/1742 [136]. Danach wären die Stukkaturen um 1740/1741 anzusetzen, was sich stilistisch sehr gut vertreten läßt.

Welcher Baumeister die Leitung der Umgestaltung innehatte, ist nicht bekannt. Die mehrfach auftauchende Behauptung, Franz Xaver Schmuzer sei der betreffende Künstler gewesen [137], stellt nur eine Vermutung dar, da Schmuzer niemals als Architekt nachgewiesen werden konnte [138]. Nicht ganz unberechtigt ist der bisweilen erhobene Vorwurf, nach dem die an sich meisterhafte Stuckdekoration in dem strengen, mittelalterlichen Raumgebilde nicht ganz zu befreiender Wirkung gelange und sich nicht so nahtlos einfüge, wie es beispielsweise in Rottenbuch der Fall sei [139]. Auf den ersten Blick scheint gerade dieser Vorwurf für Franz Xaver Schmuzer zu sprechen, denn ihm als Stukkator, der in architektonischen Belangen nicht so erfahren war wie sein Vater oder sein Großvater, würde man manche der in Steingaden vorkommenden baukünstlerischen Ungeschicklichkeiten nachsehen. In dieser Hinsicht seien die breiten, geschweiften Fenster in der Hochwand und in der Westwand des Mittelschiffs erwähnt, die wohl dem Charakter des Innenraums entsprechen, am Außenbau aber wenig glücklich in Erscheinung treten. Allerdings gelten diese Argumente auch für seinen ausdrücklich in der Klosterchronik erwähnten Onkel Franz, der ebenfalls in der Hauptsache Stukkator und nicht Baumeister wie Johann oder Joseph Schmuzer war.

Auch zur Frage des Stukkators geben die Quellen keine eindeutige Auskunft. Es heißt, »die Arbeit von Gips« sei »durch Franz Schmuzern von Wessobrunn verfertigt worden« [140]. Da Franz Schmuzer, der Bruder des Joseph, bereits im April 1741 starb, wird man bei dem genannten Stukkator an Franz Xaver Schmuzer, den Neffen des Franz, denken. Nun spricht zwar manches in der Steingadener Dekoration für ihn (die Kapitelle, die mit kleinen Ornamenten besetzten Freskorahmen, das züngelnde Blatt-

134 RUPPRECHT, S. 48.
135 WIEBEL, S. 8. Nach PÖRNBACHER II, S. 10, sind die Deckenfresken 1741–44 entstanden. Er folgt dabei den Angaben OSWALD LÄUTERERS, Die Künstler Türkheims, Ein Beitrag zur Kunstgeschichte Mittelschwabens, I: Johann Georg Bergmüller, Landsberg 1953, S. 33 ff.
136 DIEDRICH, S. 104–126.
137 DEHIO/GALL, S. 270; KDB Obb. I, 1 S. 598 ff.; HEILMAIER, S. 136; THIEME-BECKER 30, S. 181; PÖRNBACHER II, S. 8; HITCHCOCK II, S. 144.
138 Vgl. auch S. 93, 129.
139 DEHIO/GALL, S. 270; HEILMAIER, S. 136.
140 G. HAIMERLE, Sammlung zu einer Staingadischen Chronik (Bayer. Staatsbibl. München, Cgm 2960), S. 5 (siehe Quellendokument 26). Der bei MUCHALL-VIEBROOK (S. 50, Anm. 1) angegebene Akt »Klosterlitt. Steingaden Fasc. 696 ex Nro. 17, 1–2« im Kreisarchiv, heute HStA München, ist derzeit nicht auffindbar.

werk, die Puttenköpfe), es gibt aber mindestens ebenso viele Motive, die außer in Steingaden nirgends in Schmuzers übrigen Dekorationen auftauchen und somit Zweifel an seiner Autorschaft aufkommen lassen (Füllhörner, Früchtekörbe, Draperien, mit Spiegeln gefüllte Kartuschen, Putten auf den Pilastern und über den Hochwandfresken) [141].

Bei den beiden Kartuschenarten, die abwechselnd in den Zwickeln der drei Flachkuppeln sitzen, wird das Innere nicht wie üblich mit einem Gemälde, sondern mit Spiegeln ausgefüllt (Abb. 49). Die Spiegel werden in großzügigen C- und S-Schwüngen von breiten, stark hervortretenden Gliedern gerahmt, die wiederum von Blattwedeln begleitet werden. Wie in Dießen und Rottenbuch wachsen aus diesen geschwungenen Teilen Engelsköpfe heraus. Bei der größeren Kartusche (in den beiden äußeren Jochen) wird der Spiegel von einer Palmette und geschweiften, mit vergoldeten Punkten besetzten Akanthusranken bekrönt; darüber hängt eine Draperie. Die kleineren Kartuschen (im Mitteljoch) betonen durch die seitlichen geschwungenen Giebelstücke, auf denen Früchteschalen stehen, mehr die Breitenwirkung. Beide Kartuschentypen sind – sowohl von manchem motivischem Detail her als auch bezüglich der Stuckbehandlung – recht eng mit den Kartuschen im Rottenbucher Chor und Querhaus verwandt.

Die korinthischen Kapitelle, mit einem von symmetrischem Akanthusblattwerk umgebenen Puttenkopf im unteren Teil und Rocaillewerk im Scheitel, stellen eine Kombination verschiedener Rottenbucher Kapitelle dar. Die Pilaster, von denen keine Gurtbögen ausgehen, tragen dekorative Aufsätze in Form von geschweiften Kartuschen mit eingerollten C-Kurven, Muschelwerk, Blattwedeln, Blütengirlanden, stilisierter Scheitelpalmette und einem Puttenkopf vor einer Muschel (Abb. 46). Das Vorbild dieser Kartuschen findet sich in Gablingen, 1735 (dort über den Blendbögen seitlich des Chorbogens und über den Querarmen). Den Aufsätzen sind zwei auf dem Gesims liegende vollplastische Putten vorgelagert. Die Ornamentik in den Scheidbögen ist für F. X. Schmuzer ungewöhnlich. Das mit Laubwerk durchsetzte Bandwerk, in dem nur wenige Rocaillebildungen vorkommen, klingt deutlich an den Gablinger Chorbogen an (Abb. 47).

Als Bekrönung der Hochwandfresken dient ein gesprengter Giebelaufsatz aus Muschelwerk, auf dem zwei Putti sitzen und Blütenranken halten (Abb. 46). In der Mitte befindet sich eine kleine Kartusche mit geschupptem Innenfeld (Steinhausen; Gablingen, Wappenkartusche), die von Blatt- und Muschelwerk umgeben wird. Sie läuft ebenso wie der dahinter befindliche geschweifte Aufsatz in einer stilisierten Palmette aus.

Die vor- und zurückschwingende Orgelempore, die zusammen mit dem eleganten Orgelprospekt den Kirchenraum überaus wirkungsvoll nach Westen hin abschließt (Farbtafel VI), nimmt in ihrer Mitte das Rückpositiv auf. Es wird von Engelsköpfen, die wieder aus geschwungenen, vergoldeten Bändern herauswachsen sowie einer breit ausladenden Muschel »getragen«. Eingefaßt von einem Muschelfries (unten) und einem mit Rosetten besetzten Wulst (oben), ist die Brüstung mit symmetrisch ineinander verschlungenen Bändern verziert. Die dabei entstandenen Felder sind mit Blumengehängen gefüllt

141 Die naheliegende Frage, ob es für diese ausgefallenen Motive Parallelen im Werk Franz Schmuzers gibt, kann nicht beantwortet werden, da aus vergleichbarer Zeit (etwa 1730–40) ausser den Chorstukkaturen in der Petzenhausener Frauenkirche bisher keine gesicherten Sakraldekorationen Franz Schmuzers bekannt sind; vgl. aber die ihm auf S. 45 zugeschriebenen Arbeiten in Irsee und Ilgen.

und werden von Blatt- und Muschelwerk umgeben. Zu beiden Seiten des Rückpositivs und an den Enden der Empore sind insgesamt vier Felder eingelassen, die mit in Stuck ausgeführten Musikinstrumenten geschmückt sind [142] (Abb. 48).

Im Vergleich mit den gleichzeitig entstandenen Rottenbucher Langhausstukkaturen wirkt die Steingadener Dekoration trotz aller technischen Meisterschaft etwas schwerfällig, in gewisser Weise altertümlich und noch den Rottenbucher Ostteilen verpflichtet. Die Kartuschen sind ganz barock empfunden: sie verwenden zwar Muschelränder, aber Rocaillewerk fehlt noch ganz. Ihre den festlichen Gesamteindruck wesentlich mitbestimmende Wirkung wird vor allem durch die Verwendung von Spiegeln erreicht [143]. Das Blattwerk ist in Rottenbuch zierlicher, das Muschelwerk fortschrittlicher. Der Stuckauftrag in Steingaden ist durchweg kräftiger, was besonders bei einem Vergleich mit den zarten und leichten Stukkaturen im Rottenbucher Emporenbereich deutlich wird.

Aus all diesen Gründen muß Franz Xaver Schmuzer als entwerfender Meister für diese Dekoration ausscheiden. Hier scheint ein Künstler der älteren Schmuzer-Generation, wie er von Franz Schmuzer verkörpert wird, tätig gewesen zu sein, der noch das Schwere, Üppige, Großformige des Barocks bevorzugt und damit von dem leichten, kleinteiligen, beschwingten Stil, wie er beispielsweise in Rottenbuch und Hohenpeißenberg durch Joseph und Franz Xaver Schmuzer vertreten wird, abweicht. Wenn man annimmt, daß die Abtei Steingaden Franz Schmuzer für die Neugestaltung und Stuckierung des Kirchenmittelschiffs verpflichtet und er auch die Risse dazu geliefert hat, der Auftrag nach seinem Tode 1741 aber an Franz Xaver Schmuzer übergegangen ist, der ihn im Sinne seines Onkels ausführte, erklären sich die Eigentümlichkeiten der Steingadener Dekoration. Daß der Klosterchronist später nur von einem Franz Schmuzer spricht, mag ein Irrtum gewesen sein [144], könnte aber auch daher rühren, daß Franz Schmuzer der Urheber der Stuckdekoration und Franz Xaver nur deren ausführender Meister war.

Die Seminarkapelle in Pfaffenhausen 1746

Im Jahre 1734 gründete der Augsburger Fürstbischof Alexander Sigmund Pfalzgraf von Neuburg (1690–1737) in dem zum Hochstift Augsburg gehörigen Markt Pfaffenhausen ein Priesterseminar, in dem die in Dillingen ausgebildeten, neugeweihten Priester in die praktische Seelsorge eingeführt werden sollten. Im Juni 1735 begannen unter der Leitung Joseph Schmuzers die Bauarbeiten an der geplanten Vierflügelanlage [145]. Am 3. Juli 1744 erfolgte die Grundsteinlegung zur Seminarkapelle, die im Juni 1745 von Jo-

142 Es fragt sich, wie weit die hervorragende Komposition der Steingadener Orgelempore das Werk des Stukkators ist. Eine ungefähre Datierung ergibt sich aus der für 1743 überlieferten Erstellung des Orgelwerks. Möglicherweise hatte die Steingadener Empore Einfluß auf die Empore der von 1745 an von Kloster Steingaden errichteten Wieskirche. Unmittelbare Vorbilder für die geschwungene Steingadener Empore sind der Verfasserin bisher nicht bekannt geworden.

143 Dieses der höfischen Profandekoration entnommene Motiv wird recht selten in Kirchenräumen verwendet. Weitere Beispiele in Andechs (Fensteröffnung über der Galerie und Kreuzkapelle), Zwiefalten (Zwickelkartuschen im Altarraum) und Unterbrunn (Lkr. Starnberg), einer 1759 entstandenen üppigen Rocailledekoration von Johann Heringer.

144 Die beiden Meister werden auch heute noch oft wegen ihrer Namensgleichheit verwechselt.

145 Dischinger, S. 101 ff., 147 f.

seph Schmuzer mit einer Flachkuppel eingewölbt wurde [146]. Im April 1746 wurde mit Franz Xaver Schmuzer der Akkord zur Stuckierung der Kapelle geschlossen [147]. In den siebziger Jahren des 18. Jahrhunderts setzten erneute Bauarbeiten ein, die Erweiterungen im Inneren des Gebäudes betrafen und in deren Verlauf die Kapelle ausgemalt und mit Altären versehen wurde (1774). Durch die 1804 erfolgte Aufhebung des Seminars und seine Vereinigung mit dem Priesterseminar Dillingen stand das Gebäude bis auf eine zeitweilige Nutzung als Pfarrhof und Schule leer, bis es 1891 in den Besitz der Ursberger Kongregation überging, die darin ein bis heute bestehendes Blindenheim einrichtete.

Die Kapelle ist ein kleiner 11 x 9 Meter messender Zentralbau auf ovalem Grundriß (Abb. 50, 51). Am Schnittpunkt der Diagonalen mit dem Oval wird durch Wandpfeiler ein Quadrat ausgebildet, das von einer Flachkuppel auf Pendentifs überwölbt wird. Die vier Bildkartuschen in den Pendentifs lassen sich direkt von den Oberammergauer Kuppelkartuschen ableiten. Eine sehr ähnliche Form taucht kurze Zeit später über dem Chorbogen der Petzenhausener Frauenkirche (1748) auf. Weiterentwickelt hat Schmuzer diesen Kartuschentyp in Hohenpeißenberg und Osterzell. Die bei den Pfaffenhausener Kartuschen von dem unteren Muschelmotiv herabhängende Blumenranke findet sich bei den Chorpilastern in Osterzell und bei den Chorkartuschen in Hausen.

Im Westen der Kapelle wurden zwei übereinander liegende Emporen eingebaut (Abb. 51). Die untere, mit einer Holzbalustrade versehene Empore schwingt zwischen den beiden westlichen Wandpfeilern vor, während die obere, auf den Pfeilergebälken aufliegende Empore in Gegenbewegung zurückschwingt und an den westlichen Pendentifs vorbei bis in die Mitte der Längsseiten reicht. Die Brüstung der oberen Empore schmücken fünf gleichartig gestaltete, breitformatige Bildkartuschen aus gefälteltem Muschelwerk mit seitlichen Blattwedeln.

An den Wölbungen der vier äußeren Raumsegmente befinden sich ebenfalls breite Kartuschen, die formal den Emporenkartuschen ähneln, mit den seitlich ausladenden Gitterfeldern aber mehr den Zwickelkartuschen angeglichen sind (die Kartuschen an der Nord- und Südwand werden beinahe ganz von Orgelprospekten bedeckt).

Die an die Seitenwände der Kapelle angrenzenden Nebenräume sind durch je zwei Oratorien in den Kapellenraum einbezogen. Die Oratorien werden von flachen, schmalen Pilastern begleitet, die über profilierten Kämpfern einen Rundbogen tragen (Abb. 50). An Stelle von Kapitellen ziert diese Pilaster ein kleines Rocailleornament, von dem eine Blumenranke herabhängt. Die Oratorienkämpfer werden durch einen dritten profilierten Flachbogen miteinander verbunden. Das von diesem Gesims abgeschlossene Feld zwischen den Oratorien nimmt jeweils einen der beiden Seitenaltäre auf. Über dieser dreiteiligen Wandgliederung steigen C- und S-förmige Band- und Rocailleranken auf und verbinden die Oratoriengruppe mit den darüber liegenden seitlichen Emporenteilen. Den Mittelpunkt dieser Ornamentik bildet eine Kartusche aus C-bogigen Bandwerkgliedern, in der zwei geflügelte Engelsköpfe auf Wolken schweben [148].

146 Ebd.
147 Siehe S. 108.
148 Von der Gesichtsform her sehr ähnliche Puttengruppen gibt es in Rottenbuch, Mittenwald, Oberammergau, Hohenpeißenberg, Osterzell u. a.

Die korinthisierenden Kapitelle an den Wandpfeilern stellen eine Mischung der beiden Oberammergauer Kapitelltypen dar (Abb. 52). Die Schrägfläche zwischen den Kapitellen ist mit Bandwerk besetzt, ebenso sind es die Gurtbögen. Die mit Gitterwerk gefüllten Aufsätze über den beiden Chorfenstern, die sich aus einem mittleren gefächerten Blattmotiv und seitlich daran anschließenden C- und S-Schwüngen zusammensetzen, verwendet Schmuzer beinahe unverändert auch in der Petzenhausener Frauenkirche. Die Apostelleuchter, bei denen um ein rundes Innenfeld entweder ein Saum aus gewelltem Muschelwerk oder kurze, kräftige Blattwedel gelegt werden, kommen in vergleichbarer Form später in Hausen und Krün vor.

Schmuzers Stukkaturen passen sich dem kleinen Kapellenraum harmonisch an. Sie lassen noch deutlich die Vorbilder Oberammergau und Rottenbuch (dort besonders die Seitenschiffs- und Emporendekoration) erkennen, machen aber auch die Weiterentwicklung einzelner Motive deutlich, die von der Auseinandersetzung Schmuzers mit dem Formenschatz seines Vaters zeugt.

Die beiden Seitenaltäre, die laut Vertrag ebenfalls von Franz Xaver Schmuzer hergestellt werden sollten, sind offenbar nicht von ihm ausgeführt bzw. durch neuere Altäre ersetzt worden (Abb. 50). Die heute in der Kapelle befindlichen Nebenaltäre sind um 1774 entstanden und vermutlich zusammen mit dem gleichzeitig hergestellten Hochaltar des Augsburger Bildhauers Ignaz Wilhelm Verhelst aufgestellt worden. Alle drei Altäre sind gleichartig marmoriert (Farbtöne blau, altrosa, an der Mensa auch grün) und weisen dieselben Puttenköpfe und Wolkenbildungen auf.

Die Gnadenkapelle auf dem Hohenpeißenberg 1747/1748

Kurze Zeit nach Vollendung der Stiftskirche Rottenbuch ging Propst Clemens Prasser daran, auch der Gnadenkapelle auf dem Hohenpeißenberg, die ihm persönlich besonders am Herzen lag [149], ein neues, festliches Gewand zu geben. Obwohl keine Archivalien erhalten sind, besteht kein Zweifel, daß bei der Umgestaltung der spätgotischen Kapelle in den Jahren 1747/48 dieselben Künstler zum Zuge kamen, die auch in Rottenbuch tätig waren [150]. Es kann als sicher angenommen werden, daß Joseph Schmuzer, der ja schon in Rottenbuch nicht mehr eigenhändig mitstuckierte, auch in Hohenpeißenberg die Leitung des Stukkatorentrupps seinem Sohn anvertraute [151]. Mehrere Parallelen zu den Weingartener Stukkaturen Franz Xaver Schmuzers geben berechtigten Grund zu der Annahme, daß er nicht nur den Entwurf des Vaters ausgeführt, sondern auch einen nicht zu geringen schöpferischen Anteil an der Hohenpeißenberger Dekoration hat. Man wird daher die Umgestaltung der Gnadenkapelle am besten als Gemeinschaftsarbeit von Joseph und Franz Xaver Schmuzer bezeichnen (Farbtafel VII).

Der Rahmen des Freskos, das den Deckenscheitel des Altarraums bedeckt, besteht aus einzelnen C-förmigen Profilleisten, die durch Rocailleornamente miteinander verbunden

149 Mois II, S. 50

150 Ebd., Dischinger, S. 157 f.

151 Der inzwischen 65jährige Baumeister hatte auch zu dieser Zeit mehrere Projekte in Arbeit, so den Wiederaufbau der Ettaler Abteikirche (Dischinger, S. 111 f.), den Bau des Schongauer Karmeliterklosters (ebd., S. 69 f.) und die Errichtung der umfangreichen Rottenbucher Stiftsanlage (ebd., S. 106 ff.).

werden (Abb. 53)[152]. Die hochformatigen Bildkartuschen in den Zwickeln der Stichkappentonne sind in ihrer Gesamtform von den Oberammergauer Langhauskartuschen abhängig. Die zwischen Oberammergau und Hohenpeißenberg liegende Zeitspanne von acht Jahren hat das noch etwas starre Muschelwerk von Oberammergau in leichteres Rocaillewerk umgewandelt. Auch die Blattwedel sind zierlicher geworden. Im Scheitel rankt sich das seit Eismerszell bevorzugte reich bewegte Blattwerk mit umgebogenen Spitzen und Rändern. In ganz ähnlicher Form verwendet Schmuzer die Hohenpeißenberger Chorkartusche in dem gleichzeitig stuckierten Langhaus von Winkl und in den etwas späteren Altarräumen von Osterzell, Hausen und Petzenhausen. In den anderen Gewölbezwickeln befinden sich asymmetrische Rocailleornamente, die mit vergoldeten, schmalen C- und S-Bögen und Blattwedeln durchsetzt sind und am unteren Ende in zarte Blumenranken auslaufen. In diese Rocailleschwünge hat Schmuzer wieder geflügelte Engelsköpfe auf Wolken eingefügt.

In den Stichkappen sitzen Ornamente aus meist C-förmig geschwungenem Rocaillewerk, die sich am ehesten von den Stichkappenfüllungen des Rottenbucher Langhauses ableiten lassen. Die Stichkappenscheitel werden durch asymmetrische Motive aus gekerbtem Muschelwerk und rocailleartig behandeltem Blattwerk betont.

Die Rahmen um Türen und Fenster des Chores, die durch dünne goldene Leisten zusammengefaßt werden, bestehen aus Rocaillewerk mit vergoldeten Pfeifen, Blumenvasen und Gitterfeldern und erinnern an die Stuckrahmen im Weingartener Audienzsaal. Die Idee der originellen Kapitelle aus kleinen Blattwerk- und Rocaillekartuschen (auch im Langhaus) geht auf die Rottenbucher Seitenschiffe zurück (Abb. 54, 55, 11). Sie stellen hier aber eine noch weiterentwickelte Stufe dar und werden in dieser Form auch in Winkl, Osterzell und Petzenhausen verwendet[153].

Die Kartusche mit dem unierten Wappen des Klosters Rottenbuch und seines Propstes Clemens Prasser am Scheitel des Chorbogens ist mit der späteren Wappenkartusche in Osterzell zu vergleichen (Abb. 58, 59). Das aus C-Rocaillen gebildete, breitformatige Innenfeld wird seitlich von dreifachen Rocaillesäumen, Voluten mit daraus hervorwachsenden Engelsköpfen und schwungvollen, vergoldeten Blattwedeln gerahmt; weitere C-Rocaillen nehmen Inful und Stab auf. Den Scheitel der Kartusche bildet ein halbkreisförmiger Muschelrand und ein Rosettengitterfeld, dessen abschließendes, züngelndes Blattwerk in das Chorfresko hineinreicht. Der unregelmäßige untere Abschluß der Wappenkartusche geht in das asymmetrische Scheitelmotiv der Chorbogeninnenseite über.

Im Langhaus wird der mit kleinen Rocailleornamenten besetzte Kuppelring von den vier Pendentifkartuschen überspielt (Abb. 60). In den Mittelachsen des Zentralraumes weitet sich der Kuppelring und reicht mit stilisierten Palmetten und Rocaillemotiven in das Kuppelfresko hinein. Die Kartuschen in den Hängezwickeln bestehen aus asymmetrischem Rocaille- und Blattwerk. Einem Gitterfeld auf der einen Seite wird ein Blattwedel auf der anderen Seite gegenübergestellt. Als Bekrönung dient ein halbkreisförmig eingerollter Muschelrand, der in vier, mit Pfeifen gefüllte Blattspitzen ausläuft.

152 Morel, S. 45: Rahmen Typ C. Weitere Beispiele in Mittenwald (Chor) und Osterzell (Langhaus).

153 Die »Kapitelle« in Türkenfeld, Schmiechen und Seekirch haben ihren Ursprung zwar auch in Rottenbuch, sie unterscheiden sich aber doch von dem Hohenpeißenberger Typ, für den die runde Gesamtform und das züngelnde Blattwerk charakteristisch sind.

Die Fenster – alle von schmalen, goldenen Leisten eingefaßt – werden durch überquellende Rocailleornamente sowohl untereinander als auch mit den Wandpilastern verbunden. Das jeweils mittlere Fenster wird durch einen runden, mit gitterwerkähnlichem Muster gefüllten Kartuschenaufsatz hervorgehoben.

Den südlichen Eingang des Langhauses rahmen Lisenen, die einen S-förmigen, von lebhaftem Rocaillewerk umspielten Kämpfer tragen (Abb. 56). Diese Form der Türrahmung war uns zum ersten Mal im Weingartener Bischofszimmer begegnet (Abb. 39) [154]. Auch die Gliederung der Westwand – eine Bogenstellung über Doppelpilastern – geht auf diesen Raum zurück [155]. Der die Orgel umgebende Stuckrahmen erinnert sowohl an die Rahmen im Weingartener Audienzsaal als auch an die der Rottenbucher Hochwandfresken.

Nach den zurückhaltenderen, mehr an Oberammergau orientierten Pfaffenhausener Stukkaturen setzen sich in der Gnadenkapelle wieder der Überschwang und der kaum zu überbietende Reichtum der Rottenbucher Dekoration durch. Die Stukkaturen überspielen jede freibleibende Fläche. Einen besonderen Akzent setzt auch die farbliche Gestaltung: der weiße Stuck steht auf rosa Grund, die nicht ausgemalten Kartuschen sind hellblau getönt; die reichliche Vergoldung verleiht der Kapelle eine überaus festliche Wirkung. Was hier auf kleinstem Raum an motivischer Vielfalt und technischer Vollkommenheit geboten wird, stellt die Gnadenkapelle absolut gleichwertig neben die, schon zur Zeit ihrer Entstehung im 18. Jahrhundert vielbewunderte Rokokodekoration der Stiftskirche Rottenbuch.

Die Pfarrkirche in Winkl 1747/1748

Ungefähr gleichzeitig mit der Gnadenkapelle auf dem Hohenpeißenberg wurde die mittelalterliche Pfarrkirche in Winkl umgestaltet, die samt der dazugehörigen Hofmark im Besitz des Jesuitenkollegs Landsberg war. Trotz fehlender archivalischer Unterlagen lassen sich die Stukkaturen, die um 1747/48 entstanden sind (Fresken »1748« datiert), einwandfrei Franz Xaver Schmuzer zuschreiben, da die einzelnen Elemente der Dekoration fest im gleichzeitigen Werk Schmuzers verankert sind (Abb. 61–63). Am auffälligsten ist die große Ähnlichkeit mit Hohenpeißenberg, doch haben auch das Weingartener Bischofszimmer und die Rottenbucher Westteile vorbildlich gewirkt. Manche der Winkler Hauptmotive lassen sich auch in späteren Dekorationen Schmuzers feststellen, so zum Beispiel die Form der Freskenrahmen oder der Kartuschen in Osterzell, Hausen, Petzenhausen und Schmiechen.

Am Gewölbe des Chores, der sich im Erdgeschoß des mittelalterlichen Turmes befindet, sind um ein rundes Mittelfresko drei weitere kleine, runde Bildfelder angeordnet, die von fein gerippten Muschelrändern, Gitterfeldern und C-förmigen Blattranken umgeben sind. Das Vorbild für solcherart gerahmte runde Kartuschen findet sich in Rottenbuch im Mitteljoch unter der Westempore. Die Dekoration des niedrigen Chorbogens

154 Die weiterentwickelte Form dieses Motivs vgl. dann in Ettal (Abb. 57). An der Nordseite des Hohenpeißenberger Langhauses befindet sich wegen des abfallenden Geländes kein Eingang. Im Innern wiederholt sich jedoch an der entsprechenden Stelle die Lisenenrahmung als Gegenstück zur Südseite.

155 In Weingarten allerdings keine Doppelpilaster.

mit phantasiereichen Rocailleornamenten erinnert an das Weingartener Bischofszimmer (später in den Türkenfelder Seitenkapellen). Im Scheitel der Chorbogeninnenseite befindet sich ein Rosette aus C-förmigen Muschelbögen, die oben und unten von Gitterwerk begleitet wird und seitlich in zartes, verschlungenes Bandwerk ausläuft.

Den vierachsigen Saal des Langhauses gliedern marmorierte Doppelpilaster mit Rocaillekapitellen. Die flache Stichkappentonne wird von zwei Deckenfresken beherrscht, deren geschwungene Rahmenform auch in Oberammergau, Hausen und Schmiechen vorkommt [156]. Zwischen den beiden Deckenbildern ist eine Gruppe von vier Gitterfeldern so angeordnet, daß ein rundes Innenfeld entsteht (ähnlich in Osterzell, dort befindet sich ein Gemälde in dem Innenfeld).

Über den seitlichen Eingängen erhebt sich ein asymmetrischer Kartuschenaufsatz aus C-bogigen Rocailleglieder. Hier werden erstmals kleine Stucktropfen an die Muschelbögen gehängt, ein Motiv, das Schmuzer von nun an bei fast allen seiner folgenden Dekorationen anbringt [157]. Die zweigeschossige Westempore weist nur an der unteren Brüstung Stukkaturen auf, wo drei querformatige Ölgemälde in beiderseits eingezogenrundbogigen Leistenrahmen von zarter Rocailleornamentik umgeben werden. Die übrigen Motive in der Winkler Langhausdekoration hängen so eng mit Hohenpeißenberg zusammen, daß sie hier nicht näher behandelt werden müssen. Es gehören dazu die Fensterumrahmungen, die Stichkappenfüllungen, die Kartusche über dem Chorbogen, das asymmetrische Rocailleornament an den Stichkappenscheiteln, die Einfassung der Kappengrate und ihre Besetzung mit kleinen Rosetten, die Kapitelle und die Kartuschen in den Gewölbezwickeln [158]. Die Verwandtschaft mit den Stukkaturen der Gnadenkapelle Hohenpeißenberg wird zusätzlich durch die in beiden Dekorationen gleiche Fassung des Stucks (weiß mit reicher Vergoldung) unterstrichen.

Die Frauenkirche in Petzenhausen 1748

Die Kirche Unserer Lieben Frau in Petzenhausen, über die das Kloster Wessobrunn das Präsentationsrecht ausübte, ist eine der wenigen Chorturmanlagen im Landkreis Landsberg [159] und stammt aus dem 14. Jahrhundert.

156 Vgl. Anm. 97.

157 Die Stucktropfen sind auch bei anderen Wessobrunnern wie Übelher, Landes, Zöpf, Merck, den Brüdern Zimmermann und Feichtmayr zeitweise ein beliebtes Motiv gewesen, doch tauchen sie bei F. X. Schmuzer mit solcher Regelmäßigkeit auf, daß man sie beinahe schon als Stilmerkmal bezeichnen kann.

158 a) Die Kartuschen, die sich in den Zwickeln seitlich der Deckenfresken befinden, sind im Grunde ebenfalls vom Oberammergauer Typ abzuleiten, obwohl sie durch die breit ausladenden vergoldeten Blattwedel, Blumenranken und C- und S-förmigen Blattschwünge bedeutend reicher als ihr Vorbild wirken. Eigenartigerweise verwendet Schmuzer diese wirkungsvolle Abwandlung eines bewährten Kartuschentyps nur in Winkl. b) Um 1747/48 taucht bei Schmuzer ein Motiv auf, das er ungefähr fünf Jahre beibehält und das auch gelegentlich von F. X. Feichtmayr d. Ä. (Geltendorf), Joseph Fischer (Sachsenried) und Joh. Gg.Gigl (Hilzingen, Lkr. Konstanz) verwendet wird. Es handelt sich dabei um kreisförmige Einkerbungen auf spitz zulaufendem Muschelwerk; Beispiele finden sich in Hohenpeißenberg (Langhauskartuschen und Ornament an den Chorstichkappen), Winkl (asymmetrische Langhauskartuschen), Osterzell und Kappel (Langhauskartuschen), Petzenhausen (Pfarrkirche, Chorkartuschen).

159 Siehe auch die Pfarrkirche in Winkl.

1736 bestellte der damalige Pfarrer Vogl bei Franz Schmuzer einen Altar für die Frauenkirche, über den kurz darauf eine heftige Auseinandersetzung entbrannte [160]. Am 4. Dezember 1737 beschwerte sich nämlich Franz Schmuzer beim Ordinariat, daß von seinen für den Altar geforderten 450 fl. noch 200 fl. ausständig seien, die der Pfarrer sich weigere auszuzahlen. Der daraufhin befragte Pfarrer sagte dagegen aus, der Altar sei erstens ganz anders ausgefallen als vereinbart, und zweitens habe sich Schmuzer beim Akkord des Altars angeboten, für den vereinbarten Preis von 300 fl. sogar noch das Chorgewölbe zu stuckieren. Als man ihm 1737 250 fl. bezahlt habe, sei Schmuzer während des Aufstellens des Altars mit seinem Gesellen auf und davon, habe den unfertigen Altar zurückgelassen und auf einmal 450 fl. für diesen verlangt. Die versprochenen Stukkaturen seien zu diesem Zeitpunkt ebenfalls nicht ausgeführt gewesen. Wie dieser Streit ausgegangen ist, ist leider nicht bekannt, aber offenbar mußte sich Schmuzer doch zur Fertigstellung des Altars und der Stukkaturen bequemen, wie der Chorraum der Frauenkirche noch heute beweist (Abb. 64). Übrigens lassen sich durch die Petzenhausener Stukkaturen zwei bisher umstrittene Stuckdekorationen – die des Treppenhauses im Kloster Irsee und die der Seitenkapellen in der Wallfahrtskirche Ilgen bei Steingaden (beide um 1735) – eindeutig Franz Schmuzer zuweisen (Abb. 65, 66).

Zehn Jahre später (1747) wurde unter Pfarrer Matthäus Perghofer das Langhaus durch Joseph Schmuzer [161] erweitert, ein Jahr darauf von Franz Xaver Schmuzer mit Stukkaturen ausgeziert [162] und von einem in den Akten nicht genannten Maler mit einem großen Deckengemälde geschmückt.

Die verhältnismäßig sparsame Stuckdekoration paßt sich dem kleinen Raum vorzüglich an. Auf die üblichen großformatigen Bildkartuschen wurde weitgehend verzichtet; schmale Bandleisten, zarte Blütenranken, kleinteilige Blattschwünge, zierliches Bandwerk und nicht zuletzt die zurückhaltende Farbgebung unterstreichen den intimen Charakter dieses Marienheiligtums. Die rechteckige Flachdecke wird von einer rankenumwundenen Bandleiste eingefaßt und so gegen die Hohlkehle abgegrenzt. In den Ecken breiten sich zierliche Kartuschen aus Bandwerkgliedern, die C- und S-förmig aneinandergereiht und mit etwas Muschel- und Laubwerk belebt sind, über die zart getönte Gewölbefläche aus [163]. Der Rahmen des Langhausfreskos besteht (ähnlich wie die Freskorahmen in der Kappel) aus einzelnen C- und S-förmig geschwungenen Profilleisten. Dem Verlauf des Rahmens folgt eine Bandleiste, an der Blumengirlanden aufgehängt sind.

Die Form der großen Bildkartusche über dem Chorbogenscheitel wurde von Oberammergau und Pfaffenhausen übernommen. Von beiden Seiten werden (auf der äußeren Bandleiste) aufrecht stehende und nach außen sich öffnende C-Rocaillen an die Kartusche herangeschoben (siehe auch die Wappenkartusche in Osterzell). Diese Rocaillen bestehen aus wellenförmig gebogenem Muschelwerk mit Stuckzungen, wie es erstmalig bei den Apostelleuchtern in den Rottenbucher Seitenschiffen verwendet wurde. Die gegenüberliegende Kartusche über der Empore entspricht im wesentlichen der Chorbogenkar-

160 Landsberger Geschichtsblätter, S. 70 f. Quellen im Ordinariatsarchiv in Augsburg.
161 Dischinger, S. 146.
162 Siehe Quellendokument 20.
163 Vgl. Rottenbuch, Taufkapelle.

tusche (Abb. 67, 68); sie ist lediglich stärker in die Breite gezogen und schließt mit der Hohlkehlenleiste ab.

Die lebhaft geschwungenen Fensterbekrönungen sind mit Pfaffenhausen und Osterzell zu vergleichen. Die Stukkaturen an der Orgelempore aus einfachen Bandzügen mit kleinen Rocaillekartuschen in den Ecken der einzelnen Brüstungsfelder passen sich der zurückhaltenden, aber ansprechenden Dekoration dieses Gotteshauses an.

Reife Werke. Zweite Stilphase

Die Pfarrkirche in Petzenhausen 1749–1752

In demselben Jahr, als Franz Xaver Schmuzer das Schiff der Frauenkirche in Petzenhausen mit Stukkaturen geschmückt hat (1748), wurde die baufällige mittelalterliche Pfarrkirche des Ortes nach dem Entwurf und unter der Leitung von Joseph Schmuzer erneuert [164]. Der Auftrag für die Ausstuckierung dieses zweiten Petzenhausener Gotteshauses erging wieder an den Sohn des Baumeisters, der in diesem Falle auch den Choraltar herzustellen hatte [165].

In den Sommermonaten des Jahres 1749 erhielt F. X. Schmuzer die ersten 100 fl. für Stuckarbeiten in der Pfarrkirche [166]. Es wird sich bei diesen Arbeiten um die Dekoration des Chorraums gehandelt haben, der stilistisch noch von Weingarten (Raum 210), Hohenpeißenberg und Winkl abhängt, wohingegen das zwei Jahre später stuckierte Langhaus der Petzenhausener Pfarrkirche im Einklang mit der gleichzeitig dekorierten Wallfahrtskirche Kappel bei Unterammergau steht. 1750 wird Schmuzer in den Petzenhausener Baurechnungen nicht erwähnt, was mit seiner zehnwöchigen Tätigkeit in Osterzell und den daran anschließenden Arbeiten in der Kappel zu erklären ist. Erst in den Herbstmonaten des Jahres 1751 nahm Schmuzer wieder Zahlungen in Petzenhausen entgegen (160 Gulden), so daß der für dasselbe Jahr gesicherte Aufenthalt in der Kappel in die Frühjahrs- und Sommermonate 1751 gelegt werden kann. 1752 sind dann die Stuckarbeiten in Petzenhausen abgeschlossen, wofür Schmuzer im April noch einmal 60 fl. empfing [167]. Die für den Choraltar vereinbarte Summe von 500 fl. wurde in den Jahren 1755–1757 in neun Raten an Schmuzer ausbezahlt. Mit zwei geringen Nachzahlungen im Mai und Juli 1758 war Schmuzers Tätigkeit für Petzenhausen endgültig abgeschlossen.

164 Dischinger, S. 146.
165 Siehe Quellendokumente 21 a–d.
166 Hier und im folgenden vgl. Anm. 165.
167 Nicht einwandfrei erklärt werden können die 1752 an Schmuzer gezahlten 60 fl. »für des gemähl«. Zwar wird Schmuzer in der Oberammergauer Chronik des Joachim Hoffmair (AEM 8°/190, S. 76) »ain Maller aber auch gypser« genannt, ebenso in der Rottenbucher Hoffmair-Chronik (AEM 8°/58, S. 536) und im Matrikeleintrag seiner zweiten Verheiratung (Quellendokument 5), dennoch ist eine Tätigkeit Schmuzers als Maler bis heute nicht erwiesen. Die fragliche Zahlung könnte sich allenfalls auf das Chordeckenfresko bezogen haben, das 1802 von Sebastian Jaud aus Haid neu gemalt wurde. Das ehemalige Gemälde des Choraltares kommt nicht in Frage, da hierfür 50 fl. an Johann Baader bezahlt wurden.

Die Stukkaturen des Chors (Abb. 69, 70, 72) unterscheiden sich von den meisten anderen Schmuzerschen Dekorationen, weil es hier statt der üblichen Stichkappentonnen ein ovales Spiegelgewölbe zu dekorieren galt [168]. Verwandt ist die spätere Chordekoration in Zankenhausen (1756/57), wo die C-Rocaillen allerdings schon wieder auf Bandwerkbögen reduziert sind. Das Hauptaugenmerk ziehen die Stukkaturen der Hohlkehle auf sich. Vier Bildkartuschen in den Hauptachsen [169] werden durch C-Rocaillen, die in wechselnder Richtung aneinandergereiht sind, miteinander verbunden [170]. Als Mittelpunkt dieser verbindenden Ornamentik wird jeweils eine mit Blüten gefüllte stilisierte Vase von C-Rocaillen gerahmt, die sich nach innen zur Vase hin öffnen. Dieses Motiv begegnete uns bereits in Weingarten (Raum 115) und Hohenpeißenberg. Die breitformatige Bildkartusche zwischen den Chorfenstern läßt sich ebenfalls bis Weingarten (Raum 213) zurückverfolgen. Sie kommt in dieser Form in den fünfziger Jahren mehrfach vor, so in Winkl, Osterzell, Kappel (jeweils als Chorbogenkartusche) und Zankenhausen (zwischen den Chorfenstern).

Am Chorbogen leiten Gewölbezwickel zur Hohlkehle über; in den Zwickelfeldern sitzen zwei hochformatige Bildkartuschen, die sich sowohl mit den Chorkartuschen in Hohenpeißenberg und Osterzell als auch mit den Langhauskartuschen in Winkl vergleichen lassen [171]. Die Dekoration der Chorbogeninnenseite ist gleichzeitig mit dem Chor, also 1749, entstanden und unterscheidet sich mit ihrer zarten und feingliedrigen, von Bandwerk durchsetzten Ornamentik von den kräftigeren Formen der Langhausstukkaturen.

Seitlich des Hochaltars sind zwei Oratorien in die Wand eingelassen, deren Brüstung mit einem Blumenfeston verziert ist. Das ovale Bildfeld über der Öffnung wird von C-Rocaillen gerahmt, die sich nach außen öffnen und auf denen lang ausgezogene, S-förmige Ranken sitzen. Über den Oratorien und neben dem Altar sind stuckierte Wolkenbildungen mit geflügelten Engelsköpfen auf die Wand aufgesetzt.

Das vierachsige Langhaus wird von einer gedrückten Stichkappentonne überwölbt (Abb. 73). Den Rahmen des großen Deckenfreskos, der aus einzelnen geschweiften Profilleisten zusammengesetzt ist, hat Schmuzer unverändert auch im Langhaus der Kappel verwendet (siehe auch im Mittenwalder Chor und Osterzeller Langhaus). Die vier Bild-

168 Insgesamt vierzehn von Schmuzer dekorierte Kirchenräume sind mit Stichkappentonnen überwölbt: Rottenbuch, Mittenwald (Chor), Eismerszell, Hohenpeißenberg (Chor), Winkl, Petzenhausen Pfk. (Lhs.), Osterzell, Kappel, Hausen, Türkenfeld, Schmiechen (Chor), Iffeldorf, Zankenhausen (Lhs.), Seekirch (Chor). Dem stehen acht Kuppelräume in Oberammergau, Mittenwald (Lhs.), Steingaden, Pfaffenhausen, Hohenpeißenberg (Lhs.), Schmiechen (Lhs.), Krün, Ammerhof (Chor) und vier flachgedeckte oder mit Spiegelgewölben versehene Sakralräume gegenüber: Petzenhausen Frauenkirche, Petzenhausen Pfk. (Chor), Zankenhausen (Chor), Ammerhof (Lhs.).

169 Die dem Hochaltar gegenüberliegende Kartusche ist heute ohne Gemälde.

170 Vgl. die Hohlkehlenstukkaturen im Weingartener Bischofszimmer (S. 34 f.).

171 Zu dem Winkler Beispiel besteht eine besonders augenfällige Ähnlichkeit, die auch durch das gemeinsame, bei Winkl hervorgehobene Motiv der kreisförmigen Einkerbungen auf spitz zulaufendem Muschelwerk betont wird. Siehe auch Anm. 158 b.

kartuschen in den Gewölbezwickeln und die schwungvollen Fensterbekrönungen hängen von Osterzell und der Kappel ab (Abb. 71) [172].

Der reiche Stukkaturenkranz, der das Heiliggeistloch am Chorbogen umgibt (das Pendant über der Empore) (Abb. 69), besteht aus Rocaillen, die bis in die Wölbung des Chorbogens reichen; seitliche Ausläufer enden in Blütenranken, die dem Verlauf der Bogenöffnung folgen. Zwei vollplastische Putten auf Wolken halten zu beiden Seiten des Chorbogens ein Spruchband. Hier tritt der Unterschied zu den zwei bis drei Jahre früher entstandenen Chorstukkaturen Schmuzers besonders deutlich zutage: das Blattwerk ist unregelmäßig und zerfasert, es wirkt unruhiger. Ähnlich ausgefranst zeigen sich auch die Emporenkartuschen und der obere Teil der Rocaillekapitelle [173]. Obwohl die Einzelformen gut durchgearbeitet sind, entsteht der Eindruck des flüchtig Hingeworfenen. Die bei Schmuzer immer klar erkennbaren C- und S-Formen kommen nicht recht zum Durchbruch. Auffällig sind auch das Überwiegen des Blattwerks und der damit verbundene Verzicht auf knorpeliges Muschelwerk, das für die gleichzeitigen Dekorationen in Osterzell und der Kappel charakteristisch ist (in Petzenhausen finden wir dieses Stilmerkmal nur bei den Langhauskartuschen). Es ist nicht ausgeschlossen, daß diese Stukkaturen samt Kapitellen, Emporenkartuschen und Stichkappenfüllungen [174] von Werkstattmitgliedern stammen.

Der Petzenhausener Hochaltar (Abb. 72) gehört zur Gruppe der Ädikulaaltäre. Zwei Säulen aus Stuckmarmor mit vergoldeten korinthischen Kapitellen flankieren den mittleren Rahmen, in den statt des verlorenen Altargemäldes ein Kruzifix gestellt ist. Die seitlich abschließenden Volutenpilaster werden von den großen Figuren der Kirchenpatrone begleitet. Der Aufsatz in Form einer großen Kartusche trägt in einem Kranz aus Wolken und Strahlen das Brustbild eines Gottvaters mit Heiligem Geist. Putten, Blumenvasen und vergoldete Blütenketten schmücken den Altar zusätzlich.

Nach den Petzenhausener Bauakten [175] erhielt Schmuzer in den Jahren 1755 bis 1757 für den Choraltar in der Pfarrkirche »pactierter massen« 500 Gulden. Eine eigenhändige Spezifikation Schmuzers beläuft sich »one Vergoldung« auf 565 fl. und 36 kr., allerdings beinhaltet diese Summe auch das Altarblatt, für das Johann Baader, »Maller von Lechmühl«, 1757 gesondert 50 fl. erhielt. Die seitlichen Figuren der Kirchenpatrone Petrus und Paulus, die Engel und Gottvater im Aufsatz stammen von der Hand Franz Xaver Schmädls, während für das Antependium Thassilo Zöpf die Summe von 30 fl. erhielt, die bei den Ausgaben des Jahres 1752 verzeichnet ist. Im Unterschied zu den Seitenaltären in der Kappel weist dieser Altar nichts für Schmuzer Typisches auf.

172 Eine genauere Beschreibung der Kartuschen und Fensteraufsätze folgt in dem Kapitel Osterzell/Kappel. Der besseren Übersicht wegen wurde die Pfk. Petzenhausen als geschlossener Komplex behandelt, obwohl das Lhs. erst nach den beiden oben genannten Dekorationen stukkiert wurde und somit in manchen Details von diesen abhängt.

173 Die Brüstungen der zweigeschossigen Westempore wurden durch vergoldete Bandleisten in mehrere verschieden große Felder eingeteilt. Während die untere Brüstung mit drei Rocaillekartuschen verziert ist, weist die obere keine Stukkaturen auf. Die Rocaillekapitelle an den Doppelpilastern sind hier mit zwei übereinander angeordneten Kartuschenbildungen und herabhängender Blumenranke (vgl. Chor in Osterzell) besonders reich ausgeführt.

174 Die Stichkappenfüllungen aus großzügigen, etwas in die Breite gezogenen C-Bögen sind von schwächerer Qualität und lassen die gewohnte sorgfältige Detailbehandlung vermissen.

175 Wie Anm. 165.

FARBTAFELN

I Rottenbuch, ehem. Klosterkirche. Inneres nach Osten, 1737–45

II Rottenbuch, ehem. Klosterkirche. Inneres nach Westen, 1741

IV Eismerszell, Filialkirche St. Georg. Chorgewölbe, 1740

III Mittenwald, Pfarrkirche St. Peter und Paul. Chorgewölbe, um 1739/40

V Steingaden, ehem. Klosterkirche. Inneres nach Osten, zwischen 1740 und 1742

VI Steingaden, ehem. Klosterkirche. Inneres nach Westen, zwischen 1740 und 1742

VII Hohenpeißenberg, Gnadenkapelle. Inneres nach Osten, um 1747/48

VIII Kappel, Wallfahrtskirche Hl. Blut. Inneres nach Osten, 1750/51

IX Ettal, Klosterkirche. Inneres nach Westen, um 1752/53

Die Wallfahrtskirche Maria Steinbach an der Iller

Im Jahre 1750 schloß der Abt der Prämonstratenser-Reichsabtei Mönchsrot (Rot an der Rot) Ignaz Vetter (1739–1755) mit »Johan Georg Ybelherr und dessen Consort Franz Xavery Schmuzer bede Stuckhador« den Vertrag zur Stuckierung der neu erbauten Wallfahrtskirche Maria Steinbach, wofür die beiden Meister 2700 Gulden erhalten sollten [176]. Die Kosten für die Marmorierung wurden gesondert mit 1200 Gulden veranschlagt. Nicht nur wegen des Fehlens von Schmuzers Namen in allen bisher bekannten Steinbacher Rechnungsbüchern, sondern auch aufgrund stilistischer Vergleiche gelangte die Verfasserin zu der Ansicht, daß Schmuzer aus unbekannten Gründen von dem Vertrag zurückgetreten und statt seiner einer der Brüder Feichtmayr für die ornamentalen Stukkaturen verantwortlich zu machen sei [177]. Während der Drucklegung dieses Buches erhielt die Verfasserin dank der freundlichen Vermittlung von Pfarrer Ludwig Dorn (Legau) Kenntnis von umfangreichem Steinbacher Aktenmaterial, das bisher als verschollen galt und vor kurzem als Depositum des Gräflich Erbachschen Archivs (Erbach im Odenwald) in das Kreisarchiv nach Biberach/Riß gelangte. Diese Archivalien enthalten lückenlos die gesamten Baurechnungen der Wallfahrtskirche. Im Gegensatz zu den Akten im Hauptstaatsarchiv Stuttgart und im Pfarrarchiv Maria Steinbach wird hier Franz Xaver Schmuzer die Jahre 1751 und 1752 als Stukkator genannt und sogar eine eigenhändige Quittung Schmuzers über den Empfang von 50 Gulden, datiert vom 25. September 1751, hat sich erhalten [178]. Welcher Art die Arbeiten waren, die Schmuzer in den belegten fünf Wochen des Jahres 1751 und den elf Wochen des Jahres 1752 ausgeführt hat, ist aber trotz dieses Aktenfundes weiterhin unklar, da – wie die Verfasserin schon früher festgestellt hat – Schmuzers Hand in Maria Steinbach nirgends einwandfrei zu erkennen ist. Nach wie vor ist als Hauptstukkator der vorwiegend 1753–55 entstandenen Steinbacher Dekoration Johann Georg Übelher anzusehen, der die gesamte Stuckplastik, auch Altäre und Kanzeln geschaffen hat [179]. Seine Paliere waren die Wessobrunner Lorenz Walser und Placidus Doll. Die Ähnlichkeit der ornamentalen Stukkaturen mit Feichtmayrschen Werken wie Amorbach, Grafrath, Zwiefalten, der Basilika Wilten in Innsbruck, Neustift (Freising) und Ottobeuren [180] ist nicht zu übersehen, auch wenn der Name Feichtmayr in den Rechnungen der fünfziger Jahre nicht genannt wird. Die einzige archivalische Beziehung zu Feichtmayr stellt die Quittung einer Lieferung von Poliersteinen aus Zwiefalten dar (1752), wo zur gleichen Zeit Johann Michael Feichtmayr die Klosterkirche ausschmückte. Die einzige Erklärung für diese Übereinstimmung mit Feichtmayrschen Dekorationen ist die, daß wohl Übelher die gesamte Stuckausstattung in Steinbach entworfen hat und daß durch seine häufige Zusammenarbeit mit den Brüdern Feichtmayr die genannten Gemeinsamkeiten in die Steinbacher Dekoration aufgenommen wurden. Wie im folgenden noch aufgezeigt werden wird, sind auch bei Franz Xaver Schmuzer seit Einsetzen seiner zweiten Stilphase auffallende Ähnlichkeiten in stilistischen und motivischen Details mit den Brüdern Feichtmayr festzustellen.

176 HStA Stuttgart, B 486 Bü 1755. Zum genauen Wortlaut des Vertrags siehe Quellendokument 25.
177 Vgl. VOLLMER II.
178 Siehe Quellendokument 25 b.
179 Kurzinventar Memmingen, S. 149; KKF Nr. 205, S. 6, 11, 13.
180 Vgl. VOLLMER II und VOLLMER IV.

Im Jahre 1751 kann Schmuzers Tätigkeit in Steinbach nicht sehr umfangreich gewesen sein: er war nur fünf Wochen anwesend und erhielt 50 Gulden. Wahrscheinlich werden die Stukkatoren in diesem Jahr hauptsächlich die riesige Fläche des 16 Meter breiten Spiegelgewölbes für das Hauptdeckengemälde präpariert haben, das 1751/52 entstanden ist. Diese Arbeit schloß auch das – in diesem Fall durch die vielen in das Fresko hineinreichenden Kartuschen- und Ornamentteile besonders komplizierte – Rahmenziehen mit ein. 1752 ist Schmuzer immerhin elf Wochen in Steinbach nachzuweisen. Ob er in dieser Zeit nach dem Übelherschen Entwurf gearbeitet hat, kann nicht mit Bestimmtheit gesagt werden, sollte aufgrund des jetzt bekannten Quellenmaterials aber angenommen werden. Vielleicht hat er auch marmoriert, was ja eine höchst diffizile und aufwendige Kunst ist. Jedenfalls ist er in den Hauptausstattungsjahren 1753–1755 (vgl. die Löhne und Materiallieferungen in den Baurechnungen), als die meisten der ornamentalen Stukkaturen entstanden sind, nicht mehr in Steinbach dabei.

Die Pfarrkirche in Osterzell 1750
und die Wallfahrtskirche Kappel bei Unterammergau 1750/51

Die beiden Kirchen von Petzenhausen schmückte Franz Xaver Schmuzer im Auftrag seines Heimatklosters Wessobrunn mit Stukkaturen. Es sollte das letzte Mal sein, daß er zusammen mit seinem Vater in einem von diesem geleiteten Bau tätig war. 1752 starb Joseph Schmuzer, zwei Jahre nachdem sein letztes bedeutendes Werk, die mächtige Klosteranlage von Rottenbuch, begonnen worden war [181]. Trotz dieses gewaltigen Bauvorhabens – die Arbeiten dauerten zwanzig Jahre – konnte das Stift Rottenbuch im Jahr der Grundsteinlegung zum Klosterbau (1750) die Neugestaltung zweier, dem Kloster inkorporierter Kirchen beginnen.

Bei der mittelalterlichen Pfarrkirche der seit 1699 zu Rottenbuch gehörenden unmittelbaren Reichsritterschaft Osterzell war 1749 eine Erweiterung nötig geworden, die man gleichzeitig zum Anlaß einer zeitgemäßen Innenausstattung nahm. Der Akkord über die Stuckierung wurde mit Franz Xaver Schmuzer geschlossen, der die Arbeit 1750 nach zwölf Wochen abschloß [182].

Bei der Wallfahrtskirche Hl. Blut, genannt die Kappel, die in der Nähe von Unterammergau liegt, war schon einmal ein Mitglied der Familie Schmuzer tätig, und zwar wurde 1680 der Chor nach einem Plan von Johann Schmuzer erbaut [183]. Offenbar war das Innere um die Mitte des 18. Jahrhunderts so unansehnlich geworden, daß F. X. Schmuzer beauftragt wurde, den Kirchenraum mit Stukkaturen und neuen Seitenaltären zu schmücken. Unmittelbar nach Fertigstellung der Osterzeller Dekoration begann Schmuzer mit der Ausführung dieses neuen Auftrags, wofür er 1750 die ersten 100 fl. erhielt [184]. Am 17. August 1751 kündet die Schlußzahlung über nochmals 260 fl. vom Abschluß der Stuckarbeiten in der Kappel [185].

181 Dischinger, S. 106 ff., 149 f.
182 Siehe Quellendokument 19.
183 Dischinger, S. 127, 130.
184 Siehe Quellendokument 16.
185 Ebd.

Die Anordnung der Stukkaturen im Chor zu Osterzell (Abb. 74) wurde vorbildlich für Schmuzers spätere Dekorationen in Hausen, Maria Kappel bei Schmiechen und Iffeldorf. In allen Fällen handelt es sich um zwei- bis dreiachsige Chorräume mit $^{3}/_{8}$-Schluß, die von Stichkappentonnen überwölbt werden. Die Gliederung der Räume erfolgt einheitlich durch Pilaster mit hohen Kämpfern und Rocaillekapitellen. Am Dekkenscheitel des Chores befindet sich ein Fresko in geschwungenem Profilrahmen, an den im Osten und Westen (über dem Hochaltar und auf der gegenüberliegenden Seite) breitformatige Kartuschen anstoßen. Bei diesen Kartuschen öffnen sich die C-Rocaillen nach dem Kartuscheninneren, so daß dreipaß- oder nierenförmige Innenfelder entstehen [186]. Der Freskorahmen wird in der Querachse von zwei hochformatigen Bildkartuschen überschnitten. Sie bestehen (in Osterzell) aus C- und S-förmigem Bogen- und Blattwerk, das an den Seiten und Spitzen teilweise nach außen gedreht ist [187]. Einige der Muschelränder sind teigartig eingerollt. Die Ornamente in den Stichkappen (auch des Langhauses) haben die Form von Kartuschen oder breitgezogenen Rocailleschwüngen. In den Kappen seitlich des Choraltars wird eine Variante verwendet, bei der die seitlichen Rahmenrocaillen einander den Rücken zuwenden, so daß ein trapezförmiges Innenfeld entsteht [188]. Bei manchen der Stichkappenkartuschen wachsen Blattwedel aus dem Scheitel hervor (Abb. 75), bei anderen wieder rankt sich ein Blütenzweig über die Innenfläche [189]. An den Stichkappenscheiteln schweben geflügelte Engelsköpfe auf Wolken [190]. Die Fensteraufsätze in Chor und Langhaus, die als Fortsetzung der bis Pfaffenhausen und Petzenhausen entwickelten Bekrönungen anzusehen sind, lassen mit ihren laufend die Richtung ändernden C- und S-Schwüngen an überschäumende und sich überschlagende Wellen denken. An den marmorierten Chorpilastern befinden sich kleine Rocaillekapitelle, von denen vergoldete Blumenketten herabhängen. Die in gleicher Funktion an den Doppelpilastern des Langhauses angebrachten Ornamente haben die Form kleiner Kartuschen, deren Innenfeld einem auf den Kopf gestellten Dreipaß gleichkommt.

Die Aufteilung der Stukkaturen im zweiachsigen Chor der Kappel ist ähnlich wie in Osterzell (Farbtafel VIII), auch wenn sich innerhalb der einzelnen Motivgruppen Unterschiede ergeben. Der Rahmen des vierpaßförmigen Hauptfreskos wird in den Hauptachsen von vier Bildkartuschen gesprengt, von denen die gegenüberliegenden einander paarweise entsprechen. Die hochformatigen Bildkartuschen (Abb. 77, 79) sind in Osterzell und der Kappel so ähnlich gestaltet, daß sie hier gemeinsam behandelt werden können. So sind gleichsam als Gegenstücke ausgebildet a) die Kappel-Langhauskartuschen und Osterzell-seitlichen Langhauskartuschen; b) die Kappel-Chorkartuschen und Osterzell-mitt-

186 Vgl. die verschiedenen Kartuschentypen bei Morel, S. 47 ff.

187 Siehe dazu die Beschreibung der Hohenpeißenberger Chorkartuschen auf S. 41 f.

188 Wie Anm. 186.

189 Bei einer der Stichkappenkartuschen des Langhauses ist das Rocaillewerk an den seitlich nach unten reichenden, wulstigen Verdickungen wie ausgefranst gestaltet. Diese Art der Stuckbehandlung ist auch bei Joh. Mich. Feichtmayrs Arbeiten in Zwiefalten zu finden.

190 Da dieses Motiv bei den folgenden Dekorationen noch mehrmals auftaucht (Hausen, Türkenfeld, Iffeldorf), wird nicht jedesmal neu darauf verwiesen. Erwähnenswert ist eine hübsche Variante, die in Osterzell (Lhs.) und Kappel (Chor) vorkommt: die auf Wolken schwebenden geflügelten Engelsköpfe verdecken etwa zur Hälfte eine asymmetrische Kartusche aus fein geripptem Blatt- und Rocaillewerk, deren Innenfeld halbkreisförmig gekerbt ist (Abb. 82).

lere Langhauskartuschen. Alle setzen die Reihe des seit Oberammergau weiterentwickelten Kartuschentyps fort. Bei a) entsprechen sich 1. der obere Abschluß mit dem spiralförmigen Muschelring, der in geschwungenes Blattwerk übergeht, 2. der seitliche plastische Ring aus geknetetem Knorpelwerk, 3. die gekerbten Muschelränder, denen sichelförmig ausgezogene und spitz zulaufende Rocailleformen unterlegt sind, 4. die teigartig aufgerollten Ränder, 5. die sich nach außen öffnenden C-Rocaillen, denen Blattwedel entwachsen. Lediglich im unteren Drittel unterscheiden sie sich, indem bei der Kappel-Kartusche in das eigentliche Bildfeld nochmals eine kleine, fast runde Kartusche einbezogen ist. Sehr eng ist auch der Zusammenhang von b), wo die Kartuschen aus C- und S-förmigen Muschelrändern und an diese angefügten C-Rocaillen bestehen, die der Kappel-Kartusche wie Ohren aus knorpeligen Rocaillebögen angesetzt sind. Auch die Bekrönung, die in Form einer kleinen Kartusche über der Hauptkartusche aufsteigt, ist beiden Beispielen gemeinsam.

Von den Zwickelkartuschen im Chor der Kappel (Farbtafel VIII) winden sich zu beiden Seiten Blütenranken über die Stichkappen bis zum Chorbogen bzw. bis zum Altarraum, wo sie jeweils an geschweiften Rocailleornamenten aufgehängt werden [191]. Das Gewölbe des, durch einen Gurtbogen abgeteilten, dreiseitig geschlossenen Altarraums wird von aneinandergereihten und einander überspielenden Rocaillebögen und daran aufgehängten Blumengirlanden überzogen.

Vergleichbar ist auch die Dekoration der Schiffe in beiden Kirchen: der Rahmen des Osterzeller Langhausfreskos besteht aus mehreren Profilleisten [192], die durch phantasievolle Ornamente (Abb. 81) aus sichelförmig geschweiften Rocaillen, runden oder lang ausgezogenen Muschelrändern und einem knorpeligen Bogen untereinander verknüpft werden. Ein flammendes Rocaillemotiv verbindet das Hauptfresko mit den östlich und westlich anschließenden kreisrunden Gemäldefeldern, um die ein Kranz aus Bogen- und Rocailleschwüngen gelegt ist. Die in die freigebliebenen Flächen eingesetzten aufrechtstehenden Blattstäbe mit dazwischen eingestreuten Blüten erinnern an blütengefülltes Gitterwerk (auch bei den Stichkappenfüllungen und Chorkartuschen in der Kappel). Zu den Stichkappen hin rollt sich der Muschelrand so ein, daß Blumengirlanden an ihm aufgehängt werden können. Über dem Chorbogen ist eine Kartusche mit dem unierten Wappen des Klosters Rottenbuch und seines Propstes Clemens Prasser angebracht worden (Abb. 59), die deutlich von der Wappenkartusche in Hohenpeißenberg beeinflußt ist [193]. An die Kartusche sind von beiden Seiten C-Rocaillen, die sich nach außen öffnen, herangeschoben. Auf dem oberen Ende dieser Rocaillen sitzen Puttenköpfe, der untere Teil beschreibt einen knorpeligen Bogen, aus dem Blattwedel und Blütenranken herauswachsen.

191 Diese Ornamente, die formal an eine halbierte Kartusche erinnern, wachsen aus den Profilstäben hervor, die dem Verlauf der Gurtbögen folgen (auch in Rottenbuch, Bidingen, Mittenwald, Osterzell, Hausen, Petzenhausen Pfk., Türkenfeld, Iffeldorf, Schmiechen).

192 Wie Anm. 84 und Anm. 152.

193 Bei Morel, S. 49, wird dieser Typ als Kompositkartusche bezeichnet: »An eine Kartusche vom Typ A (mit geschlossener Gesamtform) sind von außen Rahmensegmente der Kartusche C (mit offener Gesamtform) herangeschoben. Das Resultat ist eine Kartusche, deren Rahmen sich gegen die Innenfläche zur geschlossenen Form vereinigt, der sich jedoch gleichzeitig nach außen hin öffnet.«

An das Deckenbild in der Kappel (Abb. 83), dessen Form, Rahmung und Ornamentik mit dem Langhausfresko der Petzenhausener Pfarrkirche identisch ist, schließen östlich und westlich zwei breitformatige Kartuschen an (Abb. 84), die durch zierliche, an Muschelringen und Blattwedeln befestigte Blütengirlanden mit dem Hauptfresko verbunden sind [194]. Über dem Chorbogen wurde statt einer Wappenkartusche eine schwungvolle Ranke aus Rocaillebögen angebracht, die im weiteren Verlauf einen Knorpelring bildet und schließlich in Blumenketten ausläuft [195] (Abb. 84).

Mit Osterzell setzt eine zweite Stilstufe in Schmuzers Werk ein, die sich durch eine vielfältigere und abwechslungsreichere Behandlung des überlieferten Muschelwerks auszeichnet und die in der Kappel sowie in Ettal, Türkenfeld und Schmiechen ihre am meisten charakteristischen Beispiele erhält. Fein gerippte Muschelbögen stehen neben knorpeligem Rocaillewerk, das wie verknöchert wirkt; geknetete, eingerollte, wulstige Ränder wechseln mit rocailleartig behandeltem und fächerartig ausgebreitetem Blattwerk ab. Ein wesentliches Motiv sind die »Knorpelringe« – plastische Bögen aus knorpelartig verdicktem Muschelwerk –, die noch im zehn Jahre später stuckierten Chor in Seekirch auftauchen (auch in Petzenhausen, Ettal, Türkenfeld, Schmiechen). Auch die nach außen umgebogenen Muschelränder und die seitlich wie Ohren angefügten C-Rocaillen kennzeichnen diese Phase Schmuzers. Bemerkenswert ist der bisherige Verzicht auf das (in Winkl eingeführte) Stucktropfenmotiv, das erst von 1752/53 an wegen seines häufigen Auftretens als weiteres Stilmerkmal für Schmuzers Dekorationsweise der fünfziger Jahre angesprochen werden kann [196].

Die Seitenaltäre in der Kappel (Abb. 76): Über der Mensa folgt eine glatte, unverzierte »Predella«, auf der ein großer, halbkreisförmig geschlossener Gemälderahmen aus Stuck sitzt. Dieser wird seitlich von zwei Volutenpilastern begleitet, die von Puttenköpfen oben abgeschlossen werden. Etwas Akanthusblattwerk, Blütenketten, Blattwedel und an den unteren Ecken zwei Rocaillen schmücken die Vorderseite des Rahmens. Über dem halbkreisförmigen Gesims folgt eine ovale Kartusche aus Muschelwerk, das in der Mittelachse wellenförmig gebogen, sonst spitz zulaufend ist. Die Aufsatzkartusche läuft

194 Vorläufer dieser Kartuschen finden sich in Hohenpeißenberg, Winkl und Osterzell (jeweils als Chorbogenkartusche). Hier ist das Innenfeld aber noch mehr in die Breite gezogen; die ursprünglich aus aneinandergereihten C-Rocaillen gebildete Innenform ist durch Abschleifung der Formen nicht mehr deutlich erkennbar.

195 Erwähnt werden sollen auch die Stichkappenfüllungen, Fensterbekrönungen und Apostelleuchter in der Kappel, die zwar durchweg von Vorbildern abhängen, aber doch recht reizvolle Variationen der bekannten Motive bringen. In den äußeren Langhausstichkappen (Abb. 80) bilden C- und S-Schwünge ein Ornament, das formal an die Eismerszeller Stichkappenfüllung anklingt. Im Scheitel richtet sich ein Blattwedel hinter einem der vier Knorpelringe hoch auf (vgl. Osterzell, Stichkappenfüllung im Chor). Das Ornament in der mittleren Stichkappe (Abb. 78) erscheint als runde Kartusche mit seitlich sehr fein ausgearbeiteten Muschelrändern, denen wiederum kleine knorpelige Ohren angesetzt sind. In das Innenfeld der Kartusche spielen dünne C-Bögen; C- und S-Rocaillen füllen das Kappenfeld nach den Seiten hin aus. Die einheitlichen Fensterbekrönungen im Langhaus bestehen aus einer dreipaßförmigen Mittelkartusche, die aus den C-förmig umgebogenen Rändern geschwungenen Blattwerks gebildet ist. Die seitlich anschließenden C- und S-Schwünge waren auch schon bei den Fensteraufsätzen in Mittenwald und Oberammergau wesentliche Elemente. Die Apostelleuchter aus bewegtem Rocaille- und Blattwerk stehen in der direkten Nachfolge der Leuchter in den Rottenbucher Seitenschiffen.

196 Siehe Anm. 157.

seitlich in einen plastischen Knorpelbogen aus, der sich auf dem Gesims in einem weiteren kleineren Rocaillering fortsetzt. Die Kartusche wird von zwei Engelsköpfen (Typ Oberammergau, Pfaffenhausen) bekrönt und von zwei Palmwedeln flankiert.

Die beiden Stuckaltäre, die 1751 entstanden sind[197] (die Altarblätter wohl im 17. Jahrhundert), können als bezeichnende Beispiele für Schmuzers Altarbaukunst gelten, nachdem der Petzenhausener Altar wenig charakteristische Züge aufwies und der Schmiechener Choraltar von vielen Künstlern gemeinsam geschaffen wurde. Freilich handelt es sich hier nicht um Meisterwerke bayerischer Altarbaukunst im Sinne von Günther, Schmädl oder Straub; dagegen sind diese beiden kleinen Altäre eher bescheiden zu nennen. Sie passen sich aber mit ihrer beschwingten Verspieltheit gut dem ländlichen Charakter der Wallfahrtskirche an.

Kloster und Klosterkirche Ettal

Zwischen dem Ammer- und dem Loisachtal, in der Nähe von Oberammergau, Linderhof und Garmisch, liegt das 1330 von Ludwig dem Bayern gegründete Benediktinerkloster Ettal. Neben einer Ritterakademie, die 1711 eröffnet wurde[198], war mit Ettal seit der Mitte des 15. Jahrhunderts eine rege Marienwallfahrt verbunden. Als im Jahre 1709 Placidus II. Seiz (1709–1736) zum Abt des Klosters gewählt wurde, veranlaßte er sofort nach seiner Amtsübernahme die Umgestaltung der gotischen Klosterkirche und die Neuanlage des Stifts, wozu der Münchener Hofbaumeister Enrico Zuccalli die Entwürfe lieferte[199]. 1711 war der Rohbau der Kirchenfassade erstellt, 1718 der Chor, 1721 die Hauptmasse der Stiftsgebäude[200]. Nach dem verheerenden Brand vom 29. Juni 1744, der große Teile von Kirche und Kloster zerstörte, wurde bereits 1745 mit dem Wiederaufbau begonnen. Die Leitung des Projekts, das praktisch einem Neubau gleichkam, hatte Joseph Schmuzer[201]. 1748 war der Ausbau der Kuppel abgeschlossen, 1748/51 wurde sie von Johann Jakob Zeiller ausgemalt[202], im September 1754 konnte der Konvent die nach zehnjähriger Planungs- und Bauzeit neu hergestellten Stiftsgebäude beziehen[203].

Während über Baumeister, Maler und Bildhauer nie Unklarheit geherrscht hat, gab die Frage nach den verantwortlichen Stukkatoren schon mehrmals Anlaß zu Vermutungen. Die älteste überlieferte Nachricht stammt von Franz Sebastian Meidinger, der 1787 in seiner »Historischen Beschreibung der kurfürstlichen Haupt- und Regierungs-Städte« mitteilte, daß »die Stukadorarbeit von Schmutzer, und Uebelhör zu Wessobrun« sei[204].

197 Siehe Quellendokument 16.
198 L. Koch, S. 30.
199 Richard Paulus, Der Baumeister Henrico Zuccalli am kurbayerischen Hofe zu München 1642–1724). Ein kunstgeschichtlicher Beitrag zur Entwicklung des Münchener Barock und beginnenden Rokoko, Straßburg 1912, S. 168 ff.
200 Lieb/Hirmer, S. 98.
201 Dischinger, S. 111 ff., 139 f.
202 Matsche, S. 208 ff., 625 ff.
203 Die Ausstattung des Hauptraumes zog sich noch bis zum Jahre 1762 hin; 1769–90 wurde das Presbyterium neu gestaltet (L. Koch, S. 29, 49).
204 Meidinger, S. 332. Diese Angaben wurden übernommen u. a. bei Hoffmann, Ettal S. 94, 124; KDB Obb. I, 1 S. 621; Dischinger, S. 115 f., 140; G.-F. Koch, S. 76.

Weil es offenbar am einfachsten war, den Baumeister Schmuzer auch als Stukkator anzunehmen, dachte man dabei immer nur an Joseph Schmuzer, obwohl er in solch umfangreichen Anlagen bekanntlich seit der Umgestaltung der Rottenbucher Stiftskirche nicht mehr eigenhändig mitstuckiert hat. Wenn man bedenkt, daß seit dieser Zeit die meisten der von Joseph Schmuzer errichteten Kirchen- und Klosterbauten von Franz Xaver Schmuzer stuckiert worden sind und die enge Zusammenarbeit zwischen Vater und Sohn erst durch Joseph Schmuzers Tod 1752 unterbrochen wurde, fragt es sich, warum Joseph Schmuzer in Ettal als erstem und einzigem Bau plötzlich seinen Schwiegersohn Übelher als alleinigen Mitarbeiter vorgezogen haben soll. Obwohl Übelher in den Quellen bisher nicht nachgewiesen werden konnte, setzte sich sogar die Überzeugung durch, er allein sei der Schöpfer der Ettaler Stuckdekoration gewesen [205]. Zwar ist Übelhers Mitarbeit in Ettal schon aus stilistischen Gründen unbestritten; ungeklärt blieben aber bisher das Problem der Unterscheidung der Hände Übelhers und Schmuzers sowie die daraus resultierende Frage nach dem jeweiligen Anteil der Meister. Dies läßt sich verhältnismäßig leicht beantworten, wenn man die Ettaler Dekoration mit gleichzeitigen Arbeiten Übelhers und Schmuzers vergleicht. Da Joseph Schmuzer seit spätestens 1737 als ausführender Stukkator nicht mehr faßbar ist, muß sich der Vergleich zwangsläufig auch auf Werke seines Sohnes erstrecken.

Im Westen der Klosterkirche erhebt sich über rötlich-grauen Marmorsäulen die Orgelempore (Farbtafel IX), die bis in die benachbarten Wandfelder hinübergleitet [206]. Mit den beiden flankierenden Oratorienbalkonen (Abb. 85) bildet sie einen »Dreiklang dekorativen Architekturgefühls« [207]. Die Dekoration der Empore besteht vorwiegend aus schlanken C-Rocaillen, die – reich durchsetzt mit goldenen Blattwedeln – die Flächen überziehen. Fünf Putti, die auf goldenen Wolken schweben oder Blütengirlanden tragen, beleben die Emporenbrüstung. Als direktes Vorbild für den ornamentalen Schmuck der Empore muß Franz Xaver Schmuzers Kappeldekoration angesprochen werden, deren hervorstechendste Merkmale – geknetete, wulstige Rocailleränder, vielfach auftretende Knorpelringe und seitlich an Kartuschen angefügte »Ohren« (Abb. 88) – sich auch hier nachweisen lassen [208]. Neben Schmuzerschem Formengut kommen aber auch typische Übelher-Motive vor. Außer den charakteristischen Putten sind das vor allem die pilasterartigen Bänder (Abb. 86, 87), die gleich Atlanten über den Kapitellen der Marmorsäu-

205 Lieb/Hirmer, S. 103 (auf S. 172 steht allerdings wieder »Stukkierung des Gemeinderaumes von Jos. Schmuzer und J. G. Übelher, zwischen 1748 und 1752«); Dehio/Gall, S. 207 f. (dort speziell auf die Orgelempore bezogen, bei der Wanddekoration sogar die Mitwirkung J. B. Zimmermanns angenommen!); Thon, S. 210 f.

206 Ein Problem, das hier nur kurz berührt werden kann, ist die Frage, auf welchen Meister die Anlage der Ettaler Empore zurückgeht. Schon Heilbronner, S. 47 ff., hat auf die große Ähnlichkeit der Emporenanlagen in Ettal und Schäftlarn verwiesen. Allerdings kann man seinem Vorschlag, den mutmaßlichen Schöpfer der Schäftlarner Empore, Johann Michael Fischer (1751 ff.), auch in Ettal anzunehmen, kaum zustimmen. Da das Langhaus von Schäftlarn erst 1753 gewölbt wurde (Lieb/Hirmer, S. 159; KKF Nr. 537, 4. Auflage. 1969, S. 4), ist es schwer zu entscheiden, welche der beiden Emporen vorbildlich gewirkt hat. Vgl. auch Thon, S. 210 f.

207 Lieb/Hirmer, S. 101–103.

208 Die Türkenfelder Stukkaturen sind wiederum stark von Ettal beeinflußt worden: ausgeprägte Wolkenbildung (Langhausstichkappen), rankenartige C-Rocaillen, Ähnlichkeit der Türkenfelder Kartusche über dem Hochaltar mit der Mittelkartusche an der Ettaler Empore.

len zur Emporenbrüstung hinauflaufen und die in gleicher Form als Kämpfergebälk im Kemptener Thronsaal [209] verwendet wurden.

Die Rahmung des Eingangsportals mit den seitlichen Türpilastern und S-förmig geschweiften Kämpferstücken läßt sich wieder auf Schmuzersche Werke zurückführen (Abb. 56, 57, 39). Es sind dies das Weingartener Bischofszimmer und die Türumrahmung im Langhaus der Gnadenkapelle auf dem Hohenpeißenberg [210]. In einfacherer Form entspricht dieser Portalgestaltung auch die Rahmung der Sakristeitüren im Chor von Seekirch. Auf das beliebte Motiv des sich mit einer C-Rocaille überkreuzenden Blattwedels, das hier den Scheitel der Mittelkartusche bekrönt (Abb. 88), wurde bereits mehrfach hingewiesen [211].

Die breitformatige Rocaillekartusche an der Oratorienbrüstung (Abb. 85) mit ihren umgebogenen vergoldeten Rändern, Pfeifen, Knorpelringen, Tropfen und in das Kartuscheninnere hineinspielenden Blattwedeln hat Schmuzer fast unverändert in Iffeldorf, Schmiechen (jeweils an den Emporen) und Zankenhausen (als Langhauskartusche) verwendet [212]. Der geflügelte Puttenkopf auf goldenen Wolken, der auf Übelhers Hand weist, taucht allerdings nur bei der Ettaler Kartusche auf.

Die Wandfelder im Erdgeschoß (Farbtafel IX und Abb. 85) – mit weißen Rocaillen auf goldgemustertem Grund in den Bogenschlüssen – erinnern an die Panneaux des höfischen Rokokos [213]. Hier lassen sich Schmuzer und Übelher nicht mit Sicherheit unterscheiden. Die Stuckbehandlung spricht zwar für Schmuzer (Verwendung schlanker C-Rocaillen in symmetrischer Anordnung, blattartige Auswüchse an den Rocaillen, umgebogene Muschelränder, Tropfen), aber das Motiv als solches (Rocailleranken auf Brokatmuster in einem Bogenfeld) ist in seinem Werk ohne Beispiel.

Die korinthisierenden Kapitelle der Pilaster gehören eindeutig dem Übelher-Feichtmayrschen Typus an, wie er auch im Kemptener Thronsaal, in Wilhering, Zwiefalten, Maria Steinbach, Ottobeuren oder Rott verwendet worden ist [214]. Für Übelher sprechen auch die asymmetrischen Rocaillekartuschen auf dem reich profilierten Architrav, der Rahmen des Freskos über dem Chorbogen samt Wappenkartusche sowie die bereits erwähnten Putti und Engelsgestalten.

Es lassen sich also zusammenfassend die figürlichen Elemente und alle Stukkaturen über dem ersten Geschoß einschließlich der Kapitelle Johann Georg Übelher zuweisen.

209 Abb. bei Schnell I, Taf. 49; vgl. Brandis, S. 13 ff.

210 Auch Übelher kannte diese Art der Türumrahmung (siehe Kemptener Residenz, Fürstäbtliches Schlafzimmer 1734, Abb. bei Schnell I, Taf. 9, 11), in diesem Fall ist die Ähnlichkeit mit den genannten Schmuzerschen Vorbildern aber so auffällig, daß kaum ein anderer Meister angenommen werden kann. Es muß in diesem Zusammenhang erwähnt werden, daß Michael Petzet im Kurzinventar Kempten, S. 30 ff., die Stuckdekoration der fürstäbtlichen Zimmer Johann Schütz zuschreibt. Norbert Lieb, Rokoko in der Residenz von Kempten, Kempten 1958, S. 26 f. zieht sogar Johann Schütz, Joh. Georg Übelher oder F. X. Feichtmayr in Erwägung.

211 Siehe Anm. 84 und 128. Das Motiv kommt auch an den Ettaler Oratorien vor. Besonders in den Ettal zeitlich nahestehenden Bauten in Hausen, Türkenfeld und Iffeldorf wurde es oft verwendet.

212 Mit Iffeldorf hängen die Oratorienstukkaturen eng zusammen; vgl. die breit herabhängenden Stucktropfen, goldenen Pfeifen und rankenartigen C-Rocaillen.

213 Lieb/Hirmer, S. 104.

214 Vgl. S. 85 ff.

Bei den Stukkaturen an Empore, Portal und Oratorien scheint er zu einem nicht unwesentlichen Teil von Franz Xaver Schmuzer unterstützt worden zu sein. Für die vermutete Tätigkeit des jüngeren Schmuzer in Ettal spricht auch die Stuckdekoration des Chorsaals (dieser Raum schließt sich über der Sakristei an das Presbyterium an und diente als Mönchschor)[215], die ihm ebenfalls zugeschrieben werden muß. Die Frage, inwieweit die Dekoration der Klosterkirche auf Joseph Schmuzer zurückgeht, der ja zweifellos Entwürfe zur Raumgestaltung angefertigt hat, und wie stark sich der Einfluß Übelhers dabei geltend machte, läßt sich im Rahmen dieser Arbeit nicht endgültig beantworten.

Obwohl deutlich zu erkennen ist, daß die ausgeführte Stuckdekoration von der um 1750 entstandenen und Joseph Schmuzer zugeschriebenen Entwurfskizze[216] abweicht – was vielleicht mit Schmuzers Tod im März 1752 und einer damit verbundenen Neuanfertigung von Dekorationsentwürfen zusammenhängt –, kann nicht ausgeschlossen werden, daß der Stuckausstattung möglicherweise doch ein Entwurf Joseph Schmuzers zugrunde gelegen hat. Hier wird wohl nur eine intensive Beschäftigung mit Übelhers vom höfischen Münchener Stil beeinflußten Œuvre Aufschluß geben können[217].

Eine Datierung der Stukkaturen vor 1750 (1748 Vollendung des Kuppelbaus) ist aus stilistischen Gründen nicht möglich (1750 Beginn der zweiten Stilphase Schmuzers, der auch die Ettaler Stukkaturen zuzurechnen sind). Ein terminus ante quem wäre das Jahr 1753, als im Dezember die neue Kirchenorgel aufgestellt wurde[218]. Dazu muß die Empore zwar nicht unbedingt stuckiert gewesen sein, man sollte aber unabhängig davon bis zu diesem Zeitpunkt einen gewissen Abschluß der Stuckarbeiten annehmen[219]. Betrachtet man die zeitliche Abfolge der Arbeiten Schmuzers in diesen Jahren, so ist festzustel-

215 Siehe S. 58 f.

216 Abb. XVIII bei Hoffmann, Ettal (S. 149). Die von Dischinger, S. 116, vorgenommene Zuschreibung der Entwurfzeichnung an Joseph Schmuzer ist durchaus gerechtfertigt, da sich viele Übereinstimmungen mit gesicherten Dekorationen Schmuzers feststellen lassen. Die Form des Bildrahmens über dem Chorbogen erinnert z. B. an die geschweiften Rahmen der Hochwandfresken im Rottenbucher Mittelschiff, mehr noch an das westlichste Fensterpaar der Gnadenkapelle auf dem Hohenpeißenberg. Den oberen Abschluß der Bildumrahmung – ein schräg liegender, S-förmig geschwungener Bogen mit daraus hervorwachsendem flammendem Blattwerk – finden wir vergleichbar an den Apostelleuchtern in den Rottenbucher Seitenschiffen. Die kleeblattförmige Kartusche im Scheitel des Chorbogens (unmittelbar unter dem Bildrahmen) samt ihrer Umrahmung ist uns aus Oberammergau bekannt, die Form der Fensterbekrönung aus Mittenwald. Die Pilasterkapitelle auf der Zeichnung stimmen im wesentlichen mit denen in Oberammergau und Rottenbuch (Lhs.) überein.

217 Erwähnt werden sollen in diesem Zusammenhang auch die Stukkaturen im Chorraum, die sich auf die Dekoration des Gesimses an der Oberkante der Chorkuppel-Voute (L. Koch, S. 49) beschränken. Bisher hat man sie für eine Arbeit Ignaz Finsterwalders aus dem Jahre 1778 gehalten (Hartig, S. 75), doch überzeugt die von L. Koch, S. 49, geäußerte Vermutung, dieser sparsame Rocaille-Schmuck sei gleichzeitig mit der Dekorierung des Hauptraumes, spätestens aber in Verbindung mit der Anlage von Knollers Deckenbild 1769 entstanden, weit mehr.

218 HStA München, Landshuter Abgabe, Rep. XLVI, Verz. 2, Fasz. 18, No. 54: »Ad finem Decembris (1753) ist die neue Kirchenorgl von dem Orglmacher Joan Georgio Hörthring von Dirlewang complet hergestellet worden, jedoch ohne Fassung. Das Laufwerckh und Orglkasten hat gemacht Simon Gantner von Kleinkinzinghofen.«

219 Die Fresken Zeillers wurden 1752 vollendet; im Dezember desselben Jahres wurde auch die gotische Mittelsäule, auf der das alte Kirchengewölbe geruht hatte, abgetragen: »Am 19. Decembris anno 1752 ist die Kirchen Saullen, worauf das alte Kirchengewölb geruhet, entlich gar abgetragen worden und ... der Gnadenaltar aufgemacht worden.« (Quelle s. Anm. 218).

len, daß gerade die Jahre 1752/53 eine Lücke in dem ununterbrochenen Arbeitsrhythmus der vierziger und fünfziger Jahre darstellen [220]. Berücksichtigt man weiterhin, daß die Stukkaturen an der Orgelempore und den Oratorien motivisch und stilistisch zwischen der Kappel (1751) und Türkenfeld (um 1753/54) stehen, können nur die Jahre 1752/53 als Entstehungszeit in Betracht kommen.

Im ersten Obergeschoß des Sakristei- oder Bibliothekstrakts (in der 1725 abgeschlossenen Bauphase entstanden) [221] liegen der Kapitelsaal und der Chorsaal der Benediktinerabtei. Die beiden Säle entsprechen mit zwei bzw. drei Fensterachsen der Disposition der darunterliegenden Sakristei. Sie wurden von Johann Jakob Zeiller 1755 mit Fresken geschmückt (das Mittelbild im Kapitelsaal signiert) [222], der Chorsaal wurde aber im Gegensatz zum Kapitelsaal zusätzlich mit einer reichen Stuckdekoration versehen, die Franz Xaver Schmuzer zugeschrieben werden muß.

Der Chorsaal, in dem das Chorgebet des Konvents stattfand [223], stand durch zwei Fensteröffnungen mit der Kirche in Verbindung [224]. In der Mitte der Schmalseiten befindet sich jeweils ein Altar, der von zwei Türen flankiert wird. Form und Anordnung der Deckenfresken ist in beiden Sälen gleich: um ein großes Hauptfresko sind in den Diagonalen vier kleinere, aber formal dem Mittelbild entsprechende Fresken gruppiert (Abb. 90). Die durchgehend geschweiften Profilrahmen sind uns in ähnlicher Form bereits in den Schiffen von Osterzell, Kappel, Petzenhausen (Pfarrkirche) begegnet, in vollkommen gleicher Form kommt der Rahmen im Langhaus von Zankenhausen vor. Allen Gemäldefeldern folgen nochmals dünne Bandleisten [225], die an ihren Knickungen häufig von Rocaille- und Blattwerk überzogen werden [226]. An einigen dieser kleinen Rocailleschwünge sind halbkreisförmige Blütengirlanden aufgehängt [227].

In der Querachse des Mittelbildes sitzt zwischen den Fenstern eine hochformatige Kartusche mit annähernd vierpaßförmigem Innenfeld, die bis ins Detail von den Kartuschen in der Kappel abhängt (besonders von der Chorbogenkartusche Abb. 84). Beide Male befindet sich im Scheitel über einer, von einem Knorpelring umschlossenen Muschel eine zweite, spiralförmige Muschel, die von fächerartig ausgebreitetem Blattwerk umgeben ist. Die unteren Rocailleschwünge umschließen in ihrer Mitte zwei übereinanderstehende Muschelbildungen. Die übrigen kleineren Kartuschen, die sich über den beiden Altären befinden (Abb. 90) sowie die Bekrönungen der Diagonalfresken (in Form

220 1750/51 Osterzell, Kappel, Petzenhausen; 1754/55 Hausen, Türkenfeld, Schmiechen, Iffeldorf. In diesen Jahren ist also keinesfalls ein Aufenthalt in Ettal anzunehmen.

221 L. Koch, S. 71, Anm. 145; Waldstein-Wartenberg, S. 81 ff.

222 Matsche, S. 631 f.

223 L. Koch, S. 31.

224 Zuccallis erstes (nicht ausgeführtes) Hochaltarprojekt – eine Doppelstock-Altaranlage – läßt anhand der Grundrißdisposition für das Obergeschoß eine mittlere Bogenöffnung in den rückwärtigen Raum, also den Chorsaal, erkennen; in sie ist ein Säulenpaar eingestellt (L. Koch, S. 32 f.; Waldstein-Wartenberg, S. 84 ff.).

225 Auch in Weingarten, Frauenkirche Petzenhausen, Zankenhausen und Seekirch.

226 Diese Rocaille-Blattmotive entsprechen denjenigen in Türkenfeld.

227 Dieselben Blumenranken, die sich durch eine äußerst naturgetreue Behandlung der Blüten und Blätter sowie fast immer durch zwei nebeneinander liegende Blütenstiele auszeichnen, verwendet Schmuzer auch in Kappel, Türkenfeld und Hausen (Abb. 91).

von kleinen Schildkartuschen, vgl. Hausen) mit dem knorpelig-verknöcherten Rocaillewerk und den wulstigen, gekneteten Teilen entsprechen ebenfalls vollkommen den Merkmalen von Schmuzers zweiter Stilphase [228]. Wegen der auffälligen Verwandtschaft nicht nur mit der Kappel, sondern auch mit Türkenfeld und Hausen ist die Dekoration des Chorsaales, die wohl im Anschluß an die Arbeiten in der Klosterkirche entstanden ist, um 1752/53 (spätestens 1754) anzusetzen, eine Datierung, die durch Zeillers Signatur »1755« auf dem mittleren Kapitelsaalfresko bestätigt wird.

Die Pfarrkirchen in Türkenfeld 1753/1754 und Zankenhausen 1756/1757

Die beiden Ortschaften Türkenfeld und Zankenhausen, in den ehemaligen gleichnamigen Hofmarken nördlich des Ammersees gelegen, besaßen im 18. Jahrhundert recht stattliche spätmittelalterliche Kirchenbauten, die um die Jahrhundertmitte kurz nacheinander im Stile des Rokokos umgestaltet wurden. Zunächst wurde 1753/54 die Kirche von Türkenfeld durch Umbau, Stuckierung und Ausmalung dem Zeitgeschmack angepaßt. Die Bauherren waren die Grafen Fugger-Kirchberg, denen neben der Hofmark Türkenfeld auch die Hofmark Schmiechen gehörte. Als Maler wurde Christoph Thomas Scheffler aus Augsburg verpflichtet, die Stukkaturen sollte Franz Xaver Schmuzer ausführen. Leider sind keine Bauakten erhalten [229], die Stuckdekoration ist aber hinreichend in Schmuzers Werk verankert, so daß eine Zuschreibung mühelos möglich ist. Vielleicht hat sogar Schmuzers Tätigkeit in Türkenfeld den unmittelbar darauffolgenden Auftrag in Maria Kappel bei Schmiechen (1754/1755) nachgezogen.

Die sparsamere, aber nicht weniger reizvolle Stuckdekoration in der benachbarten Pfarrkirche Zankenhausen, die ungefähr zwei Jahre später entstanden ist, weist durch ihre Verwandtschaft mit den Türkenfelder Stukkaturen ebenfalls auf Franz Xaver Schmuzer als ausführenden Meister hin. Inhaber der Hofmark Zankenhausen war das Jesuitenkolleg Landsberg, für das Schmuzer bereits 1747/48 mit der Stuckierung der Pfarrkirche in Winkl [230] tätig war.

In der Pfarrkirche Türkenfeld wird das langgestreckte Deckenfresko des Chorgewölbes im Osten und Westen von verhältnismäßig dünnen, in die Breite gezogenen C-Rocaillen umspielt, die sich in der Mitte zu einer querformatigen Kartusche zusammenschließen (vgl. die Mittelkartusche an der Ettaler Empore Abb. 92–94). Einige der Rocaillebögen weisen blattartige Ausbuchtungen auf. Züngelndes Blattwerk mit umgebogenen Spitzen und Rändern, wie wir es von früheren Stuckdekorationen her kennen (zuletzt in Petzenhausen), verwendet Schmuzer in Türkenfeld kaum noch. Das Blattwerk wird immer mehr durch Rocaillewerk ersetzt. Dabei kommt es zunächst zu einer Übergangslösung, bei der die kleinen Auswüchse wie zusammengeschrumpftes Blattwerk anmuten, bei genauerer Betrachtung aber doch dem Muschelwerk zugeordnet werden müs-

228 Auch die ovalen Einkerbungen auf spitz zulaufendem Muschelwerk finden sich hier noch gelegentlich, z. B. bei den Eckkartuschen am Fuß der Diagonalfresken.

229 Das Pfarrarchiv Türkenfeld enthält, mit Ausnahme einiger Bruderschaftsrechnungen des 18. Jh., nur Akten des 19. Jh. Die Suche nach Rechnungen und Bauakten im Schloßarchiv Schmiechen, die freundlicherweise Archivpfleger Helmut Rischert vornahm, verlief ergebnislos. Vermutlich sind die Bauakten bei den zahlreichen Verkäufen der Hofmark Türkenfeld bzw. des dortigen Schlosses verloren gegangen.

230 Siehe S. 43 f.

sen[231]. Die Verwendung vegetabilischer Elemente beschränkt sich auf Blattwedel und Blütengirlanden, die allerdings häufig vorkommen.

Die Innenfelder der großen Kartuschen (Abb. 95), die über den marmorierten Wandpfeilern aufsteigen, werden ausnahmsweise nicht mit Gemälden ausgefüllt. Da sich quer über die hellgrün getönten Innenflächen goldene Blütenketten ranken, sind diese Kartuschen wohl von Anfang an ohne bildliche Darstellungen geplant gewesen[232]. Die schmale, hohe Form ist von den Kartuschen in Osterzell und der Kappel übernommen worden. Daran erinnern auch die seitlichen Ohren, die wulstig aufgerollten Ränder, das spitz zulaufende Muschelwerk und der kleine, halbkreisförmige Rocaillebogen über der Kartusche. In dem halbierten Zwickelfeld am Chorbogen und in dem Zwickelsegment an der Chorbiegung befinden sich schmale, asymmetrische Kartuschenbildungen aus geschweiften Rocaillen mit Blattwedeln und Stucktropfen.

In den Stichkappen wechseln sich drei Motive (a-b-a-c) ab: eine dreipaßförmige Kartusche (a) mit seitlich nach unten auslaufenden Rocaillebögen, eine Ranke (b), die auf die Stichkappenfüllungen in Winkl und Osterzell zurückgeht, und eine weitere Ranke (c), die eine Mischung der Stichkappenfüllungen von Eismerszell und Kappel darstellt. An den Stichkappenscheiteln sitzen asymmetrische Rocailleornamente, von denen das in der Querachse des Freskos befindliche später noch einmal am Kuppelring der Ammerhofer Kapelle vorkommt[233].

Die hohen, rundbogigen Fenster werden von einem Profilstab begleitet, der nach zwei Dritteln der Fensterhöhe in einem unregelmäßigen Blattmotiv endet (vgl. das Blattwerk im Ettaler Chorsaal)[234]. Den Pilastern in Chor und Langhaus sind unterhalb des Kämpfers kleine Rocaillekartuschen mit Tropfen als Kapitelle aufgelegt[235].

Den Chorbogen umgeben sowohl von der Langhausseite als von der Chorseite her mehrere unterschiedlich stark profilierte Leisten (Abb. 92), die sich in halber Höhe in einem Ornament aus asymmetrischem Rocaillewerk zusammenschließen. Dieses Ornament greift von beiden Seiten auf die mit Brokatmuster bedeckte und mit einzelnen Rocaillen verzierte Unterseite des Bogens über[236].

231 So an den Stichkappenfüllungen und dem halbkreisförmigen Aufsatz über den großen Kartuschen.
232 Vgl. auch Schmiechen (Chor), Zankenhausen, Seekirch.
233 Vgl. auch Maria Steinbach (Kuppel über dem Vorchor). Ähnliche asymmetrische Blattgebilde, wie sie Schmuzer im Ettaler Chorsaal, in Türkenfeld (als Stichkappenbekrönung) und später in Ammerhof verwendete, kommen auch bei F. X. Feichtmayr (z. B. im Geltendorfer Langhaus 1754) vor. Die Felder der Türkenfelder Stichkappen werden ebenso wie die Kappengrate von Profilleisten gerahmt. Über den Wandpfeilern hat Schmuzer sodann je zwei der gerahmten Kappengrate mit C-bogigem Bandwerk (!) zusammengefaßt.
234 Auf den Fenstern je ein breitovaler Muschelring, der auf zwei C-Rocaillen ruht. Die Rocailleranken unter den Fenstern sind in Chor und Schiff einheitlich gestaltet, im Lhs. aber noch mit goldenen Stucktropfen angereichert.
235 Siehe Anm. 157. Vgl. Hohenpeißenberg, Winkl, Osterzell, Hausen, Petzenhausen, Schmiechen, Seekirch.
236 Die querovale Kartusche über dem Chorbogen (mit einem Chronogramm der letzten Restaurierung 1953) mit den C-förmig geschwungenen seitlichen Blattwedeln, den darüber sitzenden Ohren aus Muschelwerk und dem nochmals wie eine kleine Kartusche gestalteten oberen Abschluß knüpft an die Chorbogenkartusche von Winkl an und ist damit auch Hohenpeißenberg und Osterzell verpflichtet.

Die Langhauskartuschen (Abb. 96), die auf hellgrau gemusterten und mit Leisten umrahmten Feldern sitzen, weichen von dem schmalen, hochaufgerichteten Kartuschentyp, wie er meist in den Chorräumen Schmuzers anzutreffen ist, ab [237]. Zwar bestehen sie aus den gleichen Elementen wie bisher, durch die rundliche Gestalt aber, deren Kongruenz mit den Kuppelkartuschen in Pfaffenhausen auffällt, wird ein enger Bezug zu dem eigentlichen Vorbild aller Schmuzerischen Kartuschen – Oberammergau – hergestellt. Bei den folgenden Stuckdekorationen Schmuzers zeichnet sich ein Verbleiben bei dem wiederaufgenommenen älteren Typ ab; die formbildenden Elemente freilich bleiben dem Muschelwerk der zweiten Stilphase verhaftet.

Das zweite Langhausjoch von Westen öffnet sich in zwei halbrunde Kapellen, die beide von einem mittleren Rundfenster belichtet werden [238]. Der Muttergotteskapelle auf der Nordseite lag früher der Eingang gegenüber, bis 1805 auf der Südseite die Kreuzkapelle als Pendant errichtet wurde. Erst 1889 wurde sie nach dem Muster der Muttergotteskapelle, aber in einfacheren Formen, ausstuckiert. Die Kapellen werden durch Pilaster auf hohen Sockeln gegliedert (Abb. 97). Als Kapitelle dienen Engelsköpfe (vgl. Seitenschiffe in Rottenbuch); von ihnen hängen Blütenranken herab. Das umlaufende Gesims trägt über den Pilastern geschwungene Giebelstücke [239] und bildet über dem Rundfenster eine freistehende Kartusche. Darüber schweben geflügelte Engelsköpfe auf Wolken, aus denen Strahlen bis in die Kartusche dringen. Der reich geschwungene und durch Blattwerkkartuschen bereicherte Deckenspiegel wird von einem Rocaillefries mit Blattwedeln und Blütengirlanden umgeben. An den Seitenwänden der Kapellen befinden sich ovale Felder (in der Kreuzkapelle mit pastellfarbigen Gemälden ausgefüllt), die von breiten Stuckrahmen gefaßt werden. Die Rahmen bestehen aus spitz zulaufendem, faserigem Muschelwerk, darüber gelegten C-förmigen Rocaillebögen mit Pfeifen und gebogten Rändern sowie Gitterwerkfeldern am oberen und unteren Rand. Der Stuck ist dick aufgetragen und zumindest an den Seiten des ovalen Feldes recht grob behandelt, was auf die Hand eines Werkstattmitglieds schließen läßt. Eigenartig ist der Rückgriff auf den Dekorationsstil von Hohenpeißenberg und Winkl, wie er auch bei den Stukkaturen des Gurtbogens deutlich wird (starke Anlehnung an den Winkler Chorbogen). Ob die Muttergotteskapelle, die auf die im Jahre 1718 gegründete Rosenkranzbruderschaft zurückgeht [240], möglicherweise bereits vor dem großen Umbau der Pfarrkirche von Schmuzer stuckiert worden ist, ließ sich nicht feststellen.

Die über einer Hohlkehle ansetzende Flachdecke des Chorraums der Pfarrkirche in Zankenhausen ist in ähnlicher Weise wie der Chor der Petzenhausener Pfarrkirche dekoriert worden (Abb. 99): ein rundes Mittelfresko wird in den Hauptachsen von vier Bild-

237 Die schlanken, hochgestreckten Kartuschen tauchen meistens, bedingt durch die kleineren Gewölbezwickel, in den Chorräumen auf, wohingegen die Langhauskartuschen kompakter und gedrungener gestaltet werden; vgl. Osterzell, Hausen, Petzenhausen, Kappel, Türkenfeld, Schmiechen.

238 Über den Seitenkapellen sitzt eine asymmetrische Kartusche aus kräftigem Muschelwerk mit gebogtem Rand. Ein Knorpelring und das quergekerbte Innenfeld der Kartusche erinnern an die Stichkappenbekrönung im Langhaus der Kappel.

239 Vgl. Weingartener Bischofszimmer, Hohenpeißenberg und Ettaler Portalumrahmung.

240 Festschrift zur 1200-Jahrfeier Türkenfeld 1962, S. 23.

kartuschen begleitet, die wiederum durch Blütengirlanden und zierliche Bandwerkbögen miteinander verbunden werden. Die Kartuschen bestehen aus schlanken Rocaillegliedern, die reichlich mit geschweiftem Blattwerk durchsetzt sind, und werden im Scheitel von Blattmotiven bekrönt. Auf den (mit Brokatmuster bedeckten) Eckzwickeln sitzen kleinere, herzförmige Kartuschen aus fein geripptem Muschelwerk mit umgebogenen Innenrändern, wellenförmig gebogenen Außensäumen, Stucktropfen und kleinen Blattwedeln [241].

Die Form des Langhausfreskos entspricht derjenigen der Ettaler Chorsaalfresken (Abb. 101). In schmalem Abstand folgt den Kurven eine Profilleiste, die stellenweise von zarten Blattmotiven und Blütengirlanden überspielt wird [242]. Ausnahmsweise findet sich am westlichen Ende des Deckenfreskos eine von der Chorbogenkartusche abweichende Lösung. Die Gewölbefläche über der Orgel ist freigelassen worden; seitlich davon erstreckt sich ein neues, überaus feingliedriges Ornament, dessen C-Schwünge teilweise auf die Dicke eines Bandwerkbogens reduziert worden sind. Andere der Rocaillen gehen in ausgeprägtes Blattwerk über, so daß das reine Muschelwerk hier kaum in Erscheinung tritt. Auf die breite, mit Brokatmuster gefüllte Kartusche zwischen den beiden hohen Langhausfenstern wurde bereits in Ettal (Oratorien) [243] hingewiesen (Abb. 101). Mit diesem Beispiel hat sie außer der übereinstimmenden Form und den in das Kartuscheninnere hineinragenden Blattwedel auch die goldenen Pfeifen und die seitlich abstehenden C-Schwünge gemeinsam. Die blattartigen Auswüchse am Muschelwerk erinnern an Türkenfeld und Hausen.

Die in Form von ovalen Kartuschen mit seitlich herabhängenden Blütenketten gestalteten Fensterbekrönungen bilden mit den genau über ihnen befindlichen Scheitelmotiven der runden Stichkappen eine reizvolle Gruppe (Abb. 100). Die asymmetrischen Kartuschen aus recht kräftigem Rocaillewerk mit wellenförmig gebogenen Rändern stehen in deutlichem Gegensatz zu dem zerbrechlich wirkenden Motiv über der Westempore. Die Pilaster enden teilweise in Rocaillekonsolen, auf denen Apostelfiguren stehen [244]. Die Brüstung der Orgelempore wird durch drei Rocaillekartuschen mit seitlichen C-Bögen verziert, die jeweils von einem querrechteckigen Stuckleistenrahmen umgeben werden.

241 Die stichbogigen Öffnungen in den Seitenwänden (Türen zum Turm und zur Sakristei) werden von breitformatigem Rocaillekartuschen bekrönt, an die von beiden Seiten nach außen geöffnete sichelförmige C-Rocaillen mit Tropfen stoßen. Unter den Wandöffnungen eine ähnliche, aber größere Komposition.

242 Siehe Anm. 225. Über dem Chorbogen befindet sich eine breite, herzförmige Kartusche, über deren Innenfeld sich zwei Blütenketten in halbkreisförmigen Bögen ranken. An den Seiten werden geschwungene Felder aus C-Rocaillen gebildet, die mit Gitterwerk ausgefüllt sind. Am unteren Teil der Kartusche ist zwischen zwei nach außen geöffneten Rocaillen eine weitere kleine, ovale Kartusche mit dem Christusmonogramm eingezogen, die bis in den Scheitel des Chorbogens übergreift. Von hier aus folgt eine Blumenranke dem Verlauf des Bogens.

243 Vgl. S. 56.

244 Diese Konsolen finden sich auch im Chor, aber ohne die darüber aufsteigenden Pilaster. Die Zankenhausener Rocaillekonsolen – ein selten bei Schmuzer auftretendes Motiv – erinnern an die Konsolen unter der Empore und unter den Zugängen zu Kanzel und Abtsloge in der Wieskirche.

Die Pfarrkirche in Hausen bei Geltendorf, um 1753/54

In der nicht weit von Eismerszell entfernten Pfarrkirche in Hausen haben sich die Franz Xaver Schmuzer zuzuschreibenden Stukkaturen nur im Chor vollständig erhalten (Abb. 102). Die sparsame, aber qualitätvolle Dekoration des Langhauses ist gleichzeitig mit der Ausmalung des Gotteshauses 1795 entstanden. Da aber in der gesamten Kirche die Apostelleuchter von der Hand Schmuzers sind, ersetzen die klassizistischen Langhausstukkaturen möglicherweise eine frühere Dekoration Schmuzers [245]. Die Frage, warum in diesem Falle der Chor nicht ebenfalls Ende des 18. Jahrhunderts umgestaltet worden ist, läßt sich ohne Kenntnis zeitgenössischer Bauunterlagen nicht beantworten.

Trotz mehrfacher Anklänge an die Stukkaturen von Osterzell [246] ist die Entstehung der Hausener Stuckdekoration zeitlich in die Nähe Türkenfelds, also um 1753/54, zu setzen. Dafür sprechen a) die Rocailleranken an den Chorpilastern [247], b) die erstmals in Türkenfeld auftretenden blattartigen Auswüchse an Rocaillebögen (Chorkartuschen), c) die relativ häufige Tropfenbildung (die in Osterzell nur einmal, in Kappel und Petzenhausen gar nicht vorkam und erst seit Türkenfeld mehrfach verwendet wird), d) die Rocailleranken in dem halbierten Zwickelfeld am Chorbogen, die ähnlich in Türkenfeld auftauchen.

Der Rahmen des mittleren Deckenfreskos ist mit den Deckenspiegeln in Winkl (Langhaus) und Schmiechen (Chor) identisch. Die hochformatigen Bildkartuschen auf dem mittleren Gewölbezwickel gleichen in vielem den Chorkartuschen in Türkenfeld und Iffeldorf [248]. Ein neues Motiv sind die asymmetrischen Schildkartuschen in den Zwickelfeldern über dem Hochaltar. Sie werden aus zwei nach rechts oder links geöffneten C-Rocaillen gebildet, die, aneinander geschoben, eine Innenfläche von der Form eines heraldischen Schildes ergeben [249]. Die von Blattwedeln gerahmte Uhr über dem Chorbogen mit seitlich ausschwingenden Blütengirlanden gehört der klassizistischen Langhausdekoration an.

Die Sebastianskapelle in Eching am Ammersee 1754

Etwa gleichzeitig wie in Türkenfeld, Hausen, Maria Kappel bei Schmiechen und Heinrichshofen war Franz Xaver Schmuzer 1754 auch in Eching am Ammersee beschäftigt, wo er die kleine Sebastianskapelle mit Stukkaturen schmückte (Abb. 103, 104). Der ungefähr ein Jahrhundert zuvor errichtete Bau, der seine Entstehung einem Gelöbnis nach einer pestartigen Seuche verdankte, erhielt 1754 einen neuen (signierten) Hochaltar

245 Bemerkenswert ist in diesem Zusammenhang, daß bei der 40 Jahre später entstandenen Langhausdekoration die von Schmuzer an den Chorstichkappenscheiteln angebrachten geflügelten Engelsköpfe auf Wolken wieder verwendet werden.

246 Gleiche Aufteilung der Chorstukkaturen, ähnliche Kartuschenform, die gerade herabhängende Blumenranke (auch bei den Pfaffenhausener Kuppelkartuschen).

247 Die Rocailleranken an den Hausener Chorpilastern unterscheiden sich deutlich von den Rocaillekapitellen in Hohenpeißenberg, Winkl, Osterzell, Petzenhausen, lassen sich dagegen gut mit den Türkenfelder Pilasterornamenten und dem reicher gestalteten Motiv am Fuß der Ettaler Oratorien vergleichen.

248 Mit Iffeldorf läßt sich besonders der stark eingezogene untere Teil der Hausener Kartuschen vergleichen.

249 Morel, S. 48.

von Johann Luidl (frdl. Hinweis von Wilhelm Neu). Durch das gesicherte Datum für die Aufstellung des Altars kann auch Schmuzers Tätigkeit in Eching zeitlich festgelegt werden.

Die Dekoration des Chorraums der Sebastianskapelle beschränkt sich auf einen runden, leicht profilierten Stuckkranz, dem sparsames Rocaille- und Blattwerk beigegeben ist. Reicher und interessanter entfalten sich die Stukkaturen im zweiachsigen Schiff der Kapelle. Einen vierpaßförmigen Deckenspiegel überspielen in den Hauptachsen vier kartuschenartige Ornamente, von denen die einander gegenüberliegenden jeweils gleich gestaltet sind. Zwischen diesen Motiven ranken sich zarte Blütengirlanden, die bis ins Detail denjenigen in der Wallfahrtskirche Kappel bei Unterammergau entsprechen. Auch das Ornament in der Quer-(Nord-Süd-)Achse hat sein Vorbild im Langhaus der Kappel wo es sich als Bekrönung der äußeren Stichkappen findet (Abb. 80). Charakteristisch sind die asymmetrische Form, das quergerippte Innenfeld und das bewegte Blattwerk an Fuß und Scheitel der »Kartusche«. Ein sehr verwandtes Motiv hat Schmuzer auch im Chor der Kappel und im Langhaus von Osterzell (Abb. 82) angebracht. Schließlich erinnert auch das Ornament in der Längs- (Ost-West-)Achse der Sebastianskapelle in der Art sowohl der länglich ausgezogenen als auch der fein gekerbten, wellenförmig verlaufenden Muschelränder an die Dekorationen in Osterzell und der Kappel, so daß die Echinger Stukkaturen trotz fehlender archivalischer Belege einwandfrei Franz Xaver Schmuzer zugewiesen werden können.

Die Wallfahrtskirche Maria Kappel bei Schmiechen 1754/55

Die Wallfahrtskirche Unserer Lieben Frau ob der Urthel, wie sie in den Quellen genannt wird [250], liegt in der früheren Hofmark Schmiechen, die im 18. Jahrhundert, ebenso wie die Hofmark Türkenfeld, Eigentum der Grafen Fugger-Kirchberg war. Noch während die Erneuerung der Türkenfelder Kirche im Gange war, entschlossen sich die Besitzer, auch die Wallfahrtskirche Maria Kappel mit Stuck und Fresken ausschmücken zu lassen. Die auffallende Ähnlichkeit zwischen den Stukkaturen der Chorräume in Türkenfeld und Maria Kappel läßt darauf schließen, Franz Xaver Schmuzers Arbeit in Türkenfeld habe offenbar soviel Anklang gefunden, daß er beauftragt wurde, auf ähnliche Art auch die Schmiechener Kappelkirche zu dekorieren. Schmuzer muß unmittelbar nach Abschluß der Türkenfelder Arbeiten mit der Stuckierung des Chores in Schmiechen begonnen haben, da er bereits im September und Oktober 1754 die ersten Zahlungen (173 Gulden) erhielt [251]. Noch im selben Jahr malte Franz Martin Kuen aus Weißenhorn eine Himmelfahrt Mariens an das Chorgewölbe. Die Rahmenform dieses Freskos entspricht der der Langhausfresken in Winkl und des Chordeckenbilds in Hausen (Abb. 105). Wie in Türkenfeld zeigen die hellgrün getönten Innenfelder der Chorkartuschen keine Gemälde, sondern sie werden von Blattranken und ineinanderverschlungenen C-Rocaillen überzogen. In ihrer lebhaften, aufgelösten, beinahe unruhigen Form erinnern diese Kartuschen etwas an die Chorkartuschen in Osterzell (auch der untere Abschluß), doch ist hier das Muschelwerk mit seinen umgebogenen, verknöcherten Rändern und spitz endenden Teilen mit knorpeligen Verdickungen, die wie Rippen hervortreten,

250 Siehe KKF Nr. 572, S. 1.
251 Siehe Quellendokument 24.

abwechslungsreicher gestaltet. Das seitlich hervortretende C-förmige Rocaillewerk ist mit den Ohren der Kartuschen in der Kappel und Türkenfeld zu vergleichen.

Die Stichkappen über den Fenstern schneiden so tief in die Tonne ein, daß ihr Scheitel weit in den Bereich des Freskos reichen würde. Daher treffen die Kappengrate an der Spitze nicht zusammen, sondern werden durch eine reiche, aber sehr zierlich ausgebildete Ornamentik verbunden. In der Mitte hängt an sich kreuzenden S-Bändern eine Glockenblume, an der eine Blütengirlande befestigt ist [252]. Das anstelle eines Kapitells an dem Chorpilasterpaar befindliche schwungvolle, asymmetrische Gebilde besteht aus einer Muschel, der C- und S-förmig geschweiftes Rocaillewerk unterlegt ist.

1755 entstanden die Langhausstukkaturen, die sich wegen des großen »Kuppel«freskos [253] auf die Dekoration der Gurtbögen, der Hängezwickel und der Emporenbrüstung beschränken (Abb. 106).

Der Chorbogen und die Gurtbögen sind mit Brokatmuster bedeckt, auf welches einzelne Kartuschen (Stil Petzenhausener Pfarrkirche-Chor) aus schlanken C-Rocaillen gesetzt sind [254]. Die rippenartig hervortretenden Verdickungen des Muschelwerks sind vergoldet. Das in Türkenfeld verdrängte Blattwerk taucht hier wieder recht häufig auf [255]. Die vier großen Bildkartuschen auf den brokatgemusterten Hängezwickeln der Langhaus»kuppel« (Abb. 107) sind ähnlich bereits im Türkenfelder Langhaus vorgebildet. Breite, fein gerippte C-Rocaillen mit wellenförmig gebogenen Säumen umgeben in kraftvollen Schwüngen die im Sepiaton gehaltenen Bildfelder und greifen über den Rahmen des Kuppelfreskos, der mit Brokatmuster bemalt und mit Rosetten besetzt ist. Knorpelringe und knotenartig verdickte Rocailleränder erinnern an die in vielen Details ähnlichen Langhauskartuschen in der Kappel [256]. Die im Mittelteil vorschwingende Orgelempore ist durch Stuckleisten in drei Felder eingeteilt, deren Ecken mit kleinen Blattkartuschen verziert sind (Abb. 106). In jedem der drei Felder befindet sich eine Rocaillekartusche, die in dieser Form auch in Ettal, Iffeldorf und Zankenhausen vorkommt.

Schmuzer empfing von April bis September des Jahres 1755 insgesamt 475 Gulden [257]. Er wird aber kaum den ganzen Sommer über in Schmiechen gewesen sein, da gerade die Langhausstukkaturen, die sich auf wenige Hauptmotive konzentrieren, vergleichsweise sparsam auftreten. Vielmehr war 1755 das Hauptausstattungsjahr der zu Kloster Wessobrunn gehörenden Pfarrkirche in Iffeldorf, so daß man für 1755 eine Tä-

252 Das Ornament in der unteren Hälfte der Schmiechener Chorstichkappen setzt sich aus C-Rocaillen mit rosettenbesetztem Gitterwerk und einer dreipaßförmigen Mittelkartusche zusammen und knüpft an die bekannten Stichkappenfüllungen in Kappel, Petzenhausen und Türkenfeld an.

253 In dem rechteckigen Schmiechener Langhaus wurde durch Einziehen breiter Gurtbögen im Süden und Norden ein quadratischer Mittelraum geschaffen. Er wird von einer kreisrunden Flachdecke überspannt, die durch ihr illusionistisches Gemälde den Eindruck einer realen Kuppel erweckt.

254 Siehe auch Osterzell, Türkenfeld, Zankenhausen und Krün.

255 So werden beispielsweise die Gurtbogenkartuschen von einem Blattkranz mit züngelnden Spitzen bekrönt, wie er u. a. auch an den Hohenpeißenberger Chorkapitellen vorkam.

256 Die ähnlich zusammengesetzte Kartusche über dem Chorbogen mit dem Wappen der Grafen Fugger-Kirchberg (Abb. 106) folgt dem Typus der bisherigen Chorbogenkartuschen (Hohenpeißenberg, Winkl, Osterzell, Türkenfeld).

257 Wie Anm. 251.

tigkeit Schmuzers sowohl in Schmiechen als auch in Iffeldorf annehmen kann. Da das große Schmiechener Langhausfresko Kuens ebenfalls 1755 gemalt worden ist, werden die Stuckarbeiten im Laufe des Sommers abgeschlossen worden sein [258]. Zwischendurch hielt Schmuzer sich auch in Petzenhausen auf, wo er im Oktober 1755 offenbar einen Vorschuß für den noch herzustellenden Choraltar entgegennahm [259]. Danach begab er sich wieder nach Schmiechen, wo er noch bis in den Dezember (Zahlungen am 7. 12. und 23. 12.) anzutreffen war. Da Stuckarbeiten um diese Jahreszeit unwahrscheinlich sind, wird Schmuzer an dem Schmiechener Choraltar gearbeitet haben, für den er am 29. Januar 1756 einhundert Gulden empfing [260].

Das Retabel des Choraltars (Abb. 108) besteht aus einem Mittelteil, dessen Nische mit dem gotischen Gnadenbild von zwei Pilastern und zwei Säulen (mit korinthischen Kapitellen) gerahmt wird. Im Aufzug, der bis zum Gewölbescheitel emporragt, befindet sich ein Stuckrelief mit der Szene »Christus als Gärtner«. Dieser Mittelteil, der die Form eines damals üblichen Seitenaltarretabels hat, wird durch Türbögen, auf denen zwei Heiligenfiguren stehen, und über diesen durch die Fortführung seines Gebälks mit den Seitenwänden des Chores verbunden. Girlanden tragende Putti und geflügelte Engelsköpfe beleben den Altar, an dem neben Schmuzer drei weitere Künstler gearbeitet haben. So sind die Engel und Puttenköpfe von dem Bildhauer Johann Leuthner aus Türkheim, die holzgeschnitzten Baldachine von Schreinermeister Maximilian Gruber aus Egling, Antependium und Tabernakel von dem Münchener Hofbildhauer Jakob Gerstens [261].

Die Pfarrkirche in Iffeldorf 1755

In der Nähe von Iffeldorf, einer an den Osterseen gelegenen Pfarrei, die Kloster Wessobrunn inkorporiert war, hatte Johann Schmuzer in den Jahren 1698 bis 1701 die kleine Wallfahrtskirche Heuwinkl erbaut und stuckiert [262]. In demselben Jahr 1698 wurde die gotische Pfarrkirche des Ortes durch einen Brand zerstört. Das Innere des 1707 wiederhergestellten Baus war um die Mitte des 18. Jahrhunderts offenbar in solch schlechtem Zustand, daß eine Neugestaltung geplant wurde. Für die Ausführung der Deckenfresken verpflichtete das Kloster keinen geringeren als Johann Jakob Zeiller [263], der 1748–51 die gewaltige Ettaler Kuppel ausgemalt hatte, während die Stuckdekoration Franz Xaver Schmuzer anvertraut wurde. Somit war ein halbes Jahrhundert nach dem Wirken seines Großvaters Johann erneut eine Mitglied der Familie Schmuzer in Iffeldorf tätig. Zwar ist F. X. Schmuzers Arbeit archivalisch nicht belegt, aber die auffallende Ähnlichkeit mit seinen gesicherten Dekorationen in Osterzell, Kappel und Schmie-

258 Die Beträge, die im März 1757 und im Februar 1758 als Ausstände vom Verwaltungsamt zu Schmiechen an Schmuzer nachgezahlt wurden, stehen in keinem Zusammenhang mit der Fertigstellung der Innendekoration.
259 Siehe Quellendokument 21 c.
260 Wie Anm. 251.
261 KKF Nr. 572, S. 7.
262 Vgl. DISCHINGER, S. 38, 127, 130.
263 MATSCHE, S. 282 ff., 632 f.

chen, ferner die Verwandtschaft mit den ihm zugeschriebenen Stuckausstattungen in Hausen, Ettal und Türkenfeld sprechen offenkundig für eine Tätigkeit Schmuzers in Iffeldorf.

Die prächtigen Chorkartuschen (Abb. 109, 110) mit ihren breiten Rocailleschwüngen und wellenförmig gebogenen Rändern erinnern an die Langhauskartuschen in Türkenfeld. Da aber fast jedem der C-Bögen ein geschweifter Blattwedel entspringt, wirken die Iffeldorfer Chorkartuschen beschwingter und lebhafter. Das Muschelwerk der nach außen geöffneten C-Rocaillen am oberen Teil geht in breit herabtropfendes Stuckwerk über. Die Form dieser Kartuschen mit dem sich verjüngenden, sehr schlanken Unterteil begegnet uns (neben dem Hausener Beispiel) später im Chor der Ammerhofer Kapelle wieder [264]. Die Langhauskartuschen stehen formal in der Nachfolge der Kappel-Langhauskartuschen, unterscheiden sich aber in manchem Detail. So hat Schmuzer die knotenartig verdickten Ränder und die Knorpelringe (bis auf einen Bogen an den mittleren C-Rocaillen) zugunsten von glatten C-Bögen aufgegeben. Auch die Zahl der Pfeifen ist stark reduziert. Dagegen werden hier viele Blattranken verwendet. Das Muschelwerk ist mit seinen einzelnen umgebogenen Spitzen dem früheren Blattwerk angenähert; auch die blattartigen Ausbuchtungen, die im Türkenfelder Chor als Übergangslösung bezeichnet worden sind, treten wieder in Erscheinung.

Über dem Chorbogen halten zwei vollplastische Putti eine Kartusche mit dem unierten Wappen des Klosters Wessobrunn und seines Abtes Beda Schalhamer (1743–1760). Ein aus der Mitte der Kartusche ragender Engelskopf trägt die Inful, den dazugehörigen Stab hält der rechte Putto in seiner Hand [265]. Jeder Putto trägt die Hälfte eines flatternden Spruchbandes, dessen Chronogramm das Jahr (1755) der Rokoko-Umgestaltung angibt [266].

Die Chorstichkappen sind mit Kartuschen nach dem Muster der Osterzeller Chorstichkappen ausgefüllt (die teilweise auch im Türkenfelder Chor verwendet wurden), während die Füllungen der Langhausstichkappen ihre Vorbilder im Langhaus der Kappel haben. Allerdings verzichtete Schmuzer in Iffeldorf auf die Knorpelringe, die ja in der ersten Hälfte der fünfziger Jahre bei kaum einer Dekoration fehlten.

Die von zwei geschnitzten Säulenpaaren getragene Orgelempore wird durch zwei über den Stützen hervorspringende Pilaster mit geschweiften, brokatgemusterten Schäften in drei Abschnitte geteilt und an den Enden von halbierten Pilastern abgeschlossen (Abb. 112). Auf jedem der Abschnitte werden aus Stuckleisten queroblonge Felder gebildet, deren Ecken schräg gestellte C-Rocaillen überspielen. Das mittlere Feld wird durch eine breitovale Kartusche betont, die uns ähnlich auch in Ettal (Oratorien) (Abb. 85) und Schmiechen (Empore) (Abb. 106) begegnet ist.

264 Vgl. auch F. X. Feichtmayrs Langhauskartuschen in Großaitingen (Lkr. Augsburg, früher Schwabmünchen), 1754.

265 Siehe auch die Wappenkartuschen von Thassilo Zöpf in Wessobrunn (1757–59) und Joh. Michael Merck in Rott/Lech (Lkr. Landsberg), 1779.

266 Das Chronogramm lautet: *HaeC aeDes saCra sVb BeDa praes*VLe V*Vessofontano h*VIVs LoCI *toparCha gIpso aVro aC pICtVra renoVata f*VI*t* = 1755 (Dieses heilige Gotteshaus wurde unter seinem Ortsherrn Abt Beda von Wessobrunn durch Stukkaturen, Gold und Malereien erneuert).

Kloster Rottenbuch

Aus den Jahren 1758 und 1759 sind weder gesicherte Arbeiten Schmuzers bekannt, noch konnten wir ihm für diese Zeit Werke zuschreiben. Die Erklärung für diesen scheinbaren Stillstand nach zwanzig Jahren ununterbrochener Tätigkeit ist mit großer Wahrscheinlichkeit in Aufträgen für die seit 1750 entstehende Klosteranlage von Rottenbuch zu suchen, die nach der Säkularisation zum großen Teil zerstört worden ist [267]. Dieses letzte Werk Joseph Schmuzers, dessen Grundsteinlegung im April 1750 er nur um knapp zwei Jahre überlebte, war zugleich eines seiner bedeutendsten und umfangreichsten und mit einer Fülle hervorragender Stuckdekorationen versehen.

Im Jahre 1758 war das Stiftsgebäude südlich der Kirche teilweise bezugsfertig [268]. Dieser 120 x 70 Meter große Hauptteil der Anlage barg eine Vielzahl repräsentativer Räume, die alle mit Stukkaturen, teilweise auch mit Fresken geschmückt waren. Dazu gehörten das Stiftsarchiv, die Wohnräume des Propstes mit einer Privatkapelle, vornehme Gastzimmer (darunter ein »Fürstenzimmer«), ein Speisesaal für Gäste, der große Festsaal mit besonders reicher Ausstattung, der Kapitelsaal und schließlich das Refektorium und die Bibliothek, die zu den schönsten Räumen des Klosters gehörten. Auch das Treppenhaus und die breiten Gänge waren in allen drei Geschossen »mit feinem Rokokostuck geschmückt« [269]. Keiner dieser prachtvollen Räume ist erhalten geblieben. Bei dieser Vielfalt von Gängen, Zimmern und Sälen, deren Ausstattung sich bis 1770 hinzog, kann als sicher angenommen werden, daß Propst Clemens Prasser auch Franz Xaver Schmuzer, den Sohn des Klosterbaumeisters, heranzog, der sein Können bei der Umgestaltung der Rottenbucher Stiftskirche bewiesen und mehrmals in Diensten des Klosters gestanden hatte [270]. Diese neuerliche Tätigkeit Schmuzers für das Augustinerchorherrenstift wird in die Jahre 1758 und 1759, vielleicht auch die sechziger Jahre, zu datieren sein [271].

267 Dischinger, S. 106 ff., 149 f.
268 Die folgenden Angaben wurden Mois III, S. 1 f., entnommen, der auch die diesbezüglichen Quellen nennt.
269 Wie Anm. 268.
270 Oberammergau, Hohenpeißenberg, Osterzell, Kappel.
271 Wahrscheinlich ist auch eine (zeitlich nicht fixierbare) Tätigkeit F. X. Schmuzers in Kirche und Kloster Wessobrunn anzunehmen, die durch die weitgehende Zerstörung des Klosters und die vollständige Abtragung der ehemaligen Klosterkirche nicht mehr nachgewiesen werden kann.

Die Pfarrkirche in Seekirch am Federsee 1760

Zu Beginn des 17. Jahrhunderts (1616) erbaute die Prämonstratenserabtei Marchtal unter ihrem Abt Engler in Seekirch am Federsee eine der Gottesmutter geweihte Kirche [272]. Um die Mitte des 18. Jahrhunderts, als in Marchtal selbst eine rege Bautätigkeit herrschte, beschloß man, auch das Gotteshaus in Seekirch umbauen und im Geschmack der Zeit ausstatten zu lassen. Von 1755 an verzeichnen die Marchtaler Rechnungsbücher Ausgaben für Baumaterialien [273]. Der Umbau lag in Händen des Vorarlbergers Joseph Mosbrugger, der als Maurermeister in Diensten des Klosters stand. 1756 erhielten der Stukkator Johann Georg Übelher und der Maler Franz Martin Kuen je 450 Gulden für die Stuckierung und Ausmalung des Langhauses [274]. Die Renovierung des Chores erfolgte vier Jahre später. Das Reichsstift verpflichtete nun Franz Xaver Schmuzer und Franz Sigrist [275].

Das Chorgewölbe in Seekirch (Abb. 113), dessen Scheitel ein vierpaßförmiges Fresko bedeckt, wird von verschlungenem Rocaillerankenwerk überzogen. Es besteht aus (teilweise etwas stärker geripptem) Muschelwerk mit Pfeifen und hervortretenden Rippen, kurzen knorpelig-verdickten Teilen, halbkreisförmigen Knorpelringen, Tropfen, spitz zulaufendem Muschelwerk und wulstigen Spangen, die aus den Rocaillebögen hervorspringen und einen Blattwedel umklammern. Die breite Kartusche über dem Hochaltar [276], deren oberer Abschluß in Form eines Muschelwerkringes in das Deckengemälde hineinreicht, ist als Ausgangspunkt der Chordekoration zu verstehen. An ihre seitlichen, nach außen geöffneten C-Rocaillen schließen Blütengirlanden und von Blattwerk durchdrungene C-Bögen an, die die Bewegung in weiteren C-Schwüngen fortsetzen. In den großen, mit Goldmuster gefüllten Zwickelkartuschen endet diese Bewegung, die sich zum Chorbogen hin zum Teil noch einmal spiegelbildlich wiederholt. Die Kartuschen vereinigen Elemente der Kappeler und Türkenfelder Langhauskartuschen in sich [277]. Gegenüber den reich ausgestatteten Iffeldorfer Chorkartuschen werden hier die vegetabilischen Bestandteile sparsamer eingesetzt und das Tropfenmotiv zurückhaltender behandelt.

Die Scheitel der Stichkappen überdecken kleinere Kartuschen aus Muschel- und Blattwerk, die in ähnlicher Form auch die Fenster des Chorschlusses bekrönen. Die Stichkappen selbst weisen wegen ihrer geringen Tiefe keine Stuckornamente auf. Die Rocaillekapitelle – mit einem Blattmotiv im Scheitel und halbkreisförmig herabhängenden Tropfen – sind mit denen des Türkenfelder Langhauses zu vergleichen.

272 KASPER I, S. 55.
273 Siehe Quellendokument 23.
274 Wie Anm. 273.
275 MATSCHE-VON WICHT, S. 201.
276 Das in ihrem Spruch enthaltene Chronogramm ergibt die Jahreszahl 1760: VI*rgo* DIL*e*C*t*I*on*I*s Mater san*C*ta spe*I*«.*
277 Ihre Gestalt samt der einbeschriebenen kleinen Kartusche und dem abschließenden Muschelbogen am unteren Teil haben sie mit den Kappel-Kartuschen gemeinsam. Die in Voluten endenden umgebogenen Ränder der seitlichen Hauptrocaillen und das in Stucktropfen übergehende Muschelwerk sind Merkmale, die auch in Türkenfeld zu finden waren.

Die Türen, die zu beiden Seiten des Hochaltars in die Sakristei führen (Abb. 115), werden von einer runden, mit einem zarten Blumengemälde gefüllten Rocaillekartusche bekrönt. Seitlich sind schräg auf dem Rücken liegende Rocaillen an sie herangeschoben. Eine aufrecht stehende, schildförmige Kartusche auf den Türpilastern schließt den Türaufsatz ab (in reicherer Ausführung auch über dem Eingangsportal in Ettal).

Während die Chorbogenunterseite (mit Blattrosetten und C-Rocaillen) von Schmuzer im Zuge der Chordekoration 1760 stuckiert wurde, ist die Kartusche über dem Chorbogen schon während der Langhauserneuerung 1756 angebracht worden. Sie zeigt das Wappen des Marchtaler Abtes Edmund Sartor, der von 1746 bis 1768 regierte (Abb. 115). Zwischen Bischofsstab, infultragendem Puttenkopf und Schwert zeigen die gemalten Buchstaben E(dmundus) A(bt) Z(u) M(archtal) zusätzlich den Namen des Bauherrn an.

Ein Vergleich der Chordekoration Schmuzers mit den Stukkaturen seines Schwagers Übelher im Langhaus zeigt, daß der Unterschied nicht so sehr im Detail (Behandlung des Materials, Anwendung spezifischer Ornamente) zu finden ist, sondern mehr in der Form der grundlegenden Elemente, aus denen sich die Stuckdekoration eines barocken Sakralbaus zusammensetzt (Umrahmung der Fresken, Kartuschen, Kapitelle, Tür- und Fensterbekrönungen etc.). Sowohl Schmuzer als auch Übelher verwenden fein geripptes Muschelwerk mit hervortretenden Rippen, das mit Blattmotiven durchsetzt ist. Blütengirlanden und Blattwedel gehören ebenso zum gemeinsamen Formenrepertoire wie knotenartig verdickte Ränder, halbkreisförmige Rocaillebögen oder die verbindenden Klammermotive an den Profilstäben der Freskorahmen. Übelher, bei dem vieles kraftvoller, kompakter, schwerer erscheint, verwendet in der Dekoration des Seekircher Langhauses mehrere Motive, die bei F. X. Schmuzer ungebräuchlich sind. Dazu gehören zunächst der aus aneinandergereihten kleinen C-Bögen gebildete Bogenfries, der dem Verlauf des Chorbogens folgt (Abb. 115) [278], ferner das auf der Ostwand des Langhauses weitergeführte Gebälk der Eckpilaster, das am Chorbogen gleichsam einen Podest für ein breites, C-förmig gekrümmtes Pilasterstück bildet. Ganz von Schmuzers Formensprache weichen

278 Ein weiterer Übelherscher Bogenfries befindet sich in der Kemptener Residenz (Tagzimmer des Fürstabtes, 1734; Abb. 22 und 25 in SCHNELL I). Das Motiv ist auch bei J. B. Zimmermann und den Brüdern Feichtmayr beliebt gewesen. Zimmermann verwendete es z. B. in Schloß Schleißheim (Billardsaal und Kammerkapelle, 1723/24), in der Ettaler Sakristei (um 1725), in Kloster Benediktbeuern (Bibliothek und Speisesaal), Weyarn (Chor, 1729), in den Reichen Zimmern der Münchener Residenz (1731), im Kuppelraum der Klosterkirche Seligenthal zu Landshut (1733/34; dort hängen von den kleinen Bögen abwechselnd Glöckchen und Quasten herab), im Ruhezimmer in der Amalienburg (1734–37, ebenfalls mit Glöckchen und Quasten) und im Kreuzgang der Kartause Buxheim (1730/40; zu allen genannten Zimmermannschen Dekorationen siehe THON). Beispiele von Bogenfriesen im Werk der Brüder Feichtmayr finden sich in Oberostendorf (1747) und Geltendorf (1754, beides Zuschr. der Verf. an Franz Xaver Feichtmayr), in Violau (1750/51 von Franz Xaver Feichtmayr), Schloß Bruchsal (1751–56 von Johann Michael Feichtmayr) und Ottobeuren (1756–64 von Johann Michael Feichtmayr). Auch Ignaz Finsterwalder bediente sich in Bertoldshofen (1730–33) und in der Pfarrkirche zu Erbach (Lkr. Neu-Ulm) 1768 eines Bogenfrieses mit Glöckchen, ebenso E. Q. Asam 1734–36 in der Vorhalle der Klosterkirche Weltenburg. Im Werk der Schmuzer taucht das Motiv nur einmal, am Chorgewölbe der Rottenbucher Stiftskirche, auf (Bogenfries mit Punkten).

die drei Kartuschentypen (Übelher bevorzugt asymmetrische Kartuschen), die Freskorahmen, die steif und starr herabhängenden Stucktropfen und die gedrehten Hörnchen (bei den Langhauskartuschen) ab (Abb. 114). Auch die Verbindung einer Kartusche mit dem Deckengemälde mittels einer C-Rocaille taucht bei Schmuzer nirgends auf.

Die Filialkirche in Krün, um 1761

Um die Mitte des 18. Jahrhunderts war die (1744 noch ungeweihte) Kapelle des zur Pfarrei Mittenwald gehörenden Ortes Krün so baufällig geworden, daß ein regelmäßiger Gottesdienst nicht mehr gewährleistet war. Die Gemeinde reichte am 23. August 1755 bei der »Hochfürstlichen Hochgeistlichen Regierung in Freising« ein Gesuch um Genehmigung eines Neubaus ein: »Es ist unser Kürchlein, oder vilmehr Capellen zu Khrün Mitterwalder Pfarr dermahlen in so baufähligem Standt, daß selbes bei dem täglichen Ruin, und Ainfahl androhet, und weilen wir an Sonn- und Feyertägen alda unser gewöhnliche Andacht durch Abbettung des heiligen Rosenkranzes pflegen, als haben sich in unser Gemainde einige Gutthäter hervorgethan, unter welchen ainer mit Naṁen Georg Khriner Baur alda 500 fl gleich herzuschüessen sich anerbothen, darzue auch sich beede Gemainde, als Khrün und Walgau, alle Bau-Materialien gratis herzuschaffen verstandten haben. Als gelanget an Euer Durchlauchtigsten Eminenz unser Unterthänigst demüthigstes Bitten, und Anlangen, umb den gnädigsten Consens zuertheilen, damit verstandtenes Kürchlein in einen etwas weitheren Standt, umb das alda mit der Zeit auch das heilige Mess=opfer, zu unserem besonderen Seelen-Trost, möchte verrichtet werden können, ausgefüehret werden dürffte . . .« [279]. Der Baukonsens wurde im Frühjahr 1757 erteilt. Leider geben die Bauakten keine Auskunft über den Baumeister. Der 1760 errichtete stattliche Kirchbau erinnert in manchen Details an Joseph Schmuzers Bauten in Mittenwald und Oberammergau, so daß man annehmen möchte, ein einheimischer Maurermeister habe sich an diesen beiden Bauten orientiert.

Obwohl auch der Name des Stukkators in den Akten nicht erwähnt wird, läßt sich hier mit großer Sicherheit Franz Xaver Schmuzer nachweisen, der ja in Mittenwald und Oberammergau in den Bauten seines Vaters gearbeitet hat und dessen Stuckdekorationen in Türkenfeld, Schmiechen, Iffeldorf und Zankenhausen auf Krün hinweisen. Wegen der Flachkuppeln in Chor und Langhaus konzentriert sich die Stuckdekoration in Krün auf je vier Kartuschen in den Pendentifs, auf Fensteraufsätze und kleinere Kartuschen über dem Chorbogen und zwischen den Langhausfenstern (Abb. 116–118) [280]. Die Pendentifkartuschen in Chor und Langhaus bestehen aus großzügig geschwungenen C-Rocaillen, die ein ovales bzw. herzförmiges Innenfeld umschließen. Am unteren und oberen Teil werden nochmals kleine Kartuschen aus C-Rocaillen gebildet. Bei allen Kartuschen greift das Scheitelmotiv – meist zwei einander den Rücken zukehrende und mit Laubwerk verzierte C-Bögen – [281] über den Kuppelring und endet in hoch aufgerichteten

279 AEM, Pfarrakten Mittenwald, Filiale Krün.

280 Die Brüstung der im Mittelteil vorgewölbten Orgelempore ist mit einfachen Quadraturarbeiten geschmückt. Bei den Apostelleuchtern (vgl. Hausen) wurde um ein rundes Mittelfeld Muschelwerk mit Tropfen und flankierenden Blattwedeln gelegt.

281 Vgl. die übergreifenden Motive bei den Kartuschen der Oberammergauer Kuppelräume.

Blattschwüngen. Das Muschelwerk ist bei den Chorkartuschen mit den gebogenen, aufgerollten und schneckenförmig gedrehten Rändern, den Pfeifen und den rippenartigen Verdickungen recht vielfältig behandelt, während die teilweise etwas flüchtig wirkende Stuckbehandlung bei den Langhauskartuschen in manchen Einzelheiten (schematisch eingeritzte Rippen und Einkerbungen des Muschelwerks, dick geknetete Bogenränder mit einem steif herabhängenden Zapfen, weniger sorgfältig ausgearbeitete Blattwedel) die Hand eines Werkstattmitglieds zu verraten scheint.

Die breitovalen Kartuschen über den Chorfenstern (mit Gitterwerkfeldern), über dem Chorbogen und zwischen den Langhausfenstern sind in ihrer Form den bereits mehrfach hervorgehobenen Emporenkartuschen in Ettal, Schmiechen, Iffeldorf sowie der Langhauskartusche in Zankenhausen (schmale Rocaillebögen mit blattartigen Auswüchsen) verwandt. Die Kartuschen zwischen den Langhausfenstern bilden zusammen mit den Aufsätzen über diesen Fensterpaaren eine wirkungsvolle Dreiergruppe [282].

Auch die reich vergoldeten Stuckornamente der Kanzel (Abb. 119) könnten ein Werk Schmuzers sein. Dafür sprechen die Knorpelringe an Korb und Schalldeckel, die Rocaillen mit umgebogenen Rändern, die rippenartigen Verdickungen und Tropfen, die asymmetrischen Blattgebilde (vgl. Ammerhof) und die abschließende Volute am Fuß des Korbes, die umgedreht als Konsole im Chor von Zankenhausen vorkommt [283]. All dies sind auch bei der Kanzel in Heinrichshofen (Anm. 395) zu beobachtende Merkmale.

Der Südostpavillon des Klosters Obermarchtal 1763

Ein Jahr nach der Weihe der Klosterkirche Obermarchtal (1701) begannen die Bauarbeiten an dem als Vierflügelanlage geplanten und ausgeführten Prämonstratenserkloster [284]. Auf den westlichen Teil des Konventgebäudes samt Nordwestpavillon folgten 1712 der Südwestpavillon und von 1737 an der Südflügel [285]. Seit 1747 entstanden unter der Leitung des Deutschordensbaumeisters Johann Caspar Bagnato der östliche Teil des Konventgebäudes, der nordöstliche Eckpavillon und der Osttrakt mit dem Refektorium [286].

In den Rechnungsbüchern der Abtei Marchtal werden zwischen dem 31. 10. und 11. 11. 1763 insgesamt 254 Gulden aufgeführt, die an Franz Xaver Schmuzer »fir die obere Zimmer, und Gang des underen Egg-Fligels bey Hof« [287] ausbezahlt werden. Die Bezeichnung »bey Hof« besagt, daß damit die Abtei im engeren Sinne (also der vom Abt bewohnte Teil des Klosters) gemeint ist [288]. In Obermarchtal befand sich die »Abtei« im

282 Bei den Fensterbekrönungen im Langhaus drängt sich nochmals ein Vergleich mit Oberammergau auf, wo sich über den Fenstern des Langhauskuppelraumes vergleichbare Ornamente befinden.

283 Siehe auch die Seitenaltäre in Krün, die mit denen in der Kappel die seitlich herauswachsenden Engelsköpfe und die Knorpelringe gemeinsam haben. Zum Fuß der Krüner Kanzel vgl. Anm. 244.

284 KDM Württemberg IV, S. 135 ff.; Spahr II, S. 46 ff.; Schefold, S. 18 f.; vgl. auch S. 105 f.

285 Ebd.

286 Ebd.

287 StA Sigmaringen, Dep. Thurn und Taxis, Archiv Marchtal, Dep. 30, Rep. VII, Fach 5 Nr. 70: Amtsbücher Kloster Marchtal Nr. 22 (siehe Quellendokument 18).

288 Frdl. Mitteilung von P. Thomas Hermann OSB, Obermarchtal.

(1712 errichteten) Südwestpavillon der Anlage. Die daran anschließenden Räume des Südflügels, der in seiner Mitte den Theater- oder Sebastianssaal aufnimmt, waren Gastzimmer und wurden ebenfalls zur Abtei gerechnet, obwohl sich hier keine Privaträume des Abtes mehr befanden. Die gesamte Abtei (d. i. der Südflügel mit den flankierenden Pavillons) ist als Repräsentationstrakt des Klosters im Gegensatz zum Konventhaus (im Nordflügel) zu verstehen, weshalb sich im Konventtrakt auch bedeutend weniger Stuckdekorationen und Fresken befinden [289].

Die von Schmuzer stuckierten Räume befinden sich laut Archivalie im unteren Eckflügel des Abteitraktes, womit nur der Südostpavillon gemeint sein kann. Wohl aufgrund eines Überlieferungsfehlers wird als Baujahr dieses Pavillons allgemein das Jahr 1769 angenommen, als sich das Reichsstift auf den Besuch der österreichischen Erzherzogin Marie Antoinette vorbereitete, die 1770 auf ihrem Brautzuge von Wien nach Paris in Obermarchtal Quartier nahm. Es kann sich dabei aber nur um Umgestaltungen und Neuausstattungen im Inneren des Pavillons gehandelt haben; die Erbauung ist jedenfalls früher anzusetzen, was ja schon das für Schmuzers Tätigkeit belegte Jahr »1763« beweist. Berücksichtigt man ferner die Baugesinnung barocker Reichsprälaten, so erscheint es höchst unwahrscheinlich, daß eine schnell und einheitlich emporgeführte Klosteranlage ohne jeden ersichtlichen Grund jahrelang wegen eines fehlenden Pavillons unvollendet geblieben sein soll, zumal da diesem Pavillon eine äußerst wichtige Funktion als Abschluß der Schaufront des Südflügels zukommt [290]. Möglicherweise ist der Südostpavillon bereits im Zuge der Errichtung des Südflügels von 1737 an aufgeführt worden; mit noch größerer Wahrscheinlichkeit aber fällt seine Erbauung in die Amtszeit Abt Edmunds II. (1746–1768), der die mächtige Klosteranlage mit dem Bau des Osttrakts vollendete. Somit wäre der Pavillon nicht erst 1769, sondern bereits in der 1747 einsetzenden letzten Bauphase entstanden.

289 So wurde lediglich die im Nordostpavillon eingerichtete Infirmerie nach 1747 mit Stuck und Fresken geschmückt. Der Bildschmuck hat sich leider nicht erhalten; er stammte von Joseph Ignaz Appiani »Kunstmahlern von Maintz«, der 1751 für Arbeiten im Refektorium, sowie »fir die Stiege im Krankenhaus und dasige 2 Capellen« 300 fl erhalten hat (Amtsbücher Kloster Marchtal Nr. 20). Die Stukkaturen können einwandfrei Francesco Pozzi zugewiesen werden (vgl. auch KDM Württemberg I, S. 155): die leichten, gefälligen Dekorationen in ehemaliger Kapelle, sog. »Vier-Jahreszeiten-Zimmer« und den Gängen greifen den Bandwerkstil der zwanziger und dreißiger Jahre auf – teilweise mit Rocaillebildungen durchsetzt – und erinnern in der Motivauswahl (Draperien, Lambrequin-»Schirme«, geflügelte Drachen) an den Dekorationsstil des Münchener Hofes zur Cuvilliés-Zeit. Sehr ähnlich sind die Stukkaturen im Bürgersaal des Rathauses von Bischofszell (Kanton Thurgau), die Pozzi zusammen mit seinen Söhnen um 1750 angetragen hat (siehe Albert Knoepfli, Bischofszell (Kunstführer), Basel 1975, S. 17). – Der bedeutendste Saal im Kloster Obermarchtal ist das Refektorium im Mittelrisalit des Ostflügels mit Fresken von J. I. Appiani und reichem Rocaillestuck von Francesco Pozzi, um 1752–1754. – Bei den vorzüglichen und teils sehr originellen Stukkaturen im Südflügel könnte neben F. Pozzi, der 1756 als restlichen Betrag für die Gastzimmer 24 fl erhalten hat (Amtsbücher Kloster Marchtal Nr. 21), auch Johann Schütz beteiligt gewesen sein (frdl. Mitteilung von Dr. Karl Kosel).

290 Nach Amtsbuch Kloster Marchtal Nr. 20 wurde der Osttrakt 1749 im Rohbau fertiggestellt; von 1751 an sind Ausgaben für die Innenausstattung verzeichnet. Da der angeblich zum Baubeginn des Pavillons als Anlaß dienende Besuch Marie Antoinettes (am 1. Mai 1770) dem Kloster erst sechs Wochen vorher bekannt wurde (Spahr II, S. 52), hätte die Klosteranlage grundlos über 20 Jahre lang unvollendet dagestanden.

Schmuzers Stukkaturen in den Räumen des Südostpavillons (Abb. 121, 122) geben im Vergleich mit seinen Arbeiten in Seekirch und Krün das relativ späte Datum ihrer Entstehung (1763) in noch deutlicherer Weise zu erkennen. Dafür sprechen nicht nur die sparsame Verteilung des Stuckwerks (die Dekoration konzentriert sich auf die Hohlkehlen, die Deckenspiegel bleiben frei), sondern auch die Behandlung der einzelnen Motive, die sich von allen früheren Werken Schmuzers unterscheidet und auch von seiner letzten bekannten Dekoration in Ammerhof absticht. Zwar sind uns die hier vornehmlich verwendeten C-Bögen mit daraus hervorwachsenden einzelnen Blättchen samt den zerfaserten schlanken Blattwedeln prinzipiell bekannt, und auch die duftigen Blumenranken begegneten uns in dieser Form spätestens im Ettaler Chorsaal; was aber die Obermarchtaler Stukkaturen von anderen Arbeiten Schmuzers unterscheidet, ist eine unvergleichliche Leichtigkeit und Delikatesse, die dem intimen Charakter der Räume vollauf gerecht wird. Die in Türkenfeld einsetzende Reduzierung der Rocaillen zugunsten des Blattwerks erreicht hier ihren Höhepunkt, da die C-Formen bis auf wenige Ausnahmen wie glattes Bandwerk behandelt sind und die ihnen entspringenden Verzierungen durchweg aus Blattwerk bestehen. Die breitformatigen Kartuschen (als Betonung der Mittelachsen und der Diagonalen) mit ihrer leichten Asymmetrie wirken fast wie unabsichtlich hingeworfen und offenbaren gerade darin eine Virtuosität des 50jährigen Schmuzer, die innerhalb seines Spätwerks einzigartig ist. Daß die Oberfläche der Ornamente nicht so fein bearbeitet wirkt, wie es sonst bei Schmuzer üblich ist, mag an einer unsachgemäßen Übermalung der Stukkaturen liegen.

Immer wieder werden Franz Xaver Schmuzer die beiden Stuckmarmoraltäre in den Chorseitenschiffen der ehemaligen Klosterkirche Obermarchtal (1757–1759) zugeschrieben [291]. Wie die Durchsicht der Amtsbücher Kloster Marchtal Nr. 21 und Nr. 22 ergab, handelt es sich dabei um archivalisch gesicherte Werke Johann Georg Übelhers. Tatsächlich haben die Altäre wenig mit Schmuzers überlieferten Altarbauten gemeinsam; sie weisen dagegen deutliche Übereinstimmungen mit Übelhers gleichzeitig entstandenem Marien- und Laurentiusaltar am Choreingang der St. Lorenzkirche in Kempten auf.

Die ehemalige Pfarrkirche St. Andreas in Ammerhof 1766

Im 16. Jahrhundert wurde der bei Tübingen gelegene Ammerhof von der Reichsabtei Marchtal als Absteigehaus für Gäste des Stifts erworben [292]. 1639 starb hier auf der Flucht vor den Wirrnissen des Krieges der Marchtaler Abt Engler [293], dessen Wappen von 1616 auch das Westportal der Seekircher Pfarrkirche ziert. Er wurde in der kleinen, zu Beginn des 17. Jahrhunderts errichteten Ammerhofer Kapelle beigesetzt. 1707 erhielt der Ammerhof eine eigene Statthalterei. Sie wurde von einem Mönch des Klosters versehen, der auch die niedere Gerichtsbarkeit ausübte. Unter Abt Ulrich erfolgte ein Neubau der Kirche, der 1736 geweiht wurde [294]. Nach der Erhebung Ammerns zu einer Pfarrei 1749 beauftragte das Kloster unter seinem baufreudigen Abt Edmund II. 1765 seinen

291 Thieme-Becker XXX, S. 181; Lieb/Hirmer, S. 145; Schefold, S. 15; Hager I, S. 438; KKF Nr. 139, S. 4; Spahr II, S. 49; Hitchcock II, S. 250, Anm. 53.
292 Schefold, S. 6.
293 Boeck I, S. 12.
294 Ebd.

Maurermeister Tiberius Mosbrugger, die bestehende Kirche umzubauen: »Dises 1765. Jahr ist das Pfarrkirchl zu Amerhof mit von Grund aufgebauten Chor- und thürnl, wie auch mit erhöhung desßelben, und newen Fenstern schier gantz new hergestellet worden« [295]. Franz Xaver Schmuzer und der Maler Johann Anton Veeser aus Andelfingen schmückten den Innenraum [296]. Nach der Aufhebung des Klosters Marchtal 1803 und der Auflösung der Pfarrei Ammern 1807 wurde die profanierte Ammerhofer Kapelle 1810 durch Einziehen einer Zwischendecke in eine Scheune umgewandelt (Abb. 123) [297].

Diese letzte bekannte Stuckdekoration Schmuzers unterscheidet sich stilistisch kaum von den rund zehn Jahre älteren Beispielen in Türkenfeld, Schmiechen und Iffeldorf. Die Kartuschen in den Chorkuppelpendentifs gehen mit ihrem stark eingezogenen unteren Teil formal auf die Iffeldorfer Chorkartuschen zurück [298]. Auf dem Kuppelring, der noch Reste einer Bemalung erkennen läßt, sitzen in den Mittelachsen Rocailleornamente, auf deren Ähnlichkeit mit Türkenfeld und Maria Steinbach bereits verwiesen wurde [299].

Der Rahmen des Langhausfreskos, auf dem ebenfalls noch Spuren von goldfarbiger Bemalung vorhanden sind, ist aus vier geschweiften Teilen zusammengesetzt, die an den Enden volutenartig eingerollt sind und dort durch C-förmige Rocaillen verbunden werden [300].

Die in der Hohlkehle über dem Chorbogen angebrachte Wappenkartusche wiederholt die Form der Rocaillekartusche, die sich am Außenbau über dem Eingangsportal befindet. Sie besteht aus vier, in Kleeblattform zueinander gerichteten Rocaillebögen mit gebogenen Rändern. Die recht dünnen und wenig ausladenden Blattwedel an den Seiten umschließt ein lockerer Reif, der dem Muschelwerk entspringt. Der obere Teil der Kartusche endet in einem Muschelwerkring (kein Knorpelring), um den herum die noch schwach erkennbaren gemalten Insignien Stab, Inful und Schwert angeordnet sind.

Die dreipaßförmigen Kartuschen mit geschuppten Innenfeldern (an den Langseiten), von denen kurze, im Halbkreis geschwungene Blumenranken ausgehen, weisen besonders an den unteren C-Rocaillen eigenartig geformte Stucktropfen auf, die beinahe wie Eiszapfen aussehen. Bei den Kartuschen in den Ecken des Langhauses, die mit emblematischen Darstellungen ausgemalt sind, ist der untere Teil nochmals als kleine, eingezogene Kartusche gestaltet (vgl. Kappel), die den jeweiligen lateinischen Sinnspruch aufnimmt (Abb. 124). Die in ihrer Gesamtform an einen abgeflachten Vierpaß erinnernden Kartuschen bestehen aus unregelmäßig ausgefranstem Muschelwerk, das mit dünnem, faserigem Blattwerk sparsam durchsetzt ist. Sie sind für Schmuzers Stil nicht kennzeichnend und daher innerhalb seines Schaffens auch ohne Vorbild.

295 Amtsbücher Kloster Marchtal Nr. 23, S. 141. Zitiert auch bei Boeck II, S. 36.
296 Siehe Quellendokument 13.
297 Boeck I, S. 12.
298 Auch die ovalen Tupfen, die dem minuziös ausgearbeiteten Muschelwerk aufgelegt sind, wurden in Iffeldorf häufig verwendet.
299 Siehe S. 60 und Anm. 233.
300 Im Aufbau ganz ähnlich war der Rahmen des Osterzeller Langhausfreskos, nur daß die phantasievollen Rocailleornamente zwischen den einzelnen Profilleisten hier auf einen kleinen Rocaillebogen reduziert sind.

ZUSAMMENFASSUNG UND WÜRDIGUNG

Zur stilistischen Entwicklung in Schmuzers Werk

Franz Xaver Schmuzers Hauptschaffenszeit fällt in die Jahre 1735 bis 1766. Zählt man die großen, zwischen 1730 und 1735 entstandenen Kirchenbauten Joseph Schmuzers hinzu [301], in denen er nach dem Entwurf des Vaters im Trupp mitgearbeitet und so erste praktische Erfahrungen gesammelt haben könnte, so umfaßt sein Wirken einen Zeitraum von rund 35 Jahren.

Unter dem Einfluß seines Onkels Franz und seines Vaters Joseph arbeitete der junge Schmuzer zunächst in zeitgemäßen Régenceformen. Den Höhepunkt dieses zwischen Barock und Rokoko vermittelnden Dekorationsstils erreichten die Schmuzer in den 1737/38 stuckierten Ostteilen der Rottenbucher Stiftskirche.

Franz Xaver Schmuzers erstes gesichertes Auftreten in Rottenbuch und Oberammergau zeigt ihn uns in der Position eines Paliers, der dem Stukkatorentrupp vorstand und den Ablauf der Arbeiten überwachte. Ohne selbst schöpferisch entscheidend bei diesen Dekorationen (die nach dem Entwurf Joseph Schmuzers ausgeführt wurden) mitgewirkt zu haben, vervollkommnete Schmuzer hier seine technischen Fähigkeiten und übertraf bereits als 23jähriger in dieser Hinsicht die übrigen Stukkatoren [302]. Zu dem übernommenen älteren Formenschatz [303] gesellten sich nun vor allem großzügig geschwungene Muschelwerkbögen, volutenartig eingerolltes Band- und Blattwerk, reich profilierte Leistenrahmen bzw. mit Ornamenten besetzte Freskorahmen, ausgeprägte Palmwedel [304] und Blumengirlanden sowie das Motiv der geflügelten Engelsköpfchen auf Wolken (be-

301 Bei den Stuckausstattungen der genannten Bauten (Welden, Garmisch, Maria Aich, Gablingen, Partenkirchen), die alle von Joseph Schmuzer entworfen und wohl teilweise auch von ihm selbst ausgeführt worden sind, wurde der Formenschatz aus der eingedeutschten Régence angewendet: Bandwerk mit begleitendem Laubwerk und Gitterfüllungen, Palmetten, eingestreute Blüten, Blumenvasen und vegetabilische Gehänge. Auf Muschelwerk wurde weitgehend verzichtet. Vgl. Brandis, S. 124. – Nach Brandis, S. 122, Anm. 176, treten Gitterwerkfüllungen erstmalig 1717 in der Dekoration des nördlichen Vorzimmers im Münchener Schloß Nymphenburg auf. Sie stammen aus dem französischen Formenkreis und werden vor allem durch die ornamentalen Vorlagen des Daniel Marot (1661–1718) verbreitet. 1719 verwendete Dominikus Zimmermann Gitterfelder mit Rosettenfüllung neben verschlungenen Bandwerkfigurationen im Festsaal von Kloster Neresheim (Thon, Anm. 736).

302 Das beweist die Bemerkung Joachim Hoffmairs, wonach der junge Schmuzer die anderen Stukkatoren an Schnelligkeit, Fleiß und technischem Können übertroffen haben soll (siehe S. 123 und S. 12, Anm. 23).

303 Vgl. S. 15 f., 107 und Anm. 301.

304 Brandis, S. 77, weist darauf hin, daß die palmettenartigen Blattwedel von den Oberitalienern eingeführt wurden.

Oberammergau.
Langhauskartusche,
1739/40

Eismerszell.
Kartuschen des
Langhauses, 1740

Winkl.
Langhauskartusche,
um 1747/48

Osterzell.
Langhauskartusche,
1750

sonders als Bekrönung der Stichkappenscheitel)[305]. In Oberammergau, wo filigranhafte, mit pflanzlichen Elementen durchsetzte Bandwerkornamentik vorherrscht, mag das für die Zeit (1739/40) ungewöhnliche Fehlen jeglicher Rokoko-Ornamentik zunächst verwundern, doch enthielt sich beispielsweise auch Johann Baptist Zimmermann in seinen Sakraldekorationen bis in die Mitte der vierziger Jahre weitgehend typischer Rocaillebildungen[306].

Um 1740 – mit der Stuckierung der dem Kloster Wessobrunn inkorporierten Filialkirche in Eismerszell – ist in mancher Hinsicht eine Loslösung vom Dekorationsstil des Vaters zu beobachten und damit gleichzeitig der Beginn einer selbständigen Tätigkeit F. X. Schmuzers anzusetzen. Am deutlichsten offenbart sich die Weiterentwicklung traditioneller Motive bei den Kartuschen und den Scheitelpalmetten. Die entscheidende Kartuschenform, die Schmuzer zur Weiterentwicklung geeignet schien, findet sich in Oberammergau. Sie kommt ferner in Mittenwald (Chor) und Eismerszell, später auch in Weingarten (Raum 210), Pfaffenhausen, Hohenpeißenberg, Winkl, Petzenhausen und

305 Das Motiv der geflügelten Engelsköpfe auf Wolken verwendeten die Schmuzer von 1737 bis 1755 (Rottenbuch, Oberammergau, Mittenwald, Pfaffenhausen, Hohenpeißenberg, Winkl, Osterzell, Kappel, Türkenfeld, Hausen, Iffeldorf). Mit Ornamenten besetzte Stichkappengrate kommen vorwiegend in den älteren Dekorationen von 1735 bis 1748 vor (Partenkirchen, Rottenbuch, Mittenwald, Hohenpeißenberg, Winkl), während das Stucktropfenmotiv seit 1748 bis 1766 regelmäßig auftaucht (Winkl, Ettal, Türkenfeld, Zankenhausen, Hausen, Schmiechen, Iffeldorf, Seekirch, Krün, Ammerhof).

306 Siehe auch S. 81 f. und Anm. 322.

Osterzell vor. Von den Osterzeller Kartuschen reicht dann eine Querverbindung nach Schmiechen (Chor). Während später die Kartuschen in der Kappel vorbildlich auf Ettal (Chorsaal), Iffeldorf (Langhaus) und Seekirch (Chor) gewirkt haben, beeinflußten die Türkenfelder Kartuschen diejenigen in Hausen, Schmiechen (Langhaus), Iffeldorf (Chor) und Seekirch. Die Iffeldorfer Chorkartuschen wiederum tauchen etwas vereinfacht im Ammerhofer Chor auf:

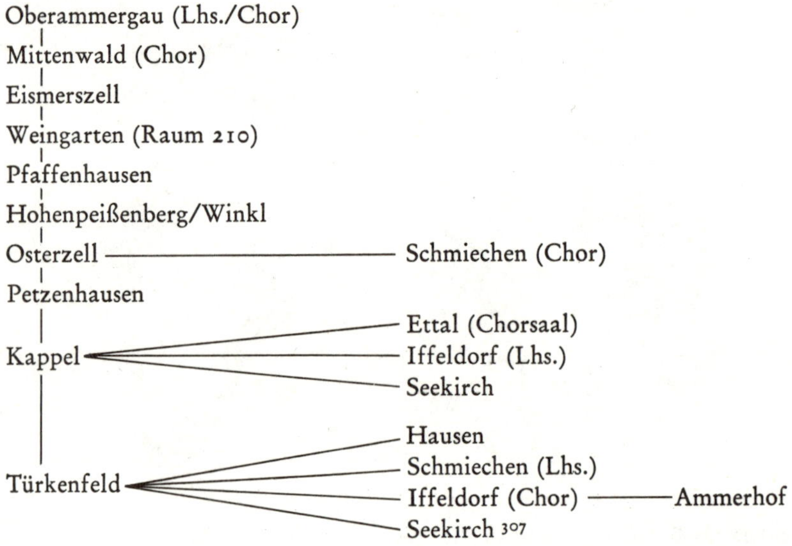

Das wie Flammen emporzüngelnde Blattwerk der Scheitelpalmetten, das in Ansätzen bereits in Oberammergau und Mittenwald aufgetaucht ist, erlebt in Eismerszell seine endgültige Ausformung, die für Schmuzers Dekorationen der vierziger und frühen fünfziger Jahre bestimmend blieb.

In diesem Zusammenhang sei auch kurz auf die Form von Schmuzers Deckenbildrahmen und Stichkappenfüllungen eingegangen: Schmuzer verwendete in mehreren Kirchen jeweils gleiche Freskorahmen, so in a) Oberammergau (Lhs.), Winkl (Lhs.), Hausen (Chor) und Schmiechen (Chor); b) Eismerszell (Chor) und Rottenbuch (Seitenschiff); c) Eismerszell (Lhs.) und Weingarten (Raum 213); d) Kappel (Lhs.) und Pfarrkirche Petzenhausen (Lhs.); e) Ettal (Chorsaal) und Zankenhausen (Lhs.). Einander ähnliche Rahmenformen finden sich in a) Osterzell (Lhs.) und Ammerhof (Lhs.); b) Frauenkirche Petzenhausen (Lhs.) und Iffeldorf (Chor und Lhs.). Vierpaßförmige Deckenfresken kommen in Rottenbuch (Qhs.), Weingarten (Raum 211/212), Kappel (Chor), Eching (Lhs.) und Seekirch (Chor) vor; runde Deckenspiegel in Rottenbuch (Vierung), Weingarten (Raum 110 und Audienzsaal), Winkl (Chor), Pfarrkirche Petzenhausen

307 Zur allgemeinen Entwicklung der Kartuschenform seit dem 16. Jh. vgl. Brandis, S. 154–159.

(Chor), Eching (Chor) und Zankenhausen (Chor), ferner in den meisten Kuppelräumen. Miteinander verwandte Stichkappenfüllungen finden sich in a) Eismerszell, Kappel und Türkenfeld (jeweils Chor und Lhs.); b) Gablingen, Rottenbuch, Oberammergau und Eismerszell (alle Lhs.); c) Winkl, Osterzell und Türkenfeld (alle Chor); d) Osterzell, Türkenfeld und Iffeldorf (alle Chor); e) Kappel und Iffeldorf (Lhs.).

Mit der Umgestaltung des Rottenbucher Langhauses (1741–45) setzte sich bei Joseph und Franz Xaver Schmuzer endgültig die Rocaille durch. Das Überschäumende, Sprühende, Lebendige dieses Ornamentmotivs, das, in Frankreich entwickelt, erst in Deutschland zu seiner höchsten Vollendung gelangte[308], entfaltet sich hier erstmals in einem Sakralraum zu solch vielfältiger und abwechslungsreicher Gestalt. Blatt- und Muschelwerk werden mit feiner Kerbung, hervortretenden Rippen, umgebogenen Spitzen und Rändern fast gleichartig behandelt. Charakteristisch sind neben spitz zulaufenden, ausgefransten oder knorpeligen Teilen auch wellenartig gebogene Muschelwerksäume und C-förmige Rocaillen, die mit Pfeifen, Eiern, Punkten, Glöckchen, Rosetten, Blütengirlanden etc. belebt sind. Originell sind die kleinen Rocaillekapitelle in den Seitenschiffen, die Schmuzer in seinen folgenden Dekorationen zu eleganten asymmetrischen Blatt-Rocaille-Lösungen weiterentwickelte[309].

Die 1747/48 von Vater und Sohn Schmuzer mit prachtvollen Stukkaturen verschwenderisch ausgestattete Gnadenkapelle auf dem Hohenpeißenberg knüpft mit ihrem reich bewegten Blatt- und Rocaillewerk, den feinen Gitternetzen, den zierlichen Rocaillevasen und den zarten Blütengirlanden an den Rottenbucher Emporenbereich an und mutet wie eine Wiederholung der Stiftskirchendekoration auf kleinerem Raum an. Bewundernswert ist, wie zwar »die Motive untereinander formale Ähnlichkeiten und Übereinstimmungen in den Details aufweisen, die Ornamente zweier Kirchen aber doch nie identisch sind«[310].

Das Hauptwerk der ersten Phase selbständigen Schaffens, das neben der technischen Meisterschaft auch den Einfallsreichtum und das kompositorische Geschick des inzwischen zum Meister avancierten jungen Schmuzer beweist, sind die 1743 vollendeten Räume in der Prälatur des Benediktinerklosters Weingarten. Diese vornehmlich von der Rottenbucher Mittelschiffsdekoration beeinflußten Stukkaturen, die aus Band-, Blatt-, Gitter- und Rocaillemotiven bestehen und neben vielen Blumenranken auch blütengefüllte Rocaillevasen und Springbrunnen aufweisen, haben selbst auch vorbildlich gewirkt. Das beweisen die nicht nur in ihrer Wandgliederung vom Weingartener Bischofs-

308 Bauer, S. 61 ff. Brandis betont, daß die Bereitschaft zu Neubildungen bei den süddeutschen Stukkatoren bereits vorhanden ist, bevor Cuvilliés, der angebliche und alleinige Vermittler der neuen Formgedanken aus Frankreich, von München aus seinen Einfluß geltend machen kann. Als Beispiel führt sie die Wallfahrtskirche in Steinhausen an, die 1729–1732 von den Brüdern Zimmermann dekoriert wurde.
309 Vielleicht dienten die asymmetrischen Blattkompositionen auf den Türpfeilern des Audienz- und des Schlafzimmers in der Kemptener Residenz als Vorbild für Schmuzers Rocaillekapitelle. Siehe Schnell I, Abb. 8, 9, 36, 37. Zu Petzets Neuzuschreibungen der fürstäbtlichen Räume an Johann Schütz vgl. Anm. 210.
310 Pflüger, S. 104.

zimmer abhängige Gnadenkapelle auf dem Hohenpeißenberg sowie der Rottenbucher Emporenbereich, für dessen elegante Stuckdekoration Weingarten als unmittelbare Vorstufe anzusehen ist.

Das fruchtbarste Jahrzehnt des 18. Jahrhunderts, in dem in Süddeutschland kaum ein Kloster zu finden ist, das nicht mit einem Neubau oder einer Umgestaltung beschäftigt gewesen wäre, ist das Jahrzehnt zwischen 1750 und 1760. Auch von F. X. Schmuzers insgesamt 24 Dekorationen ist über ein Drittel in dieser Zeit entstanden. Mit der im Auftrage des Klosters Rottenbuch in den Jahren 1750/51 erfolgten Stuckierung der Pfarrkirche in Osterzell und der Wallfahrtskirche Kappel bei Unterammergau beginnt Schmuzers zweite Stilphase, die sich bis etwa 1760 verfolgen läßt (weitere bedeutende Werke in Petzenhausen, Ettal, Türkenfeld und Schmiechen). Sie zeichnet sich durch eine vielfältigere Behandlung des traditionellen Muschelwerks aus und bevorzugt knorpelartig verdickte, wulstige Rocaillegebilde. Teigartig geknetete, eingerollte Muschelwerkränder wechseln mit Knorpelringen (das sind plastische Bögen aus versteinert wirkendem Muschelwerk), Rocaille»ohren« (seitlich an Kartuschen angefügte C-Bögen) und fächerartig ausgebreitetem Blattwerk ab. Vorwiegend von den Elementen der Kappel-Dekoration lassen sich auch die von Schmuzer stuckierten Teile in der nach einem Brand von 1745 an von Joseph Schmuzer wiederaufgebauten Klosterkirche zu Ettal ableiten. Diese archivalisch nicht belegte Arbeit F. X. Schmuzers, die er zusammen mit seinem Schwager Johann Georg Übelher ausführte, ist in den Jahren 1752/53 entstanden. Seit Ettal behauptet sich in beinahe jeder der folgenden Stuckdekorationen Schmuzers das bereits 1748 in Winkl eingeführte Stucktropfenmotiv, das kaum ein anderer Wessobrunner Meister mit dieser Regelmäßigkeit verwendet hat [311].

Die reiche Stuckausstattung der zu Kloster Wessobrunn gehörenden Pfarrkirche in Iffeldorf wird zwar noch von vielen Merkmalen der zweiten Stilphase gekennzeichnet, es fehlen aber zum Beispiel die gekneteten Wülste, die knotenartig verdickten Ränder und Knorpelringe, an deren Stelle glatte C-Bögen getreten sind. Das Muschelwerk ist mit seinen einzelnen umgebogenen Spitzen dem früheren Blattwerk angenähert. Die Wiederverwendung älterer Motive (stilisierte Scheitelpalmetten, in Blattranken endende C-Bögen) läßt erkennen, daß der Höhepunkt der Rocailleentwicklung bei Schmuzer um 1755 erreicht worden ist und sich danach allmählich eine rückläufige Bewegung abzeichnet. Schmuzer geriet dabei allerdings nicht (wie beispielsweise Thassilo Zöpf) in klassizistische Bahnen, sondern er reduzierte die schmückenden und füllenden Elemente (geflügelte Engelsköpfe, Blütengirlanden, Blattwedel, Stichkappenfüllungen etc.) und griff wieder mehrfach auf ältere Motive zurück. Schmuzers Spätwerke sind relativ sparsame Dekorationen, die sich auf die Betonung der Hauptachsen, auf Eckkartuschen und Fensterbekrönungen konzentrieren. Seine letzte archivalisch gesicherte Arbeit, die 1766 entstandene Dekoration der Ammerhofer Kapelle bei Tübingen unterscheidet sich stilistisch kaum von den rund zehn Jahre älteren Beispielen reifer Rokoko-Ornamentik.

311 Siehe Anm. 157 und Anm. 305.

1 Partenkirchen, Wallfahrtskirche St. Anton. Gewölbe des Oktogons, 1735/36

2 Partenkirchen, Wallfahrtskirche St. Anton. 1735/36

3 Rottenbuch, ehem. Klosterkirche. Inneres gegen Osten, 1737–45

4 Dießen, ehem. Klosterkirche. Kuppelkartusche, Stukkatorengem. Feichtmayr-Übelher, 1735/36

5 Rottenbuch, ehem. Klosterkirche. Vierungskartusche, 1737/38

6 Rottenbuch, ehem. Klosterkirche. Südliches Querhaus, 1737/38

7 Rottenbuch, ehem. Klosterkirche. Detail der Langhausdekoration, 1741/42

8 Rottenbuch, ehem. Klosterkirche. Detail der Langhausdekoration, 1741/42

9 Rottenbuch, ehem. Klosterkirche. Detail der Langhausdekoration, 1741/42

10 Rottenbuch, ehem. Klosterkirche. Pilasterkapitell, 1741/42

11 Rottenbuch, ehem. Klosterkirche. Seitenschiffskapitell, 1742/44

12 Rottenbuch, ehem. Klosterkirche. Detail einer Kartusche im nördlichen Querhaus, 1737/38

13 Rottenbuch, ehem. Klosterkirche. Gewölbe des nördlichen Seitenschiffs, 1744

14 Holzhausen, Pfarrkirche St. Johannes Baptist. Chordekoration der Schmuzer-Werkstatt (Zuschreibung), 1739

15 Bidingen, Pfarrkirche St. Pankratius. Dekoration der Schmuzer-Werkstatt, 1738

16 Bidingen, Pfarrkirche St. Pankratius. Dekoration der Schmuzer-Werkstatt, 1738

17 Oberammergau, Pfarrkirche St. Peter und Paul. Inneres gegen Osten, 1739/40

18 Oberammergau, Pfarrkirche St. Peter und Paul. Kapitell am Chorbogen, 1739/40

19 Oberammergau, Pfarrkirche St. Peter und Paul. Langhauskapitelle, 1739/40

20 Oberammergau, Pfarrkirche St. Peter und Paul. Detail der Langhausdekoration, 1739/40

21 Mittenwald, Pfarrkirche St. Peter und Paul. Wappenkartusche am Chorbogen, 1739/40

22 Mittenwald, Pfarrkirche St. Peter und Paul. Inneres nach Westen, 1739/40

23 Eismerszell, Filialkirche St. Georg. Kanzel von Thassilo Zöpf (Zuschreibung), um 1770/75

24 Eismerszell, Filialkirche St. Georg. Inneres nach Osten, 1740

25 Eismerszell, Filialkirche St. Georg.
Westempore, Stukkaturen von Thassilo Zöpf (Zuschreibung), um 1770/75

26 Weingarten, Benediktinerkloster. Treppenhaus im Akademietrakt (Ostflügel), Stukkaturen von Franz I Schmuzer, 1729–32

27 Weingarten, Benediktinerkloster. Wintersakristei, Stukkaturen von Franz I Schmuzer, 1729–32

28 Weingarten, Benediktinerkloster. Raum 127 in der ehem. Prälatur, Stuck von Johann Jakob Schwarzmann (Zuschreibung), um 1770

29 Weingarten, Benediktinerkloster. Raum 129 in der ehem. Prälatur, Stuck von Johann Jakob Schwarzmann (Zuschreibung), um 1770

30 Weingarten, Benediktinerkloster. Raum 119 in der ehem. Prälatur, nordöstl. Kartusche »Element Erde« von Johann Jakob Schwarzmann (Zuschr.), um 1770

31 Weingarten, Benediktinerkloster. Raum 127 in der ehem. Prälatur, Stuck von Johann Jakob Schwarzmann (Zuschreibung), um 1770

32 Weingarten, Benediktinerkloster. Raum 108 in der ehem. Prälatur, Stuck von Franz Xaver Schmuzer, 1742/43

33 Weingarten, Benediktinerkloster. Raum 115 in der ehem. Prälatur, Stuck von F. X. Schmuzer, 1742/43

34 Weingarten, Benediktinerkloster. Raum 115 in der ehem. Prälatur, Stuck von F. X. Schmuzer, 1742/43

35 Weingarten, Benediktinerkloster. Raum 111 in der ehem. Prälatur, Stuck von F. X. Schmuzer, 1742/43

36 Weingarten, Benediktinerkloster. Raum 114 in der ehem. Prälatur, Stuck von F. X. Schmuzer, 1742/43

37 Weingarten, Benediktinerkloster. Raum 115 in der ehem. Prälatur, Stuck von F. X. Schmuzer, 1742/43

38 Weingarten, Benediktinerkloster. Raum 207 in der ehem. Prälatur, Stuck von F. X. Schmuzer, 1742/43

39 Weingarten, Benediktinerkloster.
Raum 210 (sog. Bischofszimmer) in der ehem. Prälatur, Stuck von Franz Xaver Schmuzer, 1742/43

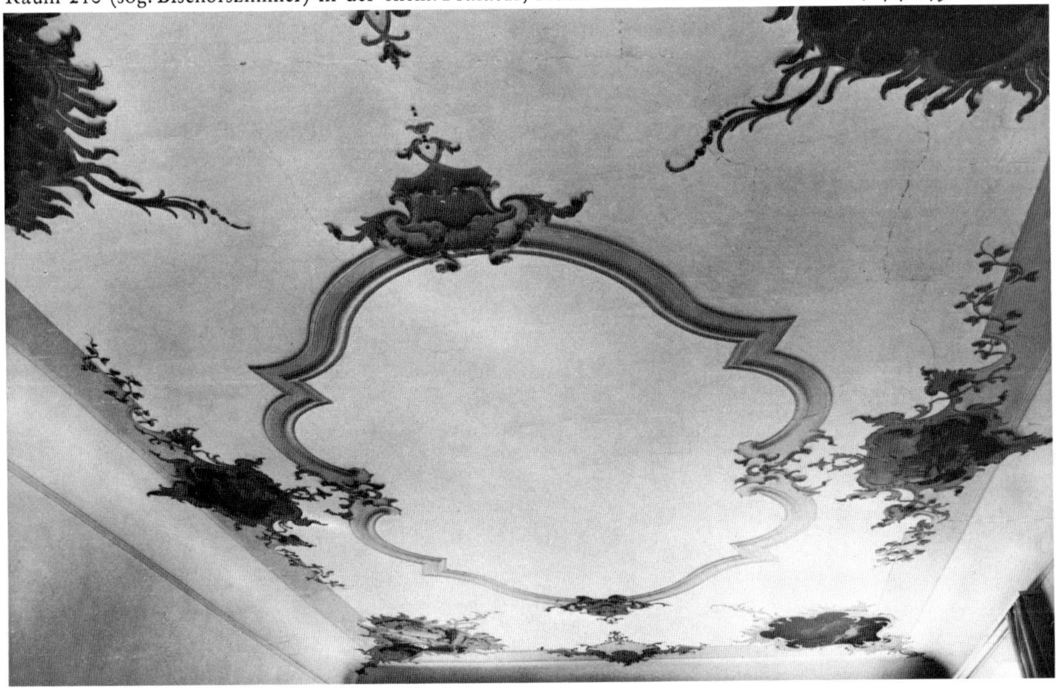

40 Weingarten, Benediktinerkloster.
Raum 213 in der ehem. Prälatur, Stuck von Franz Xaver Schmuzer, 1742/43

41 Weingarten, Benediktinerkloster. Raum 213 in der ehem. Prälatur, Stuck von Franz Xaver Schmuzer, 1742/43

42 Weingarten, Benediktinerkloster. Raum 215 (Audienzsaal) in der ehem. Prälatur, Stuck von Franz Xaver Schmuzer, 1742/43

43 Weingarten, Benediktinerkloster.
Raum 213 in der ehem. Prälatur, Stuck von Franz Xaver Schmuzer, 1742/43

44 Weingarten, Benediktinerkloster.
Raum 215 (Audienzsaal) in der ehem. Prälatur, Stuck von F. X. Schmuzer, 1742/43

45 Weingarten, Benediktinerkloster.
Raum 215 (Audienzsaal) in der ehem. Prälatur, Stuck von F. X. Schmuzer, 1742/43

46 Steingaden, ehem. Klosterkirche, zwischen 1740 und 1742

47 Steingaden, ehem. Klosterkirche. 1740/42

48 Steingaden, ehem. Klosterkirche. Detail der Orgelempore, um 1740/42

49 Steingaden, ehem. Klosterkirche. 1740/42

50 Pfaffenhausen, Seminarkapelle St. Ulrich. Blick auf die Nordwand, 1746

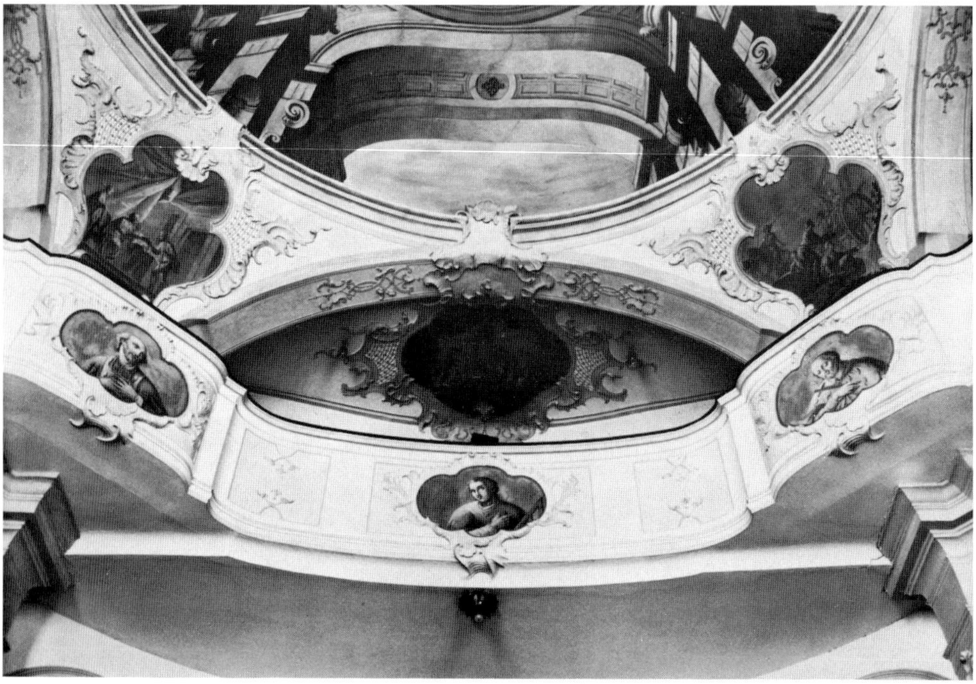

51 Pfaffenhausen, Seminarkapelle St. Ulrich. Westempore, 1746

52 Pfaffenhausen, Seminarkapelle St. Ulrich. Kapitelle, 1746

53 Hohenpeißenberg, Gnadenkapelle. Chor, 1747/48

54 Hohenpeißenberg, Gnadenkapelle. Kapitell, 1747/48

55 Hohenpeißenberg, Gnadenkapelle. Kapitell, 1747/48

56 Hohenpeißenberg, Gnadenkapelle. Türumrahmung, 1747/48

57 Ettal, Klosterkirche. Türumrahmung, um 1752/53

58 Hohenpeißenberg, Gnadenkapelle. Wappenkartusche am Chorbogen, 1747/48

59 Osterzell, Pfarrkirche St. Stephan. Wappenkartusche am Chorbogen, 1750

60 Hohenpeißenberg, Gnadenkapelle. Inneres nach Westen, 1747/48

61 Winkl, Pfarrkirche St. Peter und Paul. Langhausdekoration, um 1747/48

62 Winkl, Pfarrkirche St. Peter und Paul. Langhauskartusche, um 1747/48

63 Winkl, Pfarrkirche St. Peter und Paul. Langhauskartusche, um 1747/48

64 Petzenhausen, Filialkirche Unserer Lieben Frau.
Chordekoration von Franz I Schmuzer, zwischen 1736 und 1738

65 Irsee, ehem. Benediktinerkloster.
Treppenhaus im Westflügel mit Stukkaturen von
Franz I Schmuzer (Zuschreibung), um 1730/35

66 Ilgen, Wallfahrtskirche Mariä Heimsuchung.
Seitenkapellen mit Stukkaturen von
Franz I Schmuzer (Zuschreibung), um 1735

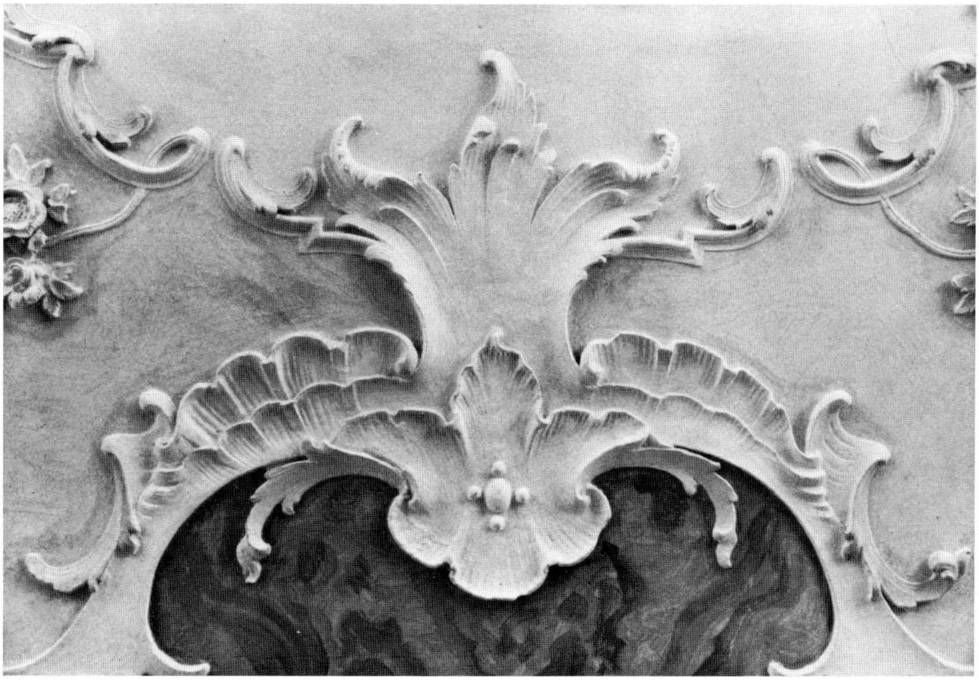

67 Petzenhausen, Filialkirche Unserer Lieben Frau. Detail der Langhausdekoration, 1748

68 Petzenhausen, Filialkirche Unserer Lieben Frau. Detail der Langhausdekoration, 1748

69 Petzenhausen, Pfarrkirche St. Peter und Paul. Chordekoration 1749, Langhausdekoration 1751/52

70 Petzenhausen, Pfarrkirche St. Peter und Paul. Chordekoration 1749, Langhausdekoration 1751/52

71 Petzenhausen, Pfarrkirche St. Peter und Paul. Langhauskartusche und Kapitell, 1751/52

72 Petzenhausen, Pfarrkirche St. Peter und Paul. Chor mit Choraltar von Franz Xaver Schmuzer, 1755–57

73 Petzenhausen, Pfarrkirche St. Peter und Paul. Inneres nach Westen, 1751/52

74 Osterzell, Pfarrkirche St. Stephan. Chorgewölbe, 1750

75 Osterzell, Pfarrkirche St. Stephan. Detail der Chordekoration, 1750

76 Kappel, Wallfahrtskirche Hl. Blut. Südlicher Seitenaltar von Franz Xaver Schmuzer, 1751

77 Kappel, Wallfahrtskirche Hl. Blut. Chorkartusche, 1750/51

78 Kappel, Wallfahrtskirche Hl. Blut. Detail der Langhausdekoration, 1750/51

79 Kappel, Wallfahrtskirche Hl. Blut. Langhauskartusche, 1750/51

80 Kappel, Wallfahrtskirche Hl. Blut. Detail der Langhausdekoration, 1750/51

81 Osterzell, Pfarrkirche St. Stephan. Detail der Langhausdekoration, 1750

82 Osterzell, Pfarrkirche St. Stephan. Detail der Langhausdekoration, 1750

83 Kappel, Wallfahrtskirche Hl. Blut. Langhausgewölbe, 1750/51

84 Kappel, Wallfahrtskirche Hl. Blut. Chorbogenkartusche, 1750/51

86 Ettal, Klosterkirche.
Detail der Westempore, um 1752/53

85 Ettal, Klosterkirche.
Nordwestliches Oratorium, um 1752/53

87 Ettal, Klosterkirche.
Detail eines Oratoriums, um 1752/53

88 Ettal, Klosterkirche. Türumrahmung, um 1752/53

89 Ettal, Klosterkirche. Detail des südwestlichen Oratoriums, um 1752/53

90 Ettal, Benediktinerkloster. Chorsaal, um 1752/53

91 Ettal, Benediktinerkloster. Chorsaal, um 1752/53

92 Türkenfeld, Pfarrkirche Unserer Lieben Frau. Inneres nach Osten, um 1753/54

93 Türkenfeld, Pfarrkirche Unserer Lieben Frau. Chorgewölbe, um 1753/54

94 Ettal, Klosterkirche. Orgelempore, um 1752/53

95 Türkenfeld, Pfarrkirche Unserer Lieben Frau. Chorkartuschen, um 1753/54

96 Türkenfeld, Pfarrkirche Unserer Lieben Frau. Langhauskartusche und Kanzel, um 1753/54

97 Türkenfeld, Pfarrkirche Unserer Lieben Frau. Nördliche Seitenkapelle (Muttergotteskapelle)

98 Türkenfeld, Pfarrkirche Unserer Lieben Frau. Inneres nach Westen, um 1753/54

99 Zankenhausen, Pfarrkirche St. Johannes Baptist. Chordekoration, um 1756/57

100 Zankenhausen, Pfarrkirche St. Johannes Baptist. Detail der Langhausdekoration, um 1756/57

101 Zankenhausen, Pfarrkirche St. Johannes Baptist. Inneres nach Westen, um 1756/57

102 Hausen bei Geltendorf, Pfarrkirche Unserer Lieben Frau. Inneres nach Osten, um 1753/54 ▷

103 Eching, Sebastianskapelle. Um 1754

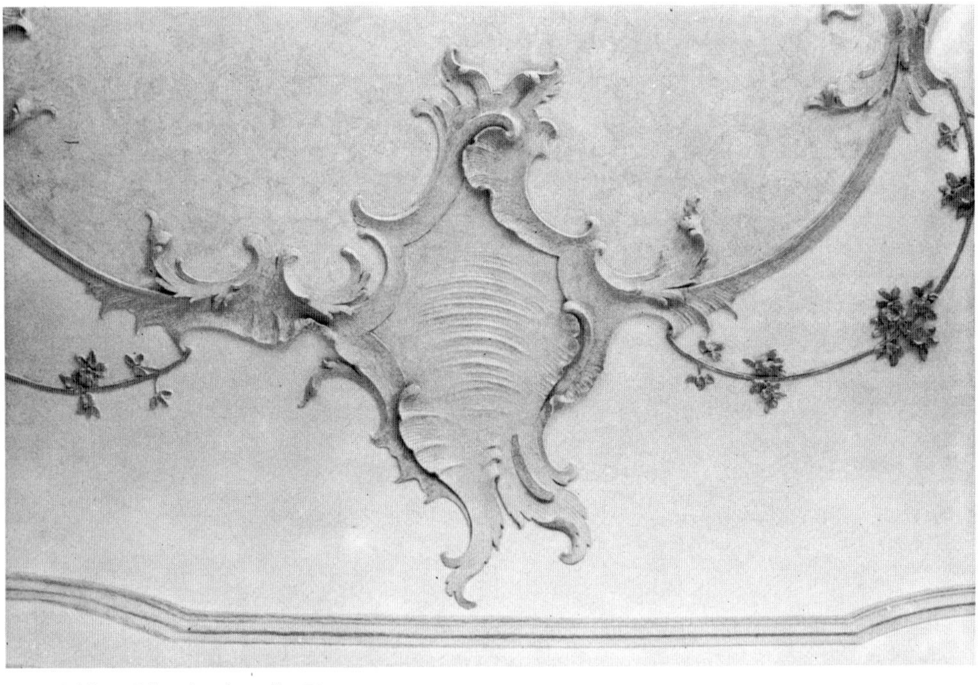

104 Eching, Sebastianskapelle. Um 1754

105 Schmiechen, Wallfahrtskirche Maria Kappel. Chorgewölbe, 1754/55

106 Schmiechen, Wallfahrtskirche Maria Kappel. Inneres nach Westen, 1754/55

107 Schmiechen, Wallfahrtskirche Maria Kappel. Langhauskartusche, 1754/55

108 Schmiechen, Wallfahrtskirche Maria Kappel. Inneres nach Osten, 1754/55

109 Iffeldorf, Pfarrkirche St. Vitus. Chorgewölbe, um 1755

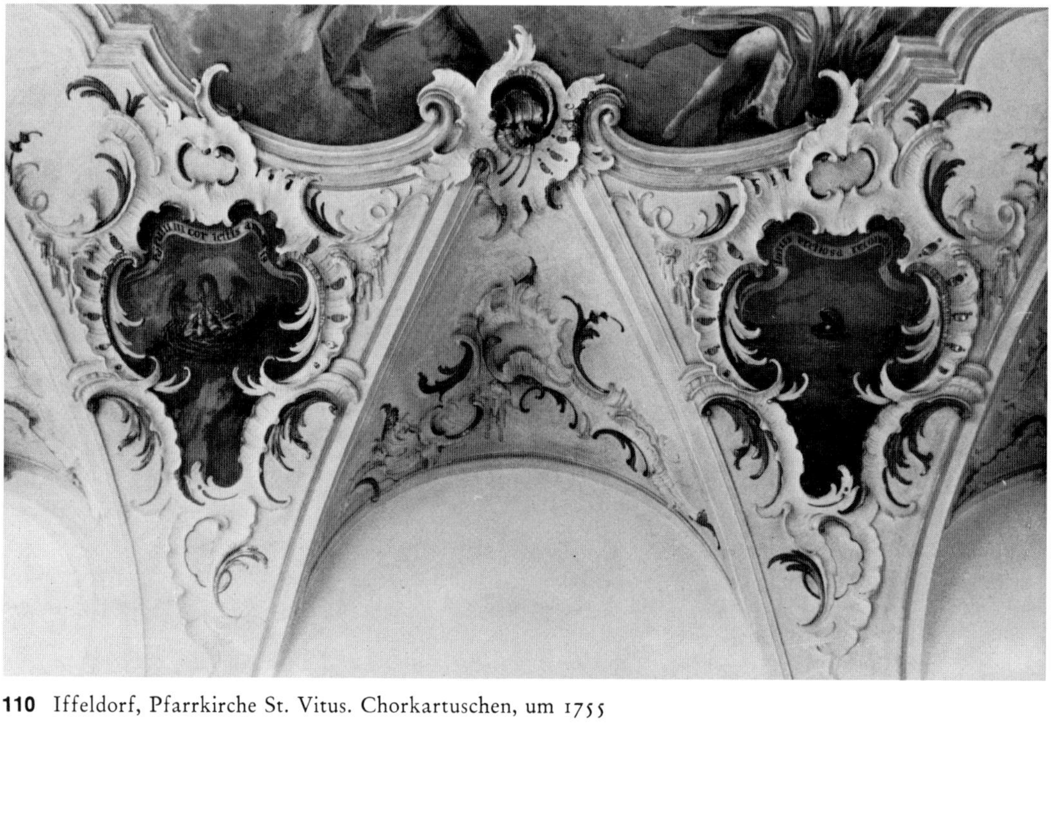

110 Iffeldorf, Pfarrkirche St. Vitus. Chorkartuschen, um 1755

111 Iffeldorf, Pfarrkirche St. Vitus. Langhausgewölbe, um 1755

112 Iffeldorf, Pfarrkirche St. Vitus. Westempore, um 1755

113 Seekirch, Pfarrkirche Mariä Himmelfahrt. Chorgewölbe, 1760

114 Seekirch, Pfarrkirche Mariä Himmelfahrt. Langhauskartusche von Johann Georg Übelher, 1756

115 Seekirch, Pfarrkirche Mariä Himmelfahrt. Inneres nach Osten, 1756/60

116 Krün, Filialkirche St. Sebastian. Inneres nach Osten, um 1761

117 Krün, Filialkirche St. Sebastian. Inneres nach Westen, um 1761

118 Krün, Filialkirche St. Sebastian. Detail der Langhausdekoration, um 1761

119 Krün, Filialkirche St. Sebastian. Kanzel

120 Heinrichshofen, Filialkirche St. Andreas. Kanzel und südlicher Seitenaltar von F. X. Schmuzer, 1754/55 (1868 überarbeitet)

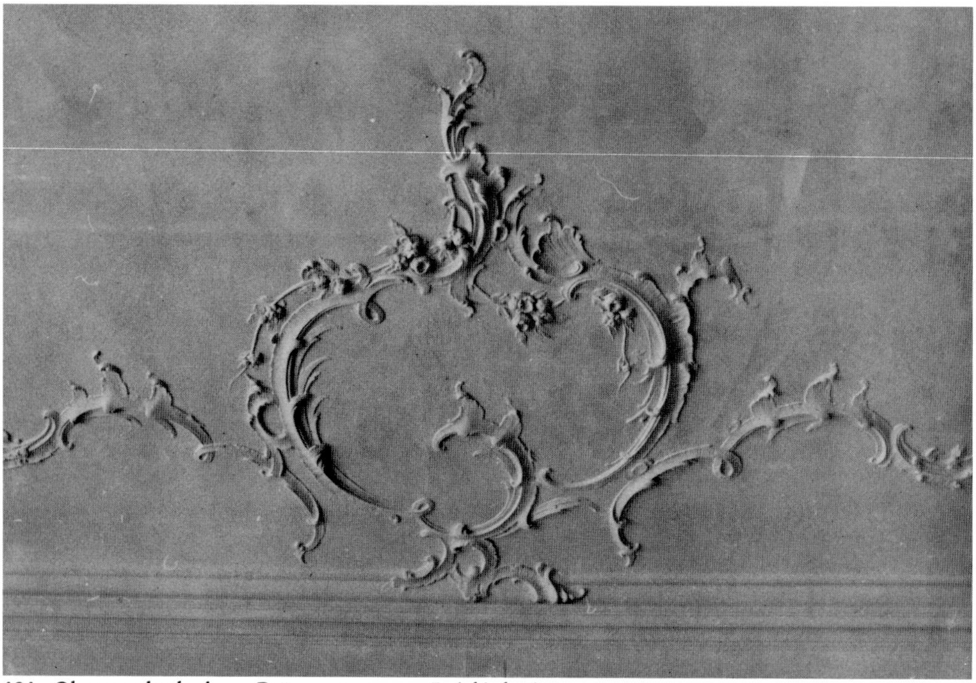

121 Obermarchtal, ehem. Prämonstratenser-Reichsabtei.
Stukkaturen im 1. Obergeschoß des Südostpavillons, 1763

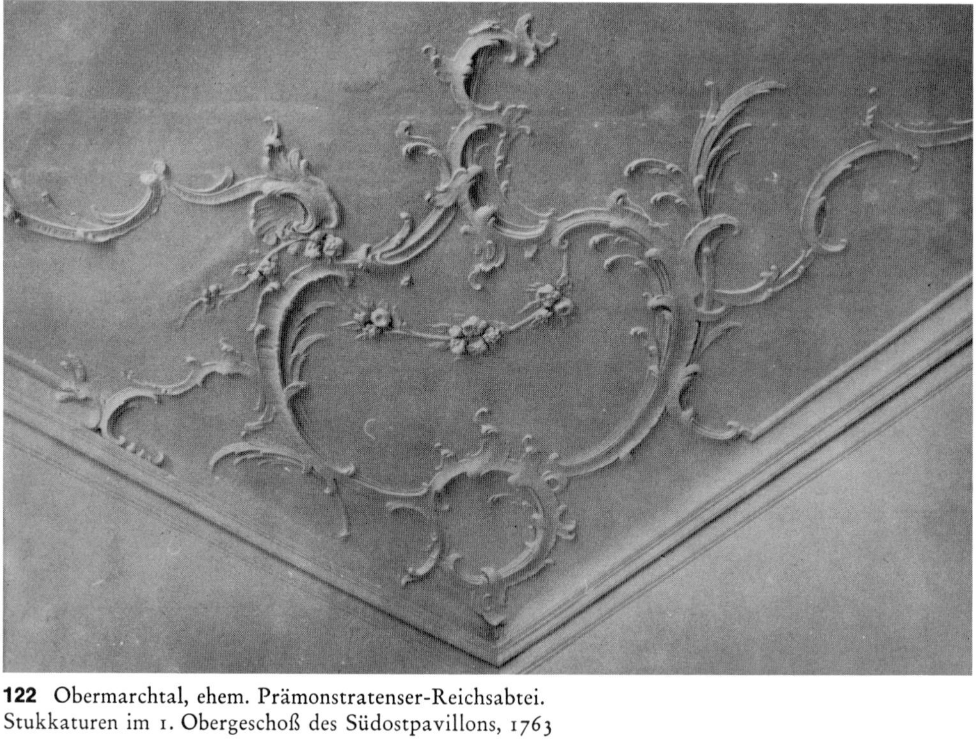

122 Obermarchtal, ehem. Prämonstratenser-Reichsabtei.
Stukkaturen im 1. Obergeschoß des Südostpavillons, 1763

123 Ammerhof, ehem. Pfarrkirche St. Andreas. Inneres nach Osten, 1766

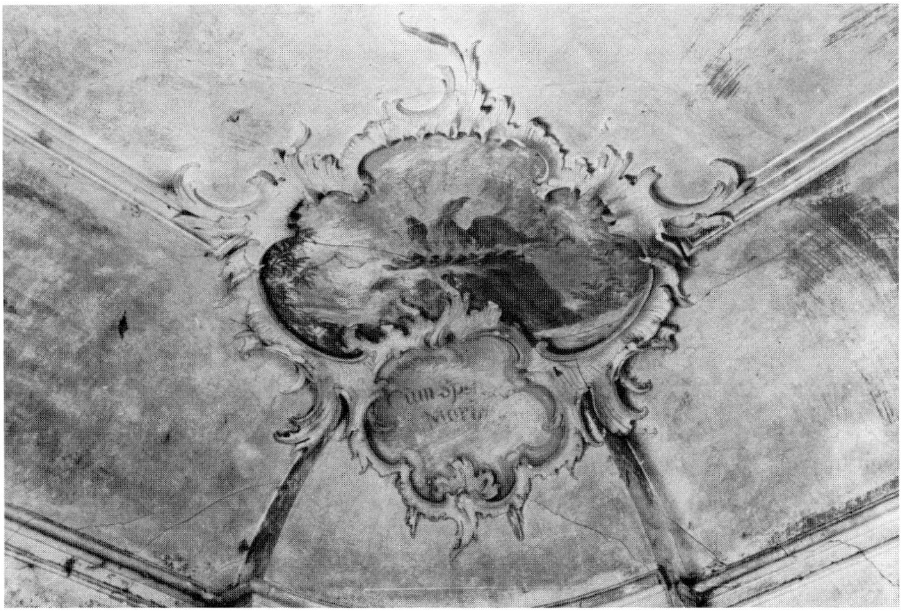

124 Ammerhof, ehem. Pfarrkirche St. Andreas. Detail der Stuckdekoration, 1766

125 Wies, Wallfahrtskirche zum Gegeißelten Heiland. Stukkaturen im Langhaus von Johann Baptist und Dominikus Zimmermann, um 1750/51

126 Eresing, Pfarrkirche St. Ulrich. Chordekoration von Dominikus Zimmermann und Nikolaus Schütz, 1756/57

127 Wies, Prälatenbau. Stukkaturen von Dominikus Zimmermann im sog. Prälatensaal, um 1748

128 Zwiefalten, ehem. Klosterkirche. Stuckdetail aus dem südlichen Querhaus von Johann Michael Feichtmayr, 1749/50

129 Oberostendorf, Pfarrkirche Mariä Himmelfahrt.
Stukkaturen von Franz Xaver Feichtmayr (Zuschreibung), um 1747

130 Geltendorf, Pfarrkirche St. Stephan.
Stukkaturen von Franz Xaver Feichtmayr (Zuschreibung), um 1754

131 Gutenzell, ehem. Klosterkirche. Stukkaturen von Franz Xaver Feichtmayr und Jakob Rauch, 1755/56

132 Wessobrunn, Kreuzbergkapelle. Stukkaturen von Thassilo Zöpf, 1771

133 Wessobrunn, Pfarrkirche St. Johannes Baptist. Stukkaturen von Thassilo Zöpf, um 1758

134 Reichling, Pfarrkirche St. Nikolaus. Stukkaturen von Johann Michael Merck (Zuschreibung), 1780

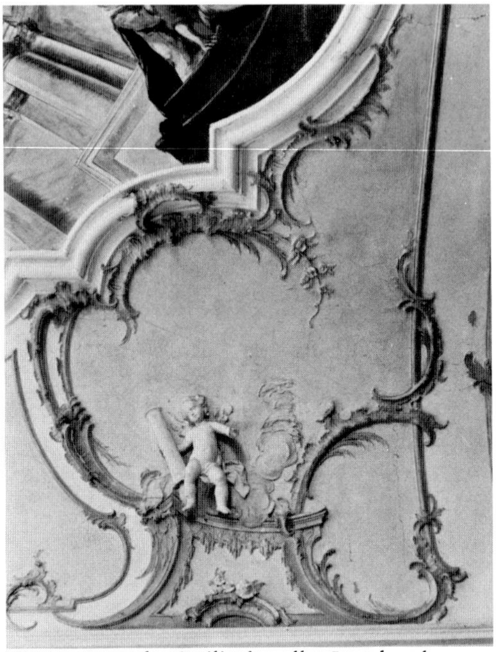

135 Rott/Lech, Ottilienkapelle. Langhauskartusche »Fortitudo« von Johann Michael Merck (Zuschreibung), um 1774/75

136 Rott/Lech, Ottilienkapelle. Chordekoration von Johann Michael Merck (Zuschreibung), um 1774/75

Für eine noch bessere Erfassung und Beurteilung von Schmuzers Gesamtwerk ist es notwendig, sein Schaffen im Zusammenhang mit den Werken einiger anderer Künstler zu betrachten. Zu den bedeutendsten Wessobrunner Meistern, die das süddeutsche Rokoko entscheidend mitgeprägt haben, gehören die Brüder Zimmermann und die Brüder Feichtmayr [312].

Johann Baptist Zimmermann (1680–1758), der nicht nur als Maler [313], sondern auch als hervorragender Stukkator [314] aufgetreten ist und zu den meistbeschäftigten Künstlern des 18. Jahrhunderts gehörte, ließ sich nach Aufenthalten in Miesbach (seit 1707) und Freising (seit 1715) von 1724 an ständig in München nieder [315]. 1752 wurde der erst 17jährige Franz Xaver Feichtmayr d. J. (1735–1803) Mitarbeiter in Zimmermanns Stukkatorenwerkstatt. Nach dem Tode des 78jährigen Meisters im März 1758 wurde der junge Feichtmayr »dessen Nachfolger sowohl im Ehestand mit der Witwe Maria Christina Zimmermann [316] als auch im Amt des Münchener Hofstukkators« [317].

Neben den gemeinsamen Arbeiten mit seinem jüngeren Bruder Dominikus (u. a. in Buxheim, Maria Mödingen, Wörishofen, Sießen, Steinhausen und der Wies) [318] war Johann Baptist Zimmermann u. a. in den Klöstern Schliersee (1714), Ottobeuren (1714–19), Benediktbeuern (1724/um 1730), Ettal (um 1725), Weyarn (1729), Beyharting (1730), Landshut Seligenthal (1733/34), Raitenhaslach (1738/39), Dietramszell (1744), Andechs (1751/52) und Schäftlarn (1754–56) als Stukkator tätig [319]. Profane Stuckdekorationen finden sich u. a. in Schloß Schleißheim (1720–26), der Münchener Residenz (1729–33), in Schloß Wallenburg (1734), der Amalienburg im Nymphenburger Schloßpark (1734–37), in Wasserburg/Inn (1739), im Alten Schloß Herrenchiemsee (1738/39) und in Schloß Nymphenburg (1756/57) [320].

J. B. Zimmermanns Formen in der ersten Hälfte der dreißiger Jahre haben noch einen ausgesprochen flächigen Charakter [321]. Seine eher zurückhaltenden Stuckdekorationen in Beyharting, Dietramszell (Klosterkirche) und Berg am Laim (1743/44), deren Hauptmotive Vasen, Blütengirlanden, Akanthusblattrosetten, Palmwedel, Muschelmoti-

312 Johann Georg Übelher wird in diesem Kapitel nicht mehr gesondert behandelt, da in den Abschnitten Ettal (S. 55 ff.) und Seekirch (S. 69 ff.) bereits einige seiner Stilmerkmale hervorgehoben wurden. Zu den Stukkaturen des Übelher-Feichtmayr-Kreises vgl. BRANDIS, S. 109 ff.; PETRI, S. 6 ff.

313 URSULA RÖHLIG, Die Deckenfresken Johann Baptist Zimmermanns, Diss. (Masch.) München 1949.

314 THON.

315 Zur Biographie J. B. Zimmermanns vgl. THON, S. 14 ff.

316 In erster Ehe, die 1705 in Tuntenhausen geschlossen wurde, war J. B. Zimmermann mit Elisabeth Ostermayr, einer Dienerin der Gräfin von Hohenwaldeck auf Maxlrain verheiratet (vgl. SIGFRID HOFMANN, Die Brüder Zimmermann, Freilassing 1973, S. 1; THON, S. 16). Vier Monate nach dem Tode seiner ersten Frau heiratete der 76jährige die Tirolerin Maria Christina Mansrieder (THON, S. 19).

317 WOLF II, S. 85; THON, S. 19 f.

318 Siehe S. 82 ff.; vgl. auch BRANDIS, S. 76 ff., 118 ff.; THON, S. 26 ff., 148 ff.

319 Siehe die entsprechenden Abschnitte bei THON; BRANDIS, S. 79 ff., 105 ff.

320 Ebd.

321 BRANDIS, S. 106.

ve und mit schmalen Profilleisten gerahmte Gitterfelder sind, zeichnen sich durch eine Bevorzugung vegetabilischer Elemente aus, die das Muschelwerk in den Hintergrund drängen und das Rocaillewerk erstaunlicherweise (1744!) so gut wie gar nicht zum Zuge kommen lassen. Auch Ilsabe Brandis stellte fest, daß die Zimmermannsche Werkstatt erst 1749 in der Landshuter Dominikanerkirche das reife Muschelwerk vollendet [322].

Selbst in Andechs, wo neben vielfältig verwendetem Blatt- und Muschelwerk auch zeitgemäße Rocaillen mit umgebogenen Rändern und wellenförmigen Säumen vorkommen, besteht die Dekoration mehr aus pflanzlichen Elementen denn aus Rocaillewerk. In Zimmermanns Spätwerken Schäftlarn und Nymphenburg [323] tauchen schließlich sehr kompakte, massige und bewegte Rocaillen mit Pfeifen, verstärkten Rippen, knorpeligen und gekneteten Teilen auf, wie sie mehr bei den Feichtmayr gebräuchlich sind, wie wir noch sehen werden. Tatsächlich macht sich hier der Einfluß von Zimmermanns jungem Mitarbeiter Franz Xaver Feichtmayr deutlich bemerkbar, so daß weder der festliche Sakralraum in Schäftlarn noch der prunkvolle Große Saal in Nymphenburg hinsichtlich der Stukkaturen als »typische« Zimmermann-Dekorationen angesprochen werden dürfen.

Mehr als J. B. Zimmermanns – durch die Zusammenarbeit mit Joseph Effner und François de Cuvilliés – höfisch beeinflußte, verfeinerte Dekorationsweise entspricht die Stuckkunst seines Bruders Dominikus dem kraftvolleren, »volkstümlicheren« Wessobrunner Duktus.

Wie Johann und Joseph Schmuzer verkörpert Dominikus Zimmermann (1685–1766) den Typus des Stukkatorarchitekten [324]. Gleich seinem Bruder Johann Baptist zunächst als Stukkator ausgebildet (wahrscheinlich bei seinem Stiefvater Christoph Schäffler) [325], begab er sich 1708 zu dem Baumeister, Maler und Stukkator Johann Jakob Herkomer nach Füssen, wo er bis 1716 lebte. Seine ersten, in dieser Zeit entstandenen Arbeiten waren Scagliola-Tafeln [326] und Stuckmarmoraltäre [327]. Nach seiner Übersiedlung nach Landsberg (1716) entstanden in der Folgezeit, neben den mannigfachen Landsberger Aufträgen profaner und sakraler Art, u. a. Stuckdekorationen im Festsaal der Benediktinerabtei Neresheim (1719) [328], in Kirche und Kloster der Dominikanerinnen in Wörishofen (1722/23) [329], in Sießen (1729) [330], in der Annakapelle der

322 Brandis, S. 108. Ein Parallelfall ist Egid Quirin Asam, der erst bei seinem letzten Werk, der Ausstuckierung der Jesuitenkirche zu Mannheim 1749, reifes Muschelwerk anwendet, das aber auffallend sparsam im Raum verteilt ist (Brandis, S. 146).

323 Thon, S. 136 ff., 162 ff.

324 Muchall-Viebrook; Brandis, S. 118 ff.

325 Nach Neu II, S. 5, 13, ist das Geburtshaus von Johann Baptist und Dominikus Zimmermann das Haus Nr. 26 »beim Lies« in der heutigen Zimmermannstraße Nr. 4 in Gaispoint-Wessobrunn. Das Anwesen war seit 1682 im Besitz der Familie.

326 Beispiele von Scagliola-Arbeiten Dominikus Zimmermanns in Waldsee (1710), Biberbach (1712), Wemding (1713), Laub bei Nördlingen (1713), Birkland (1715) und Füssen (1716).

327 Stuckmarmoraltäre aus der Frühzeit Dominikus Zimmermanns befinden sich in Fischingen (Kanton Thurgau, 1708), Wemding (1713), Birkland (1715), Würzburg Neumünster (1721) und Landsberg Stadtpfarrkirche (1721).

328 Siehe Paulus Weissenberger und Alfred Schröder, Dominikus Zimmermann in Neresheim: Archiv für die Geschichte des Hochstifts Augsburg VI, Dillingen 1929, S. 651–661; Brandis, S. 119 f.; vgl. auch Anm. 301.

329 Thon, S. 148 ff.

330 Ebd.

Kartause Buxheim (1738)[331] und im Chor der Schongauer Stadtpfarrkirche (1748)[332]. Mehr noch als bei den Stuckarbeiten entfaltete sich die Genialität Dominikus Zimmermanns in seinem Wirken als Baumeister, wovon u. a. die Kloster- bzw. Wallfahrtskirchen Maria Mödingen (1718–25), Sießen (1726 ff.), Steinhausen (1727–33), die Frauenkirche in Günzburg (1736–41), die Wies (1745–54) und schließlich St. Ulrich in Eresing (1756/57) künden[333]. Nach dem Tode seiner Frau Therese (1752) gab Dominikus Zimmermann sein Haus und seine Ämter in Landsberg auf[334] und zog zu seinem Sohn Franz Dominikus in die Wies, wo er hochbetagt 1766 starb[335].

Vergleicht man Dekorationen Dominikus Zimmermanns und Franz Xaver Schmuzers aus der Zeit um 1740, so unterscheiden sich diese vor allem in motivischer Hinsicht. Zimmermann verwendete beispielsweise in der Buxheimer Annakapelle Draperien, Muschelwerkspiralen, viele kurze Blattranken mit hauchdünnen Stielen und vollplastische geschwungene Gesimsstücke, auf denen Putten und Figuren sitzen[336]. Dieses letztgenannte, charakteristische Motiv taucht auch in der Günzburger Frauenkirche[337] auf, wo ferner die Kartuschen, Gitterfelder etc. von ähnlich breiten, glatten, geschwungenen Gliedern gerahmt werden, die zudem häufig an den Enden volutenartig eingerollt sind. Weitere typische Motive bei den Brüdern Zimmermann sind gesprengte Volutengiebel in Verbindung mit geschweiften Gitterfeldern und perspektivisch behandelte Scheinbalkons (Bibliothek Benediktbeuern, Steinhausen und die Wies (Abb. 125)[338]. Sie verwendeten auch gerne Lambrequins, ein Motiv, das die Schmuzer nur selten gebrauchten. Umgekehrt findet man bei D. Zimmermann keine geflügelten Puttenköpfe auf Wolken, keine aus Voluten herauswachsenden Engelsköpfe, keine Knorpelbögen, keine Rocaillekartuschen an Stelle von Kapitellen[339], kaum Scheitelpalmetten, Stucktropfen oder stilisierte

331 Arens/Stöhlker, S. 22.

332 Thon, S. 266, Anm. 601.

333 Vgl. Muchall-Viebrook; Lamb II; Thon.

334 Dominikus Zimmermann war bis 1753 einer der vier Bürgermeister Landsbergs. In Altbayern wurden jedes Jahr am 26. Dezember vier Bürgermeister für die betreffende Stadt gewählt, von denen jeder ehrenamtlich ein Vierteljahr amtierte und in dieser Zeit den Ehrentitel »Amtsbürgermeister« führen durfte. Vgl. Sigfrid Hofmann, Dominikus Zimmermann – Leben und Werk, Festvortrag anläßlich des 200. Todestages von Dominikus Zimmermann am 14. 11. 1966 in Landsberg, Druck o. O. u. J., S. 5.

335 Sterbeeintrag im Steingadener Liber Defunctorum am 16. 11. 1766: *Obiit in domum suae aeternitatis requisitis sacramentis provisus dominus Dominicus Zimmerman, architectus in Wies* (frdl. Mitteilung von Dr. Sigfrid Hofmann).

336 Brandis weist daraufhin, daß sich in den Ornamenten der Buxheimer Annakapelle gegenüber Steinhausen eine wesentliche Verfeinerung der Einzelelemente und zugleich eine stärkere Durchsetzung mit vielgestaltigen Muschelgebilden zeigt (S. 127).

337 Thon, S. 152 f.; Brandis, S. 128.

338 Brandis, S. 122 f.

339 Beide Zimmermann bevorzugten die korinthische Kapitellordnung. Während die Kapitelle bei Johann Baptist stereotyp mit konservativen Akanthusblättern verziert sind (z. B. in Dietramszell, Berg am Laim, Andechs, Schäftlarn, Nymphenburg), wandelte Dominikus den Grundtypus jeweils etwas ab: einmal ist es eine Gitterfüllung (Sießen, Buxheim), das andere Mal ein Brokatmuster (Günzburg), ein Engelsköpfchen (Wies) oder ein mit Blumen besetztes Innenfeld (Steinhausen). In Steinhausen und Günzburg wurden den Kapitellen kleine Kronen aufgesetzt; solche Kronen kommen als Abschluß ovaler Bildmedaillons bereits im Gang des Fürstentraktes im Kloster Wessobrunn vor, den um 1685 Johann Schmuzer stuckiert hat. Die Voluten der Wandpilasterkapitelle in der Wies bestehen aus Muschelwerkspiralen.

Vasen (die Zimmermannschen Vasen sind vollplastisch oder reliefiert und stehen meist auf Gesimsen). Das Rocaillewerk scheint um 1740 bei Joseph und F. X. Schmuzer geläufiger gewesen zu sein als bei den Brüdern Zimmermann (z. B. Rottenbuch, Weingarten).

1748 in Schongau findet eine stärkere Annäherung im Stile der Meister statt. Das züngelnde Blattwerk ist wie bei F. X. Schmuzer mit umgebogenen Spitzen und Rändern sowie hervortretenden Rippen gestaltet, einzelne Blattschwünge sind mit goldenen Punkten besetzt (Steinhausen, Rottenbuch). Das asymmetrische, mit vielen Pfeifen versehene Rocaillewerk weist teilweise auch spitz zulaufende Formen mit runden oder ovalen Einkerbungen auf (vgl. Schmuzer in Hohenpeißenberg, Winkl, Osterzell usw.[340]). Daneben taucht lederartiges, breitlappiges, oben abgerundetes Muschelwerk (auch in Eresing) auf, das ebenso wenig von Schmuzer verwendet wird wie die von schmalen goldenen Bändern umwundenen Blattwedel (Abb. 127)[341].

Die kraftvolle, aus überaus vielfältig behandeltem Rocaillewerk bestehende Stuckdekoration in der Wies (im Chor um 1748/49 entstanden[342]) ist weniger für Johann Baptist Zimmermanns Stil charakteristisch, sondern ähnelt mehr Dominikus Zimmermanns Stukkaturen in Schongau und Eresing. J. B. Zimmermann verarbeitete weder in seinen früheren Dekorationen (Dietramszell, Berg am Laim) noch bei späteren Stuckausstattungen (Andechs) entwickeltes Rocaillewerk, sondern beschränkte sich, von figürlichen Darstellungen abgesehen, seit seinen höfischen Dekorationsaufträgen in Schleißheim, München und Nymphenburg vorwiegend auf zarte und zurückhaltende Band- und Blattornamentik, die nur gelegentlich von ausgesprochenen Rocaillemotiven durchzogen ist. Dominikus Zimmermann dagegen bediente sich in Schongau, ferner am Hochaltar der Landsberger Johanneskirche und später in Eresing üppiger Rocaillen in sehr abwechslungsreichen Formen. Zudem bildet die Stuckdekoration der Wieskirche eine so innige Gemeinschaft mit den von Dominikus Zimmermann ornamental umgeformten Architekturgliedern, daß ihr Entwurf eigentlich nur vom Baumeister selbst stammen kann[343].

340 Siehe Anm. 158b.

341 Für die Stukkaturen des Schongauer Langhauses erhielt der Wessobrunner Jakob Stiller 1753 insgesamt 301 fl 47 kr ausbezahlt (vgl. Anm. 484). Stiller stammte aus Puitl im Forst und starb 1781 in Warschau (Hager I, S. 507). Da Stillers Schongauer Langhausdekoration, die vornehmlich aus asymmetrisch zusammengefügten C-Rocaillen besteht, viel Ähnlichkeit mit D. Zimmermanns Chorstukkaturen aufweist, ist nicht auszuschließen, daß Stiller nach einem Entwurf Dominikus Zimmermanns gearbeitet hat (siehe auch S. 129). Aufgrund der archivalisch gesicherten Chorstukkaturen in Schongau konnte die Verf. die bisher weitgehend unbekannte vorzügliche Stuckdekoration im Prälatensaal des Wies Dominikus Zimmermann und seinem Kreis zuweisen (Abb. 127) (Publikation in Lech-Isar-Land 1980 in Vorbereitung).

342 Zur Datierung siehe Lamb II, S. 39; vgl. auch Brandis, S. 130 ff.; Thon, S. 153 ff.

343 Das schließt nicht aus, daß der (um 1747/48) hervorragend gezeichnete Entwurf zur Dekoration der Chorsüdseite (Museum Weilheim; abgebildet bei Lamb II, Taf. 56, 58) von der Hand Johann Baptist Zimmermanns stammen dürfte (siehe Lamb II, S. 40, 69 f., Anm. 16; Thon, S. 153 ff.). Inwieweit die Brüder Zimmermann an der Ausführung der Stuckdekoration selbst beteiligt waren, kann wegen der fehlenden Rechnungsbelege kaum mehr geklärt werden. Wahrscheinlich werden die Söhne der Meister (Franz Dominikus und Franz Michael) einigen Anteil daran gehabt haben.

Charakteristisch für die Stukkaturen in der Wies und in Eresing (Abb. 126, 127) sind verkröpfte Gurt- und Schildbögen, wobei die meist in S-förmigem Schwung hervortretenden Glieder mit Blatt- und quergekerbtem Rocaillewerk, aber auch mit Blattmasken (Eresing) verziert sind. Häufig befindet sich im Scheitel eine eingerollte Doppelvolute. Weitere Hauptmotive sind neben den obligatorischen Blütengirlanden, Palmwedeln und Blattranken Scheinbalkons [344], mehrfach volutenartig eingerollte Glieder, Lambrequins, Rocaillen mit vielen goldenen Pfeifen und Zungen, Vasen und breitgezogene Rocailleranken, ohne daß dabei eine C-Form entsteht. Das bei den Zimmermann selten vorkommende Stucktropfenmotiv findet sich hier hin und wieder [345].

F. X. Schmuzer weist mit den Zimmermann außer der verwandten Behandlung vegetabilischer Elemente (besonders Blumenketten, züngelndes Blattwerk, Palmwedel) sowie der Verwendung knorpeliger oder spitz zulaufender Teile im Rocaillewerk wenig Gemeinsamkeiten auf. Abgesehen von weiteren kleinen Übereinstimmungen, die von Dekoration zu Dekoration wechseln und hier nicht näher erläutert werden müssen, besteht weder in motivischer noch in formaler Hinsicht eine tiefer gehende Annäherung zwischen den Meistern. Dies ist im Grunde auch nicht weiter verwunderlich, da der Beitrag der Brüder Zimmermann zur Entwicklung des süddeutschen Rokokos weniger im ornamentalen Detail als in der stufenweisen Vorbereitung eines grundsätzlich neuen Verhältnisses zwischen Raum und Dekoration liegt [346].

Anders verhält es sich bei einem Vergleich der Werke Schmuzers mit Dekorationen der Brüder Feichtmayr, wo recht häufig deutliche Übereinstimmungen zutage treten.

Franz Xaver Feichtmayr, 1705 in Haid geboren [347], heiratete 1725 eine Augsburger Bürgerstocher, wurde Bürger von Augsburg und starb dort 1764. Mit seinem vier Jahre jüngeren Bruder Johann Michael und F. X. Schmuzers Schwager Johann Georg Übelher arbeitete er mehrmals zusammen (so in Dießen, um 1736; Fiecht/Tirol 1743–44/1751; Münsterschwarzach 1743–49; Grafrath, um 1752 [348]). Nach der Heirat seiner Tochter Maria Theresia mit dem Wessobrunner Stukkator Jakob Rauch (geb. 1718) im Jahre 1752 begann eine fruchtbare Zusammenarbeit F. X. Feichtmayrs mit seinem Schwiegersohn, deren bekannteste Beispiele die Stuckdekorationen der Klosterkirchen Gutenzell (1755/56) und Rott am Inn (1760–63) sind. Weitere Hauptwerke des reichhaltigen Schaffens F. X. Feichtmayrs sind die Stuckausstattungen der Klosterkirche Stams/Tirol

344 Neuartig ist die Ausgestaltung dieser Scheinbalkons zu einer felsigen Grotte mit einem Brunnenmotiv, ein phantastischer Einfall, der auch ähnlich im zeitgenössischen Stich auftaucht (Brandis, S. 132).

345 Interessant ist in diesem Zusammenhang die Bemerkung von Brandis, S. 131, daß die Zimmermannschen Einzelformen im Chor der Wieskirche bei all ihrer Ausgewogenheit und dem Verwobensein mit Muschelstoff doch nicht ganz die Kühnheit und Ungebundenheit der gleichzeitigen Formprägungen des Übelher-Feichtmayr-Kreises erreichen.

346 Thon, S. 212.

347 Das Geburtshaus der Brüder Feichtmayr ist das Haus Nr. 39, beim »Winkler« in Haid-Wessobrunn (Neu I, S. 92).

348 Grafrath gilt zwar als Gemeinschaftswerk der Brüder Feichtmayr zusammen mit J. G. Übelher, doch überwiegt hier offenkundig die Hand Johann Michael Feichtmayrs.

(1730–34), der Wallfahrtskirchen Herrgottsruh (1749) und Violau (1751), St. Georgen bei Dießen (1750), der Klosterkirchen Indersdorf (1754/55), Freising Neustift (1756) und Roggenburg (um 1756) [349].

Johann Michael Feichtmayr (1709–1772) wurde 1722 von dem Maurermeister Johann Paulus in Augsburg als Lernknecht eingestellt und nach dem Einschreibbuch der Maurerlehrlinge am 21. 4. 1725 freigesprochen [350]. Neben der gelegentlichen Zusammenarbeit mit seinem Bruder und J. G. Übelher (siehe oben) arbeitete J. M. Feichtmayr manchmal auch ohne seinen Bruder nur mit Übelher zusammen (z. B. in Wilhering/Oberösterreich 1745/46 [351], Amorbach 1745/46 [352], Vierzehnheiligen 1764 ff. [353]). Von den hervorragenden, von ihm allein ausgeführten Stuckausstattungen seien hier nur Zwiefalten (1747–58), Schloß Bruchsal (1751–56), Säckingen (1751–54/1765), das Käppele in Würzburg (1752) und Ottobeuren (1756–64) genannt [354].

Von etwa 1750 an erfolgt eine deutlich sichtbare stilistische Annäherung zwischen den Brüdern Feichtmayr, besonders Franz Xaver Feichtmayr, und Franz Xaver Schmuzer (Abb. 128–131). So erinnern beispielsweise die S-förmigen Knorpelränder bei den Kuppelkartuschen in Herrgottsruh an Schmuzers »Ohren« in der Kappel, Ettal und Türkenfeld. Die C-Rocaillen haben bei beiden Feichtmayr (und den Zimmermann) wie bei Schmuzer oft wellenförmig gebogene Ränder. Die aus C-Rocaillen zusammengesetzten Ranken, die in Iffeldorf und Seekirch wie ein Gespinst die Gewölbeflächen überziehen, kommen ähnlich in Bruchsal, Zwiefalten und dem Käppele vor. Auch die Dekorationen in Geltendorf (um 1754), Indersdorf und Gutenzell erinnern in vielen, auch motivischen Details an Schmuzers gleichzeitige Stuckarbeiten (geflügelte Engelsköpfe auf Wolken, Tropfenbildung, plastische Knorpelbögen, vegetabilische Elemente). Schmuzer stimmt

349 Auch die Stukkaturen der Pfarr- und Wallfahrtskirche Wilten in Innsbruck (1754/55) gelten als Arbeit Franz Xaver Feichtmayrs (Zuschreibungen in KKF Nr. 704 von 1959, 3. Aufl. 1970, S. 4 ff. und Kunstdenkmäler in Österreich, hrsg. von Reinhard Hootz: Salzburg, Tirol, Vorarlberg, 2. Aufl. München–Berlin 1975, S. 354). Vergleicht man aber Johann Michael Feichtmayrs Dekorationen in Amorbach, Grafrath, Zwiefalten und Ottobeuren mit der eng verwandten Wallfahrtskirche Wilten, so erscheint die bisherige Zuweisung an Franz Xaver Feichtmayr unglaubhaft. Diese Dekoration aus sehr kleinteiligem, vorzüglich ausgearbeitetem Rocaillewerk mit vielen Palmwedeln, Rocaillebögen, Pfeifen und Punkten entspricht viel mehr Joh. Mich. Feichtmayrs Stil, worauf auch die von ihm gerne verwendeten korinthisierenden Kapitelle mit einem Stern im Mittelpunkt weisen (z. B. auch im Würzburger Käppele, im Treppenhaus von Schloß Bruchsal, am Hochaltar in Ottobeuren und in der Annakirche zu Haigerloch).

350 Buff, S. 56 ff.; Petri, S. 3.

351 Petri, S. 6 ff.

352 Ebd., S. 8 ff.

353 In Vierzehnheiligen wurde der Akkord zur Stuckierung 1763 zwar mit beiden Brüdern Feichtmayr und J. G. Übelher geschlossen, doch verhinderte Franz Xavers Tod 1764 seine Mitwirkung in diesem Bau. Siehe Hans Reuther, Die Kirchenbauten Balthasar Neumanns, Berlin 1960, S. 93. Wahrscheinlich ist zu den Feichtmayr-Übelher-Dekorationen auch die Stuckausstattung der Wallfahrtskirche Maria Steinbach (um 1753/54) zu zählen; vgl. S. 49 f. und Anm. 180.

354 Vgl. die entsprechenden Kapitel bei Petri.

also gelegentlich sowohl mit Franz Xaver (motivisch) als auch mit Johann Michael Feichtmayr (minuziöse Behandlung des Rocaille- und Blattwerks) überein [355].

Um aber nicht nur auf die Gemeinsamkeiten mit F. X. Schmuzer hinzuweisen, sondern auch die Eigenarten der Brüder Feichtmayr kurz näher zu beleuchten, sollen in diesem Zusammenhang einige charakteristische Motive der Feichtmayr erwähnt werden, aufgrund derer die Erkennung und Unterscheidung beider Meister möglich ist [356].

Bei den Kapitellen wird bis auf wenige Ausnahmen – etwa F. X. Feichtmayrs Dekorationen in St. Georgen, Geltendorf und Gutenzell, wo die bei Schmuzer beliebten kleinen Rocaillekartuschen an Stelle von Kapitellen verwendet werden – die korinthische Ordnung bevorzugt und variiert. Häufig zeigen die Kapitelle ein mit Blüten oder Eiern gefülltes Treillagegitter im Mittelpunkt [357]. Die Kartuschenform ist bei J. M. Feichtmayr oft symmetrisch (Amorbach, Bruchsal, Wilten, Ottobeuren) [358], bei F. X. Feichtmayr fast immer leicht asymmetrisch (Herrgottsruh, Geltendorf, Indersdorf, Gutenzell, Neustift, Roggenburg, Rott).

Blattwedel und -ranken wurden wie bei Schmuzer und den Zimmermann oft verwendet: sie folgen der Innenseite vieler C-Rocaillen, flankieren große Kartuschen und werden kleineren Kartuschen oder Rocaillemotiven als bekrönender Abschluß aufgesetzt. In Zwiefalten, Haigerloch und Ottobeuren sind die Palmwedel besonders mächtig und ausladend; dagegen sind die Blattwedel in Geltendorf und Indersdorf kurz und kräftig. Blütengirlanden und -bouquets kommen seltener als bei Schmuzer vor, Ausnahmen sind Indersdorf und Roggenburg.

In den fünfziger Jahren tauchen auch bei den Feichtmayr die für Schmuzer in dieser Zeit charakteristischen plastischen Knorpelbögen (Kappel, Ettal) auf. Beispiele finden sich in Amorbach, Herrgottsruh, Zwiefalten, Oberostendorf, St. Georgen, Bruchsal, Geltendorf, Wilten, Indersdorf, Gutenzell, Neustift, Rott. Im Gegensatz zu Schmuzer ist aber bei F. X. Feichtmayr nur ganz selten das Tropfenmotiv zu finden [359]; J. M. Feichtmayr dagegen verwendete dieses Motiv häufiger und zudem in einer Schmuzer verwandten Weise [360].

355 Eine große Ähnlichkeit mit Schmuzers breitformatigen Emporenkartuschen in Ettal, Schmiechen, Iffeldorf und Zankenhausen (dort am Langhausgewölbe) weisen die Gewölbekartuschen der Klosterkirche St. Thekla in Welden (1759) auf. Bei dem in den diesbezüglichen Kirchenrechnungen genannten Franz Xaver Feichtmayr (siehe KKF Nr. 790, 1. Aufl. 1964, S. 4) scheint es sich aber um den 1735 geborenen gleichnamigen Sohn Franz Xaver Feichtmayrs d. Ä. zu handeln. Dies lassen beispielsweise die mit St. Thekla stilistisch verwandten Stukkaturen des Festsaales im Augsburger Schaezler-Palais vermuten, die F. X. Feichtmayr d. J. 1767 geschaffen hat.

356 Eine umfassende Monographie über die Brüder Johann Michael und Franz Xaver Feichtmayr sowie den gleichnamigen Sohn des letzteren, Franz Xaver Feichtmayr d. J. wird von der Verfasserin vorbereitet.

357 Siehe auch die mit einem Stern gefüllten Kapitellfelder bei Joh. Mich. Feichtmayr (Anm. 349).

358 Ausnahmen sind die leicht asymmetrischen Kartuschen in Zwiefalten, Grafrath und Haigerloch.

359 Lediglich in St. Georgen und Geltendorf tauchen einige länglich-starre Tropfengebilde auf.

360 Siehe Bruchsal, Grafrath, Zwiefalten, Ottobeuren. Vgl. auch Anm. 157.

Weitere bei beiden Feichtmayr beliebte Motive sind
1. von Putten gehaltene bzw. aufgeschlagene Draperien am Chorbogen, in deren Mitte sich entweder Wappenkartuschen oder eine Uhr – manchmal auch beide Motive gemeinsam – befinden: Dießen, Zwiefalten, Oberostendorf, Grafrath, Indersdorf, Gutenzell, Roggenburg, Neustift, Ottobeuren (dieses Motiv verwendete Schmuzer niemals) (Abb. 129, 131).
2. Freiplastische Rocailleschwünge (ähnlich den pilasterartigen Bändern an der Ettaler Orgelempore), die mitunter von gebälkartigen Teilen bekrönt werden (meist bei Kartuschen): Wilten, Grafrath, Zwiefalten, Bruchsal, Würzburg Käppele, Haigerloch, Neustift, Roggenburg, Ottobeuren.
3. Hochovale Kartuschen mit quer über das Innenfeld gezogener Blütenranke: Bruchsal, Gutenzell, Indersdorf, Rott, Kloster Ottobeuren (Eustachiuszimmer) (Abb. 131).
4. Ein mehrfach von Stuckornamenten überspielter Freskorahmen: Zwiefalten, Violau, Geltendorf, Gutenzell, Neustift, Roggenburg, Rott. (Abb. 129–131).
5. Ein Motiv aus radial ausstrahlendem Gitterwerk mit eingestreuten Eiern oder Blüten: St. Alban bei Dießen, Dießen, Fiecht, Zwiefalten, Oberostendorf, St. Georgen, Violau, Grafrath, Geltendorf, Indersdorf, Neustift, Roggenburg, Rott (dieses Motiv taucht ebenfalls nie bei Schmuzer auf, wurde aber gelegentlich von Thassilo Zöpf verwendet) (Abb. 129).
6. Wie Klammern übergreifende Rocaillebögen (Seekirch): Wilten, Zwiefalten, Gutenzell, Ottobeuren (Abb. 128).

Das Rocaillewerk bei F. X. Feichtmayr erinnert um 1750 an Schmuzers Kappeldekoration (knorpeliges Rocaillewerk mit Pfeifen, z. B. in Herrgottsruh und St. Georgen). Für die Mitte der fünfziger Jahre ist Geltendorf (Abb. 130) ein bezeichnendes Beispiel: diese reiche, aber etwas oberflächlich behandelte Dekoration [361] aus knorpeligen Rocaillen mit auffallend vielen goldenen Pfeifen, Eiern und Punkten zeigt auch mehrfach die bei Schmuzer beliebten Rocaillebögen. Wie Thassilo Zöpf betonte F. X. Feichtmayr manchmal einzelne Linien des Stucks durch vergoldete, glatte, schmale C-Bögen [362], wie er überhaupt im Gegensatz zu seinem Bruder mehr Zöpfs Stil, der eine Übertragung und Vereinfachung des plastischen Ornaments ins Zeichnerische darstellt, vertrat [363].

361 Es werden noch eingehende Untersuchungen nötig sein, um zu klären, inwieweit bei F. X. Feichtmayrs Stuckdekorationen Werkstattmitglieder beteiligt waren. Vergleicht man beispielsweise die sehr gut ausgearbeiteten Rocailleranken über den Seitenportalen in St. Georgen (1750) mit dem ähnlichen, aber sehr oberflächlich behandelten Ornament über den Geltendorfer Langhausportalen, das nur noch in der Grundstruktur mit der vier Jahre älteren St. Georgener Türbekrönung übereinstimmt, so läßt sich dieser auffallende Unterschied in der Qualität der Stuckausarbeitung eigentlich nur mit der Ausführung durch Werkstattmitglieder erklären.
362 Violau, Wilten, Indersdorf, Gutenzell.
363 Weitere von F. X. Feichtmayr bevorzugte Motive sind Kartuschen, die ohne eigentlichen Abschluß an den Freskorahmen stoßen (Violau, Geltendorf, Indersdorf, Neustift, Roggenburg, Rott), geflügelte Engelsköpfe auf Wolken (Dießen, St. Georgen, Violau, Grafrath, Geltendorf, Indersdorf, Gutenzell) und vollplastische Putten auf den Gebälkstücken (Herrgottsruh, Violau, Grafrath, Geltendorf, Indersdorf, Gutenzell, Neustift, Roggenburg).

In Violau, Indersdorf und Gutenzell bestehen die großen Kartuschen aus recht glatten C-Schwüngen mit einzelnen knorpeligen Teilen und Bögen. Das hier verwendete flächige Blatt- und Muschelwerk mit vielen Pfeifen und Punkten unterscheidet sich deutlich von Schmuzers fein ausgearbeitetem Rocaillewerk [364]. Ein weiterer Unterschied zu Schmuzer ist das Fehlen der züngelnden, umgebogenen Spitzen des Blattwerks.

Das Rocaillewerk J. M. Feichtmayrs ist noch stärker als das F. X. Schmuzers durchgearbeitet und unterscheidet sich vor allem dadurch von den Stukkaturen seines Bruders. Jeder C-Bogen ist in sich plastisch modelliert, die einzelnen Ornamentteile sind kraus und knorpelig, wodurch das Ornament im ganzen massig wirkt [365]. Besonders in Zwiefalten läßt sich das überreiche, wogende und flammende Muschelwerk kaum noch übertreffen (Abb. 128). »Das Genie von Johann Michael Feichtmayr erweist sich in der äußersten Lockerung der Zügel, die er doch keinen Augenblick ganz losläßt, in einer Freiheit, die noch nicht zur Willkür wird, sondern einem geheimen Gesetze folgt« [366]. Beiden Feichtmayr ist eine äußerst schwungvolle, großzügige »Handschrift« zu eigen. Was aber die Bearbeitung des Stucks angeht, ist man geneigt, J. M. Feichtmayr für den qualitätvolleren der beiden Brüder zu halten. Seine Stukkaturen offenbaren erst aus der Nähe betrachtet ihren ganzen Reiz, und die bewundernswerte Detailbehandlung läßt etwa an die Zimmermann in Steinhausen oder die Schmuzer in Rottenbuch denken. Dagegen wirken F. X. Feichtmayrs Dekorationen teilweise etwas flüchtig, flächig, was freilich den festlichen Gesamteindruck seiner Stuckausstattungen nicht mindert. Ganz sicher stellt sich dieser Unterschied auch weniger als eine Frage des Könnens dar, sondern liegt in den unterschiedlichen Auffassungen beider Meister begründet [367].

Wahrscheinlich in der Werkstatt Johann Michael Feichtmayrs verbrachte Thassilo Zöpf (1723–1807) [368] seine Lernzeit [369]. »Am deutlichsten läßt sich das Lehrer-Schüler-Verhältnis an der Stuckdekoration der Wallfahrtskirche Grafrath zeigen, die 1752 bis 1753 von J. M. Feichtmayr, dessen Bruder Franz Xaver und J. G. Übelher ausgestattet wurde. Vergleicht man diese Stukkaturen mit den wenig später als erste bedeutende Arbeit Zöpfs ausgeführten in der Pfarrkirche von Wessobrunn, 1757 bis 1759, so fällt die formale Übereinstimmung deutlich auf« [370]. Darüber hinaus verwendete Zöpf Ornamentstichfolgen Feichtmayrs als Vorlagen für seine Stukkaturen [371].

364 Nur bei kleineren Motiven verwendete F. X. Feichtmayr fein gekerbtes Muschel- und Blattwerk.
365 Pflüger, S. 95.
366 Zürcher/Hell, S. 55.
367 Siehe Anm. 361.
368 Nach Neu II, S. 5, 17, bewohnte Thassilo Zöpf nach seiner Heirat mit Maria Elisabeth Übelhör 1755–1799 das Haus seines Schwiegervaters Johann Baptist Übelhör in der heutigen Zöpfstraße 15 in Gaispoint-Wessobrunn. In diesem Haus (beim »Kramer«) wohnte im 17. Jh. Regina Schmuzer, eine Tochter des Matthäus und Schwester des Johann Schmuzer, deren Enkelin Ursula die Ehefrau des erwähnten J. B. Übelhör wurde.
369 Pflüger, S. 94.
370 Wie Anm. 369. Siehe auch Anm. 348.
371 Pflüger, S. 95.

Neben seinen Stuckausstattungen, deren bedeutendste sich außer in der bereits erwähnten Wessobrunner Pfarrkirche in St. Leonhard im Forst (um 1761), Kloster Polling (1764 und 1776/77), der Kreuzbergkapelle Wessobrunn (um 1771), Moorenweis (1774/75) und in der Marienkirche zu Beuerberg (um 1780) befinden, trat Zöpf als Schöpfer eleganter Stuckmarmoraltäre und Kanzeln auf (Beispiele in Wessobrunn, Fürstenfeld, Ottobeuren, St. Georgen bei Dießen, St. Leonhard im Forst) [372]. Zöpfs Stukkaturen zeichnen sich durch lange, flach geschwungene C-Bögen aus, die oft »federig ausgefranst« [373] erscheinen (Abb. 132, 133). Die Linien des Stucks sind in sich glatt und weisen nicht, wie beispielsweise bei F. X. Schmuzer, J. M. Feichtmayr, D. Zimmermann oder J. M. Merck, das fein gekerbte Muschelwerk auf. Überhaupt hat Zöpf vegetabilisches Muschelwerk fast gar nicht verwendet [374]. Stattdessen betonte er die einzelnen Linien des Stucks durch vergoldete, schmale, durchlaufende Rippen, so daß die Ornamente im ganzen eher wie gezeichnet als modelliert wirken. Die zeichnerische Behandlung des Stucks ist das wesentliche Stilmerkmal Zöpfs [375]. Zweige, Palmwedel und Bouquets sind so zart modelliert, daß von ihnen eine beinahe »impressionistische« Wirkung ausgeht. Dagegen gibt es bei den Kartuschen einzelne freiplastische Schwünge, Rocaillebögen (Wessobrunn Pfk. und Kreuzbergkapelle) und häufig S-förmig geschwungene Rocaillen (Wappenkartuschen und Fensteraufsätze in der Kreuzbergkapelle und Moorenweis, Medaillons in der Pollinger Bibliothek). Stucktropfen kommen seltener, Blattwedel dagegen oft vor, die Blütenranken sind überwiegend kurz. Seit der Stuckdekoration der Pfarrkirche in Moorenweis [376] macht sich eine Veränderung der Modellierung bemerkbar, durch die die Formen viel von ihrer inneren Spannung verlieren. »Sie wird starrer, die C-Bögen sind nicht mehr linear, sondern wulstig und kompakt ... Der Stuck wird jetzt so kräftig aufgetragen, daß man von einer zeichnerischen Wirkung nicht mehr sprechen kann« [377]. »Am Ende dieser Entwicklung steht dann die Bibliothek in Polling, deren Dekorationsformen in ihren glatt gezogenen, fast geometrischen Einzelteilen zum nüchternen Ornament des Klassizismus werden« [378].

Johann Michael Merck (1714–1784) wurde vor allem durch seine Tätigkeit für Friedrich II. von Preußen bekannt [379]. Nach Hager [380] arbeitete er seit 1745 in Sans-

372 Vgl. die entsprechenden Abschnitte bei Pflüger.
373 Ebd., S. 108.
374 Ebd., S. 96.
375 Ebd., S. 98, 101.
376 Siehe Anm. 111.
377 Pflüger, S. 103 f.
378 Ebd., S. 108 f. Siehe auch Pollinger Drucke 1, Bibliothekssaal Polling im ehem. Augustiner-Chorherrenstift, Murnau 1975, S. 30 f.
379 Zu J. M. Mercks Stellung am preußischen Hof vgl. den Eintrag in den Wessobrunner Matrikelbüchern anläßlich seiner Heirat mit Maria Theresia Pock am 7. 2. 1744 (D 50): *Artificiosus Dominus Joannes Michael Merck, solutus de Hayd, Supremus Gypsarius Regis Borussiae, et Maria Theresia Pockin de Staingaden ...*
380 Hager I, S. 446, 499.

souci und im Neuen Schloß in Potsdam[381]. Kurz nach seiner zweiten Heirat 1753 erwarb er die Gastwirtschaft in Rott am Lech, wo er auch am 20. Mai 1784 starb[382]. Außer den beiden Kirchen dieses Ortes, die er um 1775 (Ottilienkapelle) und 1778/79 (Pfarrkirche) stuckierte, war Merck zu dieser Zeit mehrfach im Weilheimer Gebiet tätig (u. a. in Raisting, um 1765; Pähl, um 1772; Unterhausen, um 1772/73; Reichling, um 1780)[383].

Merck, der nur wenige vegetabilische Elemente (kurze Blütenranken und dem Verlauf von C-Rocaillen folgende Blattwedel[384]) und auch selten Stucktropfen verwendete[385], bevorzugte wie Schmuzer, D. Zimmermann und J. M. Feichtmayr fein gekerbtes Muschelwerk mit Pfeifen, Zungen und Punkten (Abb. 136)[386]. Von anderen Wessobrunner Meistern unterscheidet er sich vornehmlich durch seine ausgefallenen Motive, von denen hier einige genannt seien:

1. Apostelleuchter mit den jeweiligen Attributen der zwölf Apostel[387]: Unterhausen, Rott, Reichling.
2. In C- oder Sichelform stuckierte Wolkengebilde, in denen geflügelte Engelsköpfchen schweben; aus den Wolken brechen goldene Strahlen hervor: Pähl, Unterhausen, Rott, Reichling.

381 In Potsdam arbeitete Merck zusammen mit dem Bayreuther Hofstukkator Jean-Baptiste Pedrozzi (1710–1778) aus Pazzalino bei Lugano und dem Stukkator Carl Joseph Sartori (1709–1770). Vgl. HAGER I, S. 446, und CARL VON LORCK, Preußisches Rokoko. Oldenburg-Hamburg 1964, S. 40 im Abbildungsteil.

382 Mercks erste Heirat (siehe Anm. 379) fiel in das Jahr 1744, seine zweite Heirat mit Maria Filgertshofer fand 1753 statt (HAGER, I, S. 446). Nach NEU II, S. 5, 18, erwarb Merck 1743 das Haus Schmuzerstraße 12 in Gaispoint-Wessobrunn, das früher in Besitz Johann Schmuzers war. Dieses Haus behielt er bis 1754 und siedelte dann nach Rott über. Vgl. dazu VOLLMER III.

383 Die in Reichling auf den Gewölben über der Westempore befindlichen stuckierten Musikinstrumente, die an geriefeten Schleifen aufgehängt sind, kommen in ganz ähnlicher Zusammenstellung an der oberen Emporenbrüstung der Pfarrkirche St. Georg in Aidling (Lkr. Garmisch-Partenkirchen, früher Weilheim) vor. Zudem besteht zwischen den Rocailleranken unter den Fenstern in Reichling und den Stukkaturen an der unteren Emporenbrüstung in Aidling eine deutliche Übereinstimmung, so daß die 1749 erbaute und ausgestattete Kirche zu Aidling (Jahreszahl am Chorbogen und über der Empore) möglicherweise ein frühes Werk Mercks darstellt. Dafür spricht auch die seltene Darstellung der Evangelistensymbole in Stuck in den Aidlinger Langhauskartuschen, die mit Mercks Vorliebe für stuckierte Symbole zu erklären wäre. Weitere Symbole in Aidling sind eine Monstranz im Strahlenkranz (über der vollständig mit Muschelwerk überzogenen Altarnische), Meßkelch mit Hostie, Rauchfaß und Weihwasserkessel (über der Sakristeitür). In den Kirchenrechnungen im Pfarrarchiv Aidling sind nach Mitteilung von Willi Mauthe (†), Weilheim, keine Namen von Stukkatoren erwähnt.

384 In Raisting, Pähl, Unterhausen, Rott.

385 Wenn Merck Stucktropfen anwendet, sind es starr herabhängende, breite Tropfengebilde, so z. B. in Raisting, Pähl und Unterhausen.

386 In Raisting, Pähl, Unterhausen, Rott (dort auch viele Rocaillebögen).

387 Apostelleuchter mit den stuckierten Attributen der zwölf Apostel verwendete auch Jakob Rauch in Rott am Inn (1760–1763) und Joh. Michael Feichtmayr in Ottobeuren (1756–64).

3. Umgeben von diesen Wolkengebilden die in Stuck ausgeführten Symbole der drei theologischen Tugenden (Abb. 134) (Kreuz mit Meßkelch und Hostie; Anker; flammendes Herz) [388] sowie ein Rauchfaß auf einem Buch: Pähl, Unterhausen, Rott, Reichling (in Pähl und Reichling an Stelle des Rauchfasses das Lamm Gottes auf dem Buch mit den sieben Siegeln). In Raisting befinden sich Putten mit Kreuz und Anker als plastische Gruppe auf dem Gebälk der Chorbogenpfeiler.
4. Symbole der Kardinaltugenden (Rott, Ottilienkapelle) (Abb. 135).
5. Kleine Rocaillekartuschen mit nach drei Seiten herabhängenden Blütenranken an den Stichkappenscheiteln (Abb. 136): Raisting, Pähl, Unterhausen, Rott (Ottilienkapelle und Pfarrkirche).
6. Vorwiegend C-förmige Rocailleschwünge, die aufrecht stehen [389] oder schräg liegen (Abb. 135): Raisting, Pähl, Unterhausen, Rott (Ottilienkapelle und Pfarrkirche).

Franz Xaver Schmuzer hat als das letzte künstlerisch tätige Mitglied einer berühmten Familie ein verantwortungsvolles Erbe angetreten. Bereits im frühen 17. Jahrhundert gehörten seine Vorfahren zu den anerkannten Wessobrunner Meistern [390], und in der zweiten Hälfte des 17. Jahrhunderts stellten die Schmuzer sogar die bedeutendste Künstlerfamilie des Klosterdorfes überhaupt dar. Der Ruhm der Familie gründete sich zu dieser Zeit vor allem auf Johann Schmuzer, der im letzten Viertel des 17. Jahrhunderts das geistige Haupt der Wessobrunner Baumeister und Stukkatoren war [391]. Sein Sohn Franz entwickelte sich zu einem begabten Stukkator und Altarbauer [392], während der Sohn Joseph wie sein Vater den Beruf des Stukkatorarchitekten ergriff. Auf die bereits mehrfach erwähnte große Zahl der Werke Joseph Schmuzers und seine bedeutende Stellung

388 Das Motiv der – hier in V-Form – stuckierten Wolkengebilde mit geflügelten Engelsköpfen und christlichen Symbolen im Mittelpunkt findet sich auch im Chor der Pfarrkirche St. Martin in Hechenwang (Lkr. Landsberg), die 1704/14 von Joseph Schmuzer erbaut und wohl 1705/15 von ihm stuckiert wurde (siehe Neu III, S. 12 f.). Das erwähnte Motiv gehört aber nicht zu Schmuzers Stuckdekoration, sondern es wurden in späterer Zeit »die leeren Gewölbeflächen des Altarraumes durch stuckierte Engelsköpfe mit Emblemen und Gewölk ausgefüllt, wie die bei der Restaurierung entdeckte Signatur ›Michael Gigl 1795‹ beweist« (Neu III, S. 13). Wahrscheinlich hat der 1755 als Sohn des in St. Gallen tätigen Johann Georg Gigl geborene Johann Michael (Hager I, S. 495 f.), der 1785 in Landsberg das Bürgerrecht erwarb, dieses ausgefallene Motiv von Merck übernommen.

389 Morel, S. 46.

390 So lieferten zur frühbarocken Stuckdekoration Georg Schmuzer (1575–1645) und sein Sohn Matthäus I (um 1603 bis um 1693) in der Stiftskirche zu Polling und den Jesuitenkirchen in Innsbruck (1634–1637) und Landshut (1640/41) bedeutsame Beispiele. Michael Schmuzer (1639 bis um 1677) vertrat im 17. Jh. die Familie in der Schweiz (u. a. Jesuitenkirche in Luzern 1672/73, Wallfahrtskirche Oberdorf 1676/77, Jesuitenkirche Porrentruy um 1678).

391 Einige markante Werke Johann Schmuzers sind die Bauten und Stuckdekorationen in St. Coloman bei Füssen (1673), Ilgen bei Steingaden (1676), Wessobrunn (1685 ff.), Vilgertshofen (1688–1692), Obermarchtal (1689–1694) und Hofen (Friedrichshafen, 1699–1701). Siehe Dischinger.

392 Arbeiten Franz Schmuzers in Rheinau (Kanton Zürich, 1708–1710), Weingarten (1718/19), Weißenau (1719), Donauwörth (1720–1722) und Vilgertshofen (1721). Vgl. Kosel, S. 185 ff.; Hitchcock II, S. 127 ff.

in der bayerischen Kunstgeschichte näher einzugehen, erübrigt sich hier. Daß er seinen einzigen Sohn Franz Xaver als Nachfolger ausersehen und in dieser Richtung ausgebildet hat, ist verständlich. Der schnell einsetzende Erfolg seines mit überdurchschnittlichem Können begabten Sohnes wird Joseph Schmuzer bald von der Richtigkeit seiner Entscheidung überzeugt haben. Der junge Schmuzer fühlte sich zwar nicht, wie sein Vater und Großvater oder auch Dominikus Zimmermann, zu einem zusätzlichen baukünstlerischen Wirken berufen [393], und auch eine Tätigkeit auf dem Gebiet der Malerei konnte praktisch nicht nachgewiesen werden [394], er ist aber mehrmals, wie die Brüder Feichtmayr und Thassilo Zöpf, als Altar- und Kanzelbauer aufgetreten [395]. Seine Schöpfungen auf diesem Gebiet stellen gute Leistungen in einem manchmal etwas volkstümlichen Rokokostil dar, die trotz ihrer unbezweifelbaren Qualität nicht darüber hinwegtäuschen können, daß Schmuzers eigentliche Begabung im Bereich der Stuckdekoration lag. Zwar blieben ihm, abgesehen von Rottenbuch und Weingarten, Großaufträge, wie sie beispielsweise Johann Michael Feichtmayr in Zwiefalten und Ottobeuren zuteil wurden, vorenthalten, aber dieses Schicksal teilte auch Dominikus Zimmermann, der den Auftrag zu seinem Hauptwerk, der Wieskirche, erst in seinem 60. Lebensjahr erhielt [396]. Abgesehen davon ist die Größe eines Raumes nicht ausschlaggebend für die Qualität der Stuckausstattung, wie die exquisiten Dekorationen in der Amalienburg, in Hohenpeißenberg oder Buxheim (D. Zimmermanns Annakapelle) [397] beweisen. Der Vergleich von Werken

393 Die vermutete, aber höchst unsichere Tätigkeit als Meister der Langhausumgestaltung in Steingaden und die offenbar nur beratende Funktion Schmuzers in Osterzell (siehe S. 120) reichen kaum aus, um ihn als Stukkatorarchitekten zu bezeichnen. Schmuzer selbst hat sich auch immer nur »Stuckhadormeister« genannt.

394 Siehe Anm. 167.

395 Eismerszell, Heinrichshofen, Pfaffenhausen, Kappel, Krün, Pfarrkirche Petzenhausen, Maria Kappel bei Schmiechen. Leider sind auch die Altäre in Heinrichshofen nur noch teilweise in ihrer ursprünglichen Form erhalten geblieben. Nachdem ein Blitzschlag 1813 große Schäden an Kirchturm, Sakristei und Altären verursacht hatte, wurde am 24. 8. 1835 Franz Xaver Schmuzers Hochaltar aus Gipsmarmor abgetragen, und »da nichts mehr als das Altarbild brauchbar war, auf der Nordseite im Friedhof vergraben« (!) (Unsere Heimat am Lechrain, Bd. 5: Egling-Heinrichshofen, hg. von B. Müller-Hahl, Landsberg 1954, S. 121). Die schlichten Seitenaltäre Schmuzers blieben zwar erhalten, sind aber 1868 stark überarbeitet worden (Abb. 120). Auch die Kanzel kann einwandfrei F. X. Schmuzer zugesprochen werden: die Stuckmarmorfüllungen am Korb werden von weißgoldenen Rocaillen der Stilstufe Ettal/Schmiechen eingefaßt. Die Rocaillevolute am Fuß des Korbes entspricht dem Abschluß der Krüner Kanzel. Den Schalldeckel bekrönen drei geflügelte Puttenköpfchen. Das Gewölbe der (1753 von Franz Martin Kuen ausgemalten) Kirche ist anstelle der sonst üblichen Stuckdekoration mit Rocaillemalereien verziert worden (Lit.: KDB Obb. I, 1, S. 530; München I, S. 272 f.).

396 Zwar gehen im Œuvre Zimmermanns der Wieskirche kunstgeschichtlich bedeutende Bauten voraus, man darf aber nicht vergessen, wie abgelegen zur damaligen Zeit kleinere Klöster und Landkirchen wie Maria Mödingen, Wörishofen, Buxheim, Sießen und Steinhausen waren und wie wenig solche Bauten im allgemeinen zur Verbreitung des Ruhmes eines Baumeisters beigetragen haben. Nicht umsonst bemerkte Carl Lamb: »Der Auftrag für die Neugestaltung der 1735 abgebrannten Liebfrauenkirche in Günzburg ... brachte ihm (Dominikus Zimmermann) immerhin den ersten Auftrag zu einer Stadtkirche« (Lamb II, S. 9), und »als Zimmermann 1745 den Auftrag zu einer Dorfkirche in Ingenried bei Schongau erhielt, mochte es scheinen, als müsse er seine Kräfte nurmehr in kleinen Aufgaben verzetteln« (Lamb II, S. 10).

397 Loers, S. 97 f.

Franz Xaver Schmuzers mit denen einiger seiner Zeitgenossen hat gezeigt, daß das technische Niveau all dieser Wessobrunner Künstler sehr hoch war und von dort aus keine Unterscheidungen getroffen werden können. Die einzelnen Stukkatoren lassen sich nur an Hand gewisser motivischer und stilistischer – mitunter schwer auseinanderzuhaltender – Eigenheiten erkennen, die aufzuzeigen hier versucht worden ist. Dafür, daß F. X. Schmuzer nicht nur durch Vermittlung seines angesehenen Vaters zu Aufträgen gelangte, sondern aufgrund seines Könnens zu überzeugen wußte, sprechen seine wirkungsvollen Dekorationen am besten; daß er noch nicht zu solch einer Popularität gelangte, wie sie die Feichtmayr oder Zimmermann genießen, mag an der bisherigen mangelhaften Erforschung seines Œuvres gelegen haben. Freilich besaß Schmuzer nicht das Genie des Baumeisters Dominikus Zimmermann oder das des Malers Johann Baptist Zimmermann; was aber die Leistungen dieser Meister auf dem Gebiete der Stuckdekoration betrifft, so tritt Schmuzer kaum hinter ihnen zurück [398]. Von seinem Schwager Johann Georg Übelher wurde Schmuzer zwar im Bereich der Figuralplastik zweifellos übertroffen, d. h. Schmuzer hat sich in dieser gar nicht erst versucht; auf der anderen Seite hat sich der Stuckbildhauer Übelher bei großen Aufträgen häufig mit den Brüdern Feichtmayr verbunden, die dann die ornamentalen Stuckarbeiten übernahmen. Wie sich feststellen ließ, bestehen zwischen den Brüdern Feichtmayr und Franz Xaver Schmuzer recht viele Anklänge und Übereinstimmungen. Eine solche, voneinander unabhängige Annäherung im Stile mehrerer Meister setzt gleiches Können und verwandte Denkart voraus. Faßt man all diese Überlegungen zusammen, so muß dem Künstler Franz Xaver Schmuzer in dem Dreigestirn Feichtmayr – Schmuzer – Zimmermann mit geringen Einschränkungen [399] eine adäquate Stellung neben seinen Zeitgenossen zugesprochen werden. Seine technische Meisterschaft und sein sicheres Gefühl für wohlausgewogene, harmonische Stuckdekorationen erweisen ihn als würdiges Mitglied einer Familie, die nach über zweihundertjährigem Bestehen in diesem Rokokokünstler ihren letzten Meister gefunden hat.

398 Diese Behauptung mag zunächst etwas verwundern, wenn man an Johann Baptist Zimmermanns unübertroffene Stuckdekorationen in den Reichen Zimmern der Münchener Residenz und der Amalienburg denkt. Allerdings arbeitete Zimmermann hier »nur« als ausführender Meister nach dem Entwurf Cuvilliés'. Ohne Zimmermanns herausragende Leistung herabmindern zu wollen, wäre, vom technischen Stand her gesehen, vermutlich auch Schmuzer in der Lage gewesen, einen vorgegebenen Entwurf in ähnlicher Weise zu verwirklichen. Vgl. S. 82 ff. und Anm. 345.

399 Infolge des Fehlens einer umfangreichen späten Stuckausstattung Schmuzers in einem Bau von der Größe Zwiefaltens, Vierzehnheiligens oder der Wies kann leider nicht festgestellt werden, wie sich Schmuzers Dekorationskunst einem so großen Raum angepaßt hätte. Ein solcher Vergleich wäre für eine noch genauere Einstufung von Vorteil gewesen.

KATALOG

CHRONOLOGISCHES VERZEICHNIS DER WERKE FRANZ XAVER SCHMUZERS

Archivalisch gesichert

1737/38 ROTTENBUCH (Lkr. Weilheim-Schongau), Ehem. Augustinerchorherrenstift, Umgestaltung der Stiftskirche (Chor).

1739/40 OBERAMMERGAU (Lkr. Garmisch-P.) Pfk. St. Peter u. Paul, Stukkaturen

1740 EISMERSZELL (Lkr. Fürstenfeldbruck), Filialkirche St. Georg, Stukkaturen, Altäre, Kanzel

um 1740 – 1742 STEINGADEN (Lkr. Weilheim-Schongau), Ehem. Prämonstratenserkloster, Umgestaltung des Mittelschiffs der Klosterkirche

1741–45 ROTTENBUCH (Lkr. Weilheim-Schongau), Ehem. Stiftskirche, Umgestaltung des Langhauses. Josephskapelle (n. e.)

1743 WEINGARTEN (Lkr. Ravensburg), Benediktinerabtei, Stukkaturen im nördlichen Klosterflügel

1746 PFAFFENHAUSEN (Lkr. Unterallgäu, früher Mindelheim), Hauskapelle des ehem. Priesterseminars, Stukkaturen und zwei Nebenaltäre

1748 PETZENHAUSEN (Lkr. Landsberg), Frauenkirche, Stukkaturen im Lhs.

1749 PETZENHAUSEN (Lkr. Landsberg), Pfk. St. Peter, Stukkaturen im Chor

1750 OSTERZELL (Lkr. Ostallgäu, früher Kaufbeuren), Pfk. St. Stephan und St. Oswald, Stukkaturen

1750/51 KAPPEL »HEILIG-BLUT« (Lkr. Garmisch-P.), Wallfahrtskirche, Stukkaturen und zwei Seitenaltäre

1751/52 PETZENHAUSEN (Lkr. Landsberg), Pfk. St. Peter, Stukkaturen im Lhs.

1751/52 MARIA STEINBACH AN DER ILLER (Lkr. Unterallgäu, früher Memmingen), Wallfahrtskirche, Stukkaturen (nach Entwurf J. G. Übelhers)

1754/55 SCHMIECHEN (Lkr. Aichach-Friedberg), Wallfahrtskirche Maria Kappel, Stukkaturen und Choraltar

1754/55 HEINRICHSHOFEN (Lkr. Landsberg), Filialkirche St. Andreas, 3 Altäre und Kanzel

1755/57 PETZENHAUSEN (Lkr. Landsberg), Pfk. St. Peter, Choraltar

1760 SEEKIRCH (Lkr. Biberach, früher Saulgau), Pfk. Mariä Himmelfahrt, Stukkaturen im Chor

1763 OBERMARCHTAL (Lkr. Donau-Alb, früher Ehingen), Ehem. Prämonstratenser-Reichsabtei, Stukkaturen im oberen Stock des Südostpavillons

1766 AMMERHOF (Lkr. Tübingen), Ehem. Pfk. St. Andreas (profaniert), Stukkaturen

Zuschreibungen

um 1736 PARTENKIRCHEN (Lkr. Garmisch-P.), Wallfahrtskirche St. Anton, Stukkaturen des Oktogons (Mitarbeit innerhalb der Werkstatt)

1738 BIDINGEN (Lkr. Ostallgäu, früher Marktoberdorf), Pfk. St. Pankratius, Stukkaturen (Werkstattarbeit)

1739 HOLZHAUSEN BEI BUCHLOE (Lkr. Landsberg), Pfk. St. Johannes Bapt., Stukkaturen (Werkstattarbeit)

1739/40 MITTENWALD (Lkr. Garmisch-P.), Pfk. St. Peter u. Paul, Stukkaturen

um 1743 ALTDORF (WEINGARTEN) (Lkr. Ravensburg), Pfk. St. Maria, Stukkaturen (n. e.)

um 1747/48 HOHENPEISSENBERG (Lkr. Weilheim-Schongau), Gnadenkapelle, Stukkaturen

um 1747/48 WINKL (Lkr. Landsberg), Pfk. St. Peter u. Paul, Stukkaturen

um 1752/53	ETTAL (Lkr. Garmisch-P.), Benediktinerabtei, Stukkaturen in der Klosterkirche (Empore und Oratorien) und im Chorsaal
um 1753/54	TÜRKENFELD (Lkr. Fürstenfeldbruck), Pfk. U. L. Frau, Stukkaturen
um 1753/54	HAUSEN BEI GELTENDORF (Lkr. Landsberg, früher Fürstenfeldbruck), Pfk. St. Joh. Bapt., Stukkaturen im Chor
1754	ECHING (Lkr. Landsberg), Sebastianskapelle, Stukkaturen
um 1755	IFFELDORF (Lkr. Weilheim-Schongau), Pfk. St. Vitus und St. Margaretha, Stukkaturen
um 1756/57	ZANKENHAUSEN (Lkr. Fürstenfeldbruck), Pfk. St. Joh. Bapt., Stukkaturen
um 1758/59	ROTTENBUCH (Lkr. Weilheim-Schongau), Ehem. Augustinerchorherrenstift, Stukkaturen in den Klostergebäuden (n. e.)
um 1761	KRÜN (Lkr. Garmisch-P.), Filialkirche St. Sebastian, Stukkaturen und Kanzel, vielleicht auch die Seitenaltäre

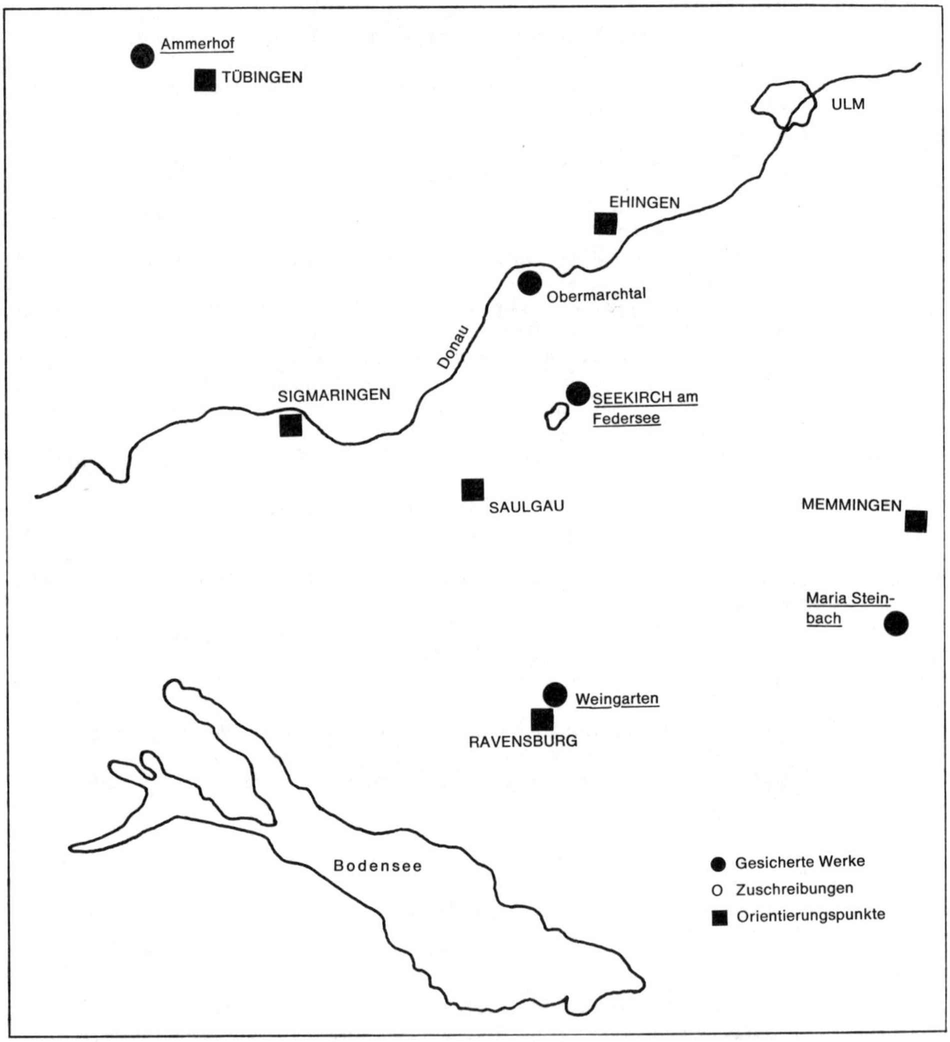

Topographische Übersichtskarte zur Verbreitung der Werke Franz Xaver Schmuzers in Baden-Württemberg

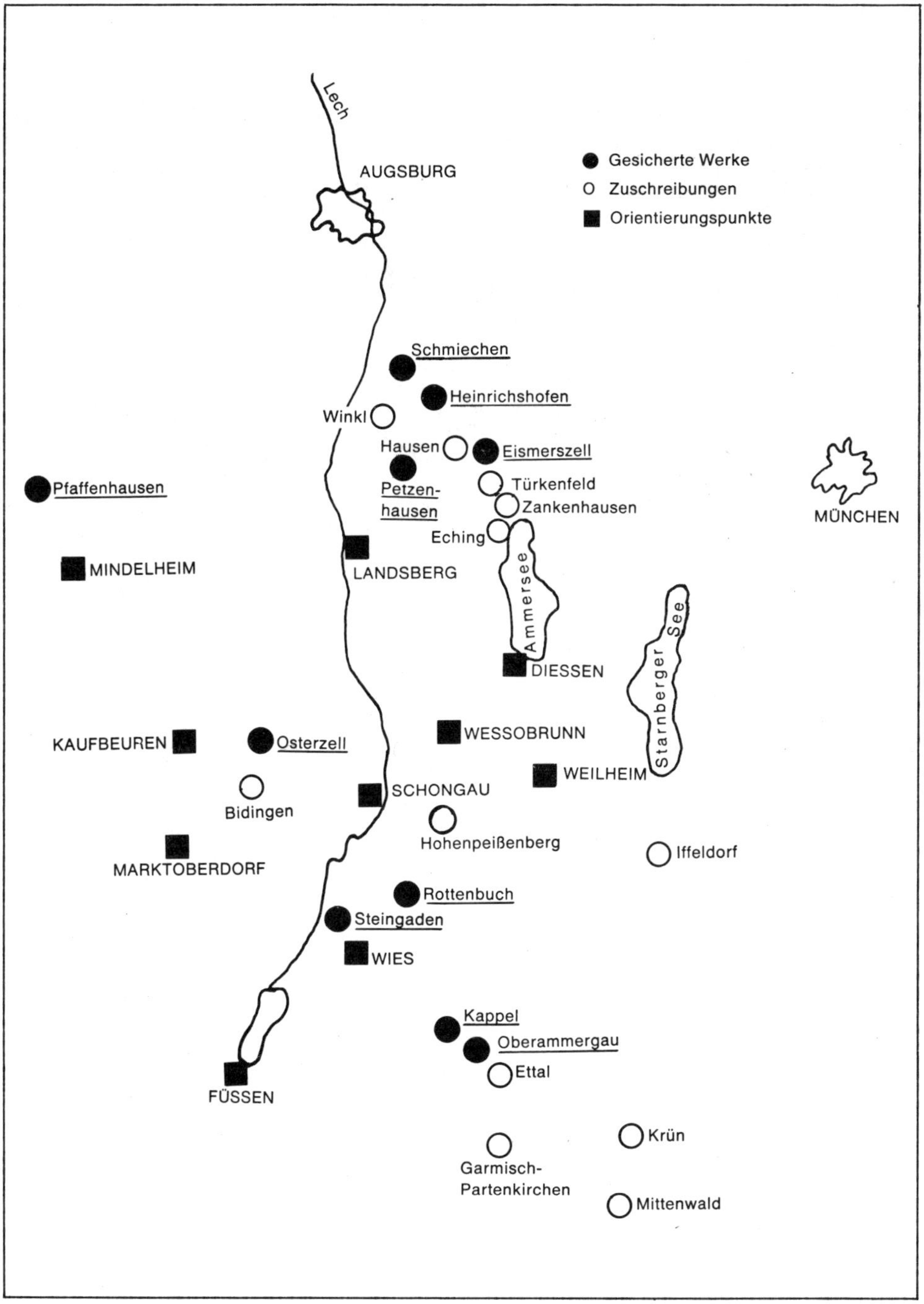

Topographische Übersichtskarte zur Verbreitung der Werke Franz Xaver Schmuzers in Oberbayern und Bayerisch-Schwaben

ALPHABETISCH GEORDNETES WERKVERZEICHNIS

Ammerhof (Lkr. Tübingen), Ehem. Pfarrkirche St. Andreas (profaniert) (Abb. 123, 124).

Literatur: Boeck I, S. 12–18. Boeck II, S. 36 f. Dehio/Piel, S. 14. Der Landkreis Tübingen, Amtl. Kreisbeschreibung III, Stuttgart 1974, S. 75 ff.

Quellen: StA Sigmaringen, Dep. Thurn und Taxis, Archiv Marchtal (siehe Quellenanhang).

Besitzverhältnisse: Seit dem 16. Jh. in Besitz der Reichsabtei Marchtal. 1807 Aufhebung der Pfarrei und Profanierung der Kirche. Heute Eigentum der Württembergischen Hofkammer.

Baugeschichte: Eine Kirche des frühen 17. Jh. wurde durch einen 1736 geweihten Neubau ersetzt. 1756 Anlage eines neuen Kirchhofs und 1765/66 Umbau der Kirche durch den Marchtaler Maurermeister Tiberius Mosbrugger[400]. 1810 durch Einziehen einer Zwischendecke in einen Speicher umgewandelt.

Baubeschreibung: Das Langhaus mit östlich abgerundeten Ecken wird von einer Spiegeldecke überwölbt. Im Westen leicht vorspringende Empore. An der Nordseite des Langhauses das von Pilastern und Säulen flankierte, über eine siebenstufige, geschwungene Freitreppe erreichbare Portal. Eingezogener, von einer Flachkuppel überwölbter Chor in Form eines quer gelagerten Rechtecks mit flachbogigem, apsidialem Schluß. Gedrückter Chorbogen. Über der Apsis aufsteigend der Turm mit welscher Haube.

Stuck: Gesicherte Arbeit F. X. Schmuzers, 1766 für 375 fl. ausgeführt. Recht sparsame, aber wirkungsvolle und sorgfältig durchgearbeitete Stuckdekoration, die sich neben der Betonung der Hauptachsen auf die Eckkartuschen und Fensterbekrönungen konzentriert. Motivisch ist eine Anlehnung an Türkenfeld, Schmiechen und Iffeldorf festzustellen. Auch die Behandlung des Muschel- und Blattwerks unterscheidet sich kaum von den rund zehn Jahre älteren Dekorationen.

Fassung: Wegen des schlechten Erhaltungszustands kaum mehr erkennbar.

Fresken: 1766 von Johann Anton Veeser (1730–1804) aus Andelfingen für 100 fl.

Bidingen (Lkr. Ostallgäu, früher Marktoberdorf), Pfarrkirche St. Pankratius (Abb. 15, 16).

Literatur: Dehio III, S. 70; Ders., Östl. Schwaben, S. 193. Kurzinventar Marktoberdorf, S. 50 f. Steichele-Schröder VII, S. 103–123.

Quellen: HStA München, HANA 6228 (Pfk., Baulichkeiten 1717–1799): keine Erwähnung der Stukkatoren.

Besitzverhältnisse: Patronatsrecht übte seit dem 13. Jh. das Stift St. Gertrud in Augsburg aus. 1506 Verkauf des Dorfes Bidingen an das Hochstift Augsburg.

Baugeschichte: Der romanische Bau, von dem sich Reste im Turm erhalten haben, wurde 1426 erweitert. 1738 Umbau und Neugestaltung des Inneren für 2640 fl. Durchgreifende Restaurierung 1907–1909.

Baubeschreibung: Vierachsiges Langhaus, von einer flachen, korbbogigen, auf Kämpfern ruhenden Stichkappentonne überwölbt. Doppelgeschossige Westempore mit vorgeschwungenem Mittelteil. – Zweijochiger spätgotischer Chor (1426) mit 5/8-Schluß. Im 18. Jh. Umwandlung des gotischen Gewölbes in eine Stichkappentonne. An der Nordseite des Chors der romanische Turm mit je einem gotischen und barocken Glockengeschoß.

Stuck: Wessobrunner Arbeit aus dem Jahre 1738, die aufgrund ihrer Abhängigkeit vom Rottenbucher Chor und Querhaus der Werkstatt Joseph Schmuzers zugeschrieben werden darf. Überraschend reiche, wirkungsvolle Dekoration aus Band-, Gitter- und Laubwerk mit vereinzelten Muschelmotiven (meist als Kartuschenabschluß).

Fassung: Gelb und grau getönte Stukkaturen auf weißem Grund, das Blattwerk in den Girlanden und Vasen grün gefaßt.

Fresken: Im Langhaus von Johann Georg Wolcker (1700–1766) aus Augsburg, sig. »Joannes Georgius Wolcker Augusta. Inven. et pinx. Ao. 1738«. Im Chor spätes 19. Jh.

---

400 Ein Werkverzeichnis des Tiberius Mosbrugger findet sich bei Lieb/Dieth III, 1976, S. 106.

ECHING (Lkr. Landsberg), Sebastianskapelle (Abb. 103, 104).

Literatur: Heimatbuch Landsberg, S. 444; München I, S. 221; Kirchenführer Eching, o. O. u. J.

Quellen: Fehlen (nach Auskunft von Wilhelm Neu).

Besitzverhältnisse: Um 1107 an Kloster Scheyern, gelangte die Echinger Pfarrei 1390 durch Tausch als Pfründe an das Bistum Freising (bis 1803).

Baugeschichte: Die Kapelle wurde während einer Pestseuche um das Jahr 1650 erbaut, 1651 geweiht. Das Innere 1754 umgestaltet. Letzte Renovierung etwa 1968.

Baubeschreibung: Langhaus zu zwei Achsen mit Spiegelgewölbe und umlaufendem reich profiliertem Gesims im Inneren. Im Westen ein Vorzeichen. Auf dem Westgiebel ein Dachreiter mit Zwiebelhaube. Eingezogener, dreiseitig schließender Chor.

Stuck: F. X. Schmuzer zuzuschreiben, zu dessen Dekorationen in Osterzell, Kappel und Petzenhausen (Chor der Pfarrkirche) enge Verwandtschaft besteht. Die Entstehungszeit ist indirekt durch den 1754 aufgestellten und signierten Altar Johann Luidls gegeben.

Fassung: Hellgrüner Stuck mit zartgelben Innenspiegeln, die Blütenranken sowie die Kartuschenfelder rosa getönt. Das quergerippte Ornament in der Nord-Süd-Achse grau gefaßt.

Fresken: Keine.

EISMERSZELL (Lkr. Fürstenfeldbruck), Filialkirche St. Georg und St. Veit (Abb. 23–25 und Farbtafel IV).

Literatur: DEHIO/GALL, S. 137; DISCHINGER, S. 138; Heimatbuch Fürstenfeldbruck, S. 240; Historischer Atlas 22/23, S. 174; KDB Obb. I, 1, S. 452; München I, S. 228; NEU III, S. 19.

Quellen: PfA Moorenweis (siehe Quellenanhang).

Besitzverhältnisse: Eismerszell ist eine Filiale der Pfarrei Moorenweis, deren Kirchensatz im 12. Jh. an das Kloster Wessobrunn verkauft wurde.

Baugeschichte: Nachdem die ältere Kirche 1737 so baufällig geworden war, daß sie geschlossen werden mußte, wurde von 1739 an über dem beibehaltenen alten Kern durch Joseph Schmuzer ein Neubau errichtet. Weihe erst 1767. Letzte Renovierung 1934.

Baubeschreibung: Einschiffiges Langhaus zu drei Achsen mit flacher Stichkappentonne. Eingezogener, halbrund schließender Chor, durch Doppelpilaster gegliedert. An seiner Südseite die Sakristei, an der Nordseite ein entsprechender Raum, über beiden Oratorien. Im Westen Turm mit Zwiebelhaube.

Stuck: Gesicherte Arbeit F. X. Schmuzers, 1740 für 182 fl. ausgeführt. Noch von Bandwerk durchsetzte, doch auch recht viel Muschelwerk verwendende Dekoration. Zwar sind einige Motive aus früheren Werken Joseph Schmuzers übernommen [401], doch zeugt ihre Verarbeitung von der Auseinandersetzung Schmuzers mit dem Formenschatz des Vaters. Die reiche Chordekoration, die auf die Rottenbucher Seitenschiffe hinweist, und die in den Langhauskartuschen sichtbare Weiterentwicklung des Oberammergauer Kartuschentyps lassen Eismerszell zum Beginn der selbständigen Tätigkeit F. X. Schmuzers werden. Die grün gefaßten Stukkaturen an der doppelgeschossigen Westempore stammen wahrscheinlich von Thassilo Zöpf, um 1770/75.

Fassung: Weiß auf rosa oder rosa auf weiß getöntes Stuckwerk mit grün unterlegten Gitterfeldern. In den Langhausstichkappen gelb unterlegtes Gitterwerk mit grünen Rosetten. Die Blumenranken gelb und grün gefaßt. An der Kanzel hellblaue Stukkaturen auf zartgelbem oder weißem Grund.

Fresken, Von Johann Georg Wolcker, um 1740 [402].

ETTAL (Lkr. Garmisch-Partenkirchen), Benediktinerkloster und -kirche St. Marien (Abb 55, 85–91, 94 und Farbtafel IX).

Literatur: DEHIO III, S. 136 f., DEHIO/GALL, S. 206 ff.; DISCHINGER, S. 111 ff., 139 f.; Festschrift zum 600jährigen Weihejubiläum der Klosterkirche Ettal (Ettaler Mandl 49) 1969/70; HEILBRONNER, S. 46 f.; HITCHCOCK II, S. 145 ff.; HOFFMANN, Ettal, S. 94 ff.; KDB Obb. I, 1, S. 621; KKF

---

401 Die Chorkartuschen und Stichkappenornamente in Eismerszell erinnern an Gablingen, Rottenbuch (Chor und Querhaus) und Oberammergau.

402 DISCHINGER, S. 138.

Nr. 7; L. KOCH, S. 29 ff.; G.-F. KOCH, S. 76; LIEB/HIRMER, S. 98 ff., 160; MAYER-WESTERMAYER III, S. 7 ff. HUGO SCHNELL, Ettal (Großer Kunstführer Nr. 3), München 1938; WALDSTEIN-WARTENBERG, S. 81 ff.; P. S. WELLNHOFER, Kirchenführer Ettal, Ettal o. J.

Quellen: StA München KL 197/23; HStA München, LA, Rep. 46/2, Fasz. 18, Nr. 54: Calendarien (äbtliche Ausgabebücher) 1739–1762.

Besitzverhältnisse: Landständisches Kloster. Die Pfarrei Ettal gehörte zum Archidiakonat Rottenbuch und damit zum Erzbistum München-Freising.

Baugeschichte: Klostergründung 1330. 1370 Weihe von Kloster und Kirche, die als zwölfeckiger Zentralbau ausgebildet war. Von 1710 an Umgestaltung der got. Kirche und Neuanlage des Stifts nach Entwürfen von Enrico Zuccalli. Nach dem Brand vom Juni 1744 bereits von 1745 an Wiederherstellungsarbeiten an Kirche und Kloster unter Leitung von Joseph Schmuzer. 1748 Vollendung des Kuppelbaus, 1748–51 Kuppelfresko, 1753/54 Fertigstellung der Konventgebäude. 1762 Weihe der Kirche. Ausbau der Türme 1854 bzw. 1905/06.

Baubeschreibung: Der got. Zentralbau wurde im 18. Jh. um eine Vollkuppel mit Laterne und eine dem Zwölfeck vorgelagerte, konvexe Doppelturmfassade bereichert. Innen zweigeschossige Pilastergliederung, von einem verkröpften Gesims unterteilt (im Obergeschoß durch schmale Fenster unterbrochen). Im Westen geschwungene Orgelempore auf Marmorsäulen. Im Chor (1710 ff.) mit zweigeschossigem Umgang Deckengemälde von Martin Knoller (1769) und frühklassizistische Ausstattung (1786 ff.).

Stuck: Wahrscheinlich eine Gemeinschaftsarbeit J. G. Übelhers und F. X. Schmuzers, wobei die Stukkaturen über dem ersten Geschoß einschließlich der Kapitelle und aller figürlichen Elemente Übelher zuzuschreiben sind. Bei den Stukkaturen an Empore, Portal und Oratorien scheint er zu einem nicht unwesentlichen Teil von F. X. Schmuzer unterstützt worden zu sein, wie dessen Dekorationen in der Kappel, in Türkenfeld, Schmiechen und Iffeldorf beweisen. Wohl im Anschluß an die Klosterkirche wurde (um 1752/53) der *Chorsaal* mit einer Rocailledekoration ausgeziert, die F. X. Schmuzer aufgrund seiner Stukkaturen in Kappel, Türkenfeld und Hausen zugeschrieben werden muß.

Fassung: In der Klosterkirche weiß und rosa gefaßte Stukkaturen mit reicher Vergoldung auf weißem Grund. Im Chorsaal überwiegend graue, zu kleineren Teilen altrosa gefaßte Stukkaturen auf weiß.

Fresken: Von Johann Jakob Zeiller (1708–1783): Kuppel 1748–51, Chor- und Kapitelsaal 1754/1755 (bez.) [403].

HAUSEN BEI GELTENDORF (Lkr. Landsberg, früher Fürstenfeldbruck), Pfarrkirche Unserer Lieben Frau [404] (Abb. 102).

Literatur: DEHIO/GALL, S. 137; Heimatbuch Fürstenfeldbruck, S. 263 f.; Historischer Atlas 22/23, S. 173; München I, S. 270 f.

Quellen: Nach Mitteilung von Wilhelm Neu sind im Pfarrarchiv keine Bauakten vorhanden.

Besitzverhältnisse: Der Besitz derer von Hausen kam um 1400 an die Seefelder, Adelshofer, Fugger, Dünnenfeld und verschiedene Klöster. Gleichzeitig wurde Hausen selbständige Pfarrei. Vogtei zur Hofmark Schmiechen.

Baugeschichte: Der Bau stammt im Kern aus spätgotischer Zeit; der Turm geht auf die zweite Hälfte des 16. Jh. zurück. Das Lhs. (Ende 17. Jh.) wurde 1741 barockisiert (Jahreszahl am Dachstuhl). 1754 erneute Umgestaltung und Stuckierung. Letzte Ausmalung und Stuckierung des Lhs. 1795.

Baubeschreibung: Die Stichkappentonne des dreiachsigen Langhauses ruht auf Doppelpilastern, die des eingezogenen, polygonalen Chores auf einfachen Pilastern. Westliche Vorhalle auf zwei toskanischen Säulen. An der Südseite des Chores der hohe Satteltum, an der Nordseite die Sakristei.

---

403 MATSCHE, S. 204 ff., 625 ff.

404 Über das Patrozinium der Pfarrkirche in Hausen liegen verschiedene Angaben vor. So ist die Kirche nach dem Historischen Atlas von Bayern (22/23, S. 173) St. Johann Baptist, nach DEHIO/GALL (S. 137) Unserer Lieben Frau und nach Heimatbuch Fürstenfeldbruck (S. 263) St. Nikolaus geweiht. Da die Deckenfresken Themen aus dem Marienleben wiedergeben, ist dem Patrozinium Unserer Lieben Frau der Vorzug zu geben.

Stuck: Die um 1753/54 entstandene, F. X. Schmuzer zuzuschreibende Stuckdekoration ist nur im Chor erhalten (Lhs. 1795 umgestaltet). Anordnung und Aufteilung der Stukkaturen wie in Osterzell, Schmiechen und Iffeldorf. Gleicher Deckenspiegel wie in Winkl und Schmiechen. Neu ist das Motiv der Schildkartusche. Viele Anklänge an Türkenfeld [405].

Fassung: Weiße Stukkaturen auf grauem oder gelbem Grund. Der Freskorahmen ist gelb gefaßt. Die Innenfelder der Kartuschen sind rostrot oder türkisgrün ausgefüllt. Die Blumengirlanden, Stucktropfen und Umrisse der einzelnen Ornamente sind vergoldet.

Fresken: 1795 von Johann Baptist Anwander [406].

HOHENPEISSENBERG (Lkr. Weilheim-Schongau, früher Schongau), Gnadenkapelle (Abb. 53–58 und Farbtafel VII).

Literatur: DEHIO III, S. 216, DEHIO/GALL, S. 267 f.; DISCHINGER, S. 157 f.; HEILMAIER, S. 124–139; Historischer Atlas 22/23, S. 247; HITCHCOCK II, S. 149 f.; KDB Obb. I, 1, S. 583; KKF Nr. 759; G.-F. KOCH, S. 78; MAYER-WESTERMAYER III, S. 13; MOIS II, S. 3–84; PÖRNBACHER I, S. 178.

Quellen: Fehlen.

Besitzverhältnisse: Die Wallfahrt Hohenpeißenberg wurde 1608 dem Kloster Rottenbuch einverleibt und unterstand dem Landgericht Schongau.

Baugeschichte: 1514 mit Unterstützung des Rottenbucher Propstes Hieronymus Hueber Erbauung einer Kapelle auf dem Hohenpeißenberg (der heutige Chor der Gnadenkapelle). Um 1582 Erweiterung dieser Kapelle um ein westliches Langhaus. 1616–1619 Anbau einer neuen Wallfahrtskirche. 1652 Ausschmückung der Gnadenkapelle mit reichem barocken Stuck. 1747/48 Umgestaltung der Gnadenkapelle »von denselben Künstlern, die der Rottenbucher Stiftskirche ihre vielbewunderte Rokoko-Dekoration gegeben hatten« [407].

Baubeschreibung: Altarraum und Langhaus sind gleich breit, so daß am Außenbau der Übergang vom Chor zum Schiff lediglich durch einen Strebepfeiler markiert wird. Hohe, spitzbogige Fenster aus der Erbauungszeit. Die westliche Achse des Hauptraumes mit geschweifter Fensterform über dem ehemaligen seitlichen Eingang während der Umgestaltung 1747/48 angebaut. Auf das Schiff entfallen drei Fensterachsen, auf den Chor zwei. Das Lhs. wird von einer flachen, elliptischen Pendentifkuppel überwölbt, der dreiseitig schließende Chor von einer Stichkappentonne. Pilastergliederung mit Rocaillekapitellen.

Stuck: Zuschreibung um 1747/48 (Fresken 1748 bez.) an Joseph und Franz Xaver Schmuzer. Die Stukkaturen lehnen sich eng an das Rottenbucher Lhs. an; es ergeben sich aber auch Parallelen zu den Weingartener Dekorationen [408], so daß dem jüngeren Schmuzer ebenfalls einiger Anteil an dem Hohenpeißenberger Entwurf eingeräumt werden muß. Kartuschenform mit Hinweisen auf Winkl, Osterzell, Petzenhausen.

Fassung: Im Chor und an der Westwand bis zum Gewölbeansatz zartgelb gefaßte, sonst weiße Stukkaturen mit reicher Vergoldung auf rosa, türkis oder hellblau getöntem Untergrund.

Fresken, 1748 von Matthäus Günther (1705–1788) [409].

---

405 Mit Türkenfeld gemeinsam hat die Hausener Dekoration die Kartuschenform, die häufigere Tropfenbildung, die blattartigen Auswüchse an den Muschelwerkbögen, die Rocailleranken auf den Pilastern und den von einem Blattwedel überkreuzten C-Bogen.

406 In THIEME-BECKER II, 1908, S. 20, keine Angabe der Lebensdaten Anwanders. Vermutlich handelt es sich in Hausen um den gleichnamigen Sohn des Schwäbischen Rokokomalers Johann Anwander, vgl. JULIUS SCHÖTTL, Der schwäbische Barockmaler Johann Anwander (1715–1770), in: Jb. des Hist. Vereins Dillingen 54, 1952/53, S. 192, 206.

407 MOIS im KKF Nr. 759, S. 4.

408 Das Vorbild Weingarten (Bischofszimmer) läßt sich in den Tür- und Fensterumrahmungen sowie der Gliederung der Westwand erkennen, während die Detailbehandlung mit spitz zulaufendem Rocaillewerk, goldenen Pfeifen und Blattwerk mit umgebogenen Spitzen an Rottenbuch anknüpft.

409 GUNDERSHEIMER, S. 40 f.

IFFELDORF (Lkr. Weilheim-Schongau, früher Weilheim), Pfarrkirche St. Vitus und St. Margaretha (Abb. 109–112).

Literatur: BRAUN I, S. 346 f.; DEHIO/GALL, S. 187; Historischer Atlas 4, S. 22; KDB Obb. I, 1, S. 706; München I, S. 70 f.; WILLI MAUTHE, Der Pfaffenwinkel, Weilheim 1968, S. 46; Sakrale Kunst in Bayern II: Die Diözese Augsburg, Marzoll o. J., S. 87.

Quellen: HStA München GL 4442/121 (Die Pfarrei Iffeldorf betreffend) ohne Künstlerangaben.

Besitzverhältnisse: Die Hofmark Iffeldorf ging 1682 aus dem Besitz der Höhenkirchner von Königsdorf an das Kloster Wessobrunn.

Baugeschichte: Nach einem Brand der got. Kirche 1698 ließ 1707/08 der Weihbischof von Augsburg, Johann Casimir, die Kirche wiederherstellen. 1755 Neugestaltung des Innenraums (Chronogramm am Chorbogen). Letzte Renovierung 1937, dabei Verlängerung des Langhauses nach Westen.

Baubeschreibung: Langhaus zu ursprünglich 3 Achsen, das 4. Joch erst 1937 angebaut. Westempore auf zwei geschnitzten Säulenpaaren. Vor der Westwand ein Vorzeichen. An der Nordwand des Langhauses neben dem ersten westlichen Joch das Treppenhaus zur Empore angebaut. Eingezogener Chor zu 3 Achsen mit 3/8-Schluß. Einheitliche Gliederung durch flache Pilaster mit hohem Kämpfer, darüber Stichkappentonne. An der Nordseite des Chors zweigeschossiger Anbau; an der Chorsüdseite der quadratische Turm mit achteckigem Aufsatz und Zwiebelhelm.

Stuck: F. X. Schmuzer zuzuschreiben, im wesentlichen 1755 entstanden (Fresken 1755 bez.). Das Schema der Chordekoration wurde, wie auch in Hausen, Schmiechen und Türkenfeld, von Osterzell übernommen, während sich im Lhs. mehr der Einfluß der Kappel bemerkbar macht [410]. Fein geripptes Rocaillewerk mit wellenförmig gebogenen Rändern und rippenartig hervortretenden Verdickungen. Langgestreckte Stucktropfen, die manchmal an Eiszapfen erinnern (vgl. Ammerhof). Sehr häufige Verwendung von goldenen Pfeifen, auch als Füllung des Gitterwerks. Die für Schmuzers zweite Stilphase [411] charakteristischen Knorpelringe und gekneteten Wülste fehlen hier. Dafür erneutes Auftreten älterer Motive: so enden die C-Bögen oft in Blattranken, und an den Scheiteln mancher Kartuschen sitzen stilisierte Palmetten. An den Innenseiten vieler Rocailleschwünge folgen Blattwedel der Linie des Bogens.

Fassung: Weiß oder rosa getönte Stukkaturen auf weißem Grund. Die Freskorahmen sind gelb gefaßt, die Gitterfelder grün unterlegt. Auf der Innenseite des Chorbogens und an der Empore hellgrau getönte Ornamente auf gelbem Grund. Reiche Vergoldung: außer allen vegetabilischen Elementen, Pfeifen und Verdickungen des Muschelwerks sind auch die Kappengrate mit vergoldeten Leisten eingefaßt.

Fresken: 1755 von Johann Jakob Zeiller (1708–1783) aus Reutte [412].

DIE KAPPEL BEI UNTERAMMERGAU (Lkr. Garmisch-Partenkirchen), Wallfahrtskirche Hl. Blut und St. Maria Magdalena (Abb. 76–80, 83, 84 und Farbtafel VIII).

Literatur: ANTON BAUER, Die Kappelkirche, in: Schlecht-Kiener, Kalender bayerischer und schwäbischer Kunst, o. O. 1929; DEHIO/GALL, S. 211 f.; Historischer Atlas 6, S. 40; HITCHCOCK II, S. 250, Anm. 53; KDB Obb. I, 1, S. 640; KKF Nr. 45; MAYER-WESTERMAYER III, S. 32; MOIS, Kirchenführer 1. Aufl. 1969.

Quellen: StA München, KL Rottenbuch Nr. 643/26a umfaßt die Jahre 1295–1696, hat also für die Umgestaltung der Kappel keine Bedeutung [413]. AEM, B 624 (Doctor Ecclesiae Augustinus Archidiaconatus Rottenbuechensis Visitatus Anno 1707) behandelt ausschließlich das Jahr 1707 [414]. Pfarrarchiv Unterammergau (siehe Quellenanhang).

Besitzverhältnisse: Zur Pfarrei Unterammergau gehörig. Diese war dem Kloster Rottenbuch inkorporiert und unterstand dem Klostergericht Ettal.

Baugeschichte: An eine Wallfahrtskapelle aus got. Zeit (Turm noch erhalten) wurde 1618/19 ein Langhaus angebaut. Vorzeichen 1669. 1680 Neubau des Chors nach Plan von Johann Schmuzer. 1750/51 wurde die ganze Kirche mit Stukkaturen von F. X. Schmuzer geschmückt, von dessen Hand auch die Seitenaltäre sind. Letzte Renovierung 1967/68.

---

410 Zwickelkartuschen, Stichkappenfüllungen.
411 Zum Beispiel in Osterzell, Kappel, Petzenhausen (Pfk.) und Türkenfeld.
412 MATSCHE, S. 282 ff., 632 f.
413 Als Quelle angegeben im Kirchenführer von JAKOB MOIS, S. 15.
414 Wie Anm. 413.

Baubeschreibung: Das Lhs. ist ein dreiachsiger Saalbau, der (wie der Chor) von einer gedrückten Stichkappentonne überwölbt wird. Gliederung durch Doppelpilaster ohne Kapitelle, im Chor einfache Pilaster. An der Nordwand des Langhauses ein Vorzeichen. Eingezogener, halbrund schließender Chor zu zwei Achsen. Nördlich des Altarraums der got. Turm, westlich die Sakristei.

Stuck: Gesicherte Arbeit F. X. Schmuzers aus den Jahren 1750/51. Die in Osterzell einsetzende zweite Stilphase, die sich durch eine vielfältigere und abwechslungsreichere Behandlung des überlieferten Muschelwerks auszeichnet [415] und knorpelartig verdickte Rocaillen bevorzugt, erlebt in der Kappel ihren ersten Höhepunkt. Die Rocaillen werden häufig mit einem wulstigen, wie geknetet wirkenden Rand versehen. Oft liegen mehrere Schichten übereinander. Charakteristisch sind neben Knorpelringen auch die Rocaille»ohren«, die den Kartuschen seitlich angefügt sind. Formal greift Schmuzer auf Osterzell [416], Hohenpeißenberg [417] und Petzenhausen Pfk. [418] zurück; bei den Stichkappenfüllungen machen sich teilweise noch ältere Einflüsse [419] bemerkbar.

Fassung: Weiß, rosa oder grau getönte Stukkaturen auf rosa, zartgelbem oder weißem Grund. Die Freskorahmen sind gelb, die Blumenranken grau gefaßt. Innenfelder grau, hellblau oder gelb.

Fresken: 1799 von Franz Zwinck aus Oberammergau [420].

KRÜN (Lkr. Garmisch-Partenkirchen), Filialkirche St. Sebastian (Abb. 116–119).

Literatur: DEHIO/GALL, S. 212; Historischer Atlas 9, S. 27; KDB Obb. I, 1, S. 632; MAYER-WESTERMAYER III, S. 585; NEU III, S. 28; Unser Werdenfelser Land, Eine heimatkundliche Stoffsammlung, Band: Mittenwald, Wallgau, Krün, Staatl. Schulamt Garmisch-Partenkirchen 1967, S. 181 f.; RUDOLF WÜNNENBERG, Werdenfels, München 1970, S. 173.

Quellen: AEM, Pfarrakten Mittenwald, Filiale Krün (darin keine Angaben zu den ausführenden Künstlern).

Besitzverhältnisse: Krün unterstand als Filialkirche von Mittenwald dem Hochstift Freising.

Baugeschichte: Eine baufällige, 1744 noch ungeweihte Kapelle wurde 1760 durch einen größeren Neubau ersetzt. Baumeister unbekannt. Weihe erst 1791. Letzte Renovierung 1967/68.

Baubeschreibung: Zweiachsiges Langhaus mit abgerundeten Ecken, von einer kreisrunden Flachkuppel überwölbt. Einfache Westempore. Geschweifter Westgiebel. Eingezogener Chor mit großen nierenförmigen Fenstern. Flachkuppel. Gedrückter Chorbogen. Im Anschluß an den geraden Chorschluß im Osten der Turm mit Zwiebelhelm.

Stuck: Zuschreibung an F. X. Schmuzer, wahrscheinlich 1761 entstanden. Wegen der Flachkuppeln in Chor und Lhs. konzentriert sich die Stuckdekoration auf jeweils vier Kartuschen in den Pendentifs, auf Fensteraufsätze und auf kleinere Kartuschen über dem Chorbogen und zwischen den Langhausfenstern. Direkte Vorbilder werden, mit Ausnahme der an Oberammergau orientierten Fensterbekrönungen im Lhs., nicht angesprochen. Die relativ sparsame, aber ansprechende Dekoration aus Rocaillewerk mit Gitterfeldern und zarten Blumenranken steht in der Nachfolge von Türkenfeld, Schmiechen, Iffeldorf und Zankenhausen.

Fassung: Zartgelb oder hellblau getönte Stukkaturen auf rosa oder weißem Grund. Auf der Unterseite des Chorbogens weiße Ornamente mit rosa getönter Innenfläche auf Goldmuster. Die Gitterfelder sind grün unterlegt und mit gelben »Eiern« besetzt. Die Innenflächen der Kartuschen sind zartgelb, die Blütenzweige am Chorbogen rosa und grün gefaßt.

Fresken: Die Deckenfresken und Altargemälde von dem Mittenwalder Maler Peter Guglhör; das Choraltarblatt ist am Halsband des Hundes »1761« bezeichnet.

---

415 Eine Ausnahme bilden in dieser Hinsicht Rottenbuch und die davon abhängigen Dekorationen, wo bereits eine kaum zu überbietende Vielfalt in der Behandlung des Muschelwerks geboten wird.

416 Kartuschen, Stichkappenbekrönung und Langhausfreskorahmen sind von Osterzell beeinflußt.

417 Stichkappenbekrönung und Chorbogenkartusche erinnern an Hohenpeißenberg.

418 In der Pfk. Petzenhausen wurden ein vergleichbarer Langhausfreskorahmen und ähnliche Kartuschen verwendet.

419 Oberammergau, Mittenwald, Eismerszell.

420 In THIEME-BECKER XXXVI, 1947, S. 612, werden keine Lebensdaten Zwincks genannt.

Mittenwald (Lkr. Garmisch-Partenkirchen), Pfarrkirche St. Peter und Paul (Abb. 21, 22 und Farbtafel III).

Literatur: Dehio III, S. 308; Dehio/Gall, S. 212 f.; Dischinger, S. 99 ff., 143; Historischer Atlas 9, S. 26; Hitchcock I, S. 171 f.; Hitchcock II, S. 143 f.; KDB Obb. I, 1, S. 632 f.; Kirchenführer, hg. im Auftrag des Kath. Pfarramtes Mittenwald, 2. Aufl. 1969; KKF Nr. 17; Mayer-Westermayr III, S. 584; Ohne Verfasser, Des Josef Schmuzer Kostenvoranschlag zu dem von ihm entworfenen Umbau der Pfarrkirche in Mittenwald: Jb. des Vereins für christl. Kunst in München 5, 1921, S. 101 f.

Quellen: StA München, GL 4488/51; AEM, Fasz. Mittenwald, Pfarrkirchenbau; Kirchenrechnungen, veröffentlicht in: Heimatpfleger von Oberbayern, Reihe A Heft 7, Kirchen der ehem. Grafschaft Werdenfels, Beiträge zu ihrer Bau- und Kunstgeschichte aus den Kirchenrechnungen des 17. und 18. Jh., bearb. von Sigfrid Hofmann, Schongau 1955. In allen Quellen keine Erwähnung F. X. Schmuzers [421].

Besitzverhältnisse: Die Pfarrei unterstand 1294–1803 dem Hochstift Freising, Grafschaft Werdenfels.

Baugeschichte: Pläne zum Neubau der baufällig gewordenen got. Kirche 1736 von Joseph Schmuzer. Baubeginn 1737. Im September 1738 Aufstellung des Dachstuhls. 1739 Beginn der Bauarbeiten an Chor und Turm. 1740 Abnahme des Innengerüsts. 1746 Fertigstellung des Turmes. 1749 Weihe. Letzte Renovierung 1974–76.

Baubeschreibung: Fast quadratisches, dreiachsiges Lhs. mit flacher Pendentifkuppel. Im Westen apsidenförmiger Schluß mit doppelgeschossiger Empore; östlich des Kuppelraums ein leicht eingezogenes Raumteil mit böhmischem Gewölbe und rechteckigen Kapellenanbauten zu beiden Seiten. Eingezogener Chor mit Halbkreisschluß und Stichkappentonne. An seiner Südseite der 1746 fertiggestellte Turm, nördlich die Sakristei.

Stuck: In der Kreuzkapelle von Benno Perghofer aus Polling (nach 1727). In Chor und Schiff 1739/40 entstanden. Zuschreibung an Joseph (Entwurf – vgl. Gablingen, Partenkirchen, Rottenbuch) und Franz Xaver Schmuzer (Ausführung – vgl. Rottenbuch, Oberammergau). Die Mittenwalder Stukkaturen knüpfen besonders eng an Rottenbuch (Chor und Qhs.) und das gleichzeitige Oberammergau an. Es findet noch keine Auseinandersetzung mit der 1738 durch Cuvilliés' erste Ornamentstichserie nach Deutschland gebrachten Rocaille [422] statt, so daß die Mittenwalder Dekoration im Grunde noch dem Spätbarock zuzurechnen ist.

Fassung (nach der Restaurierung 1976)*:* Vorwiegend graue Stukkaturen auf weißem Grund. Die Freskorahmen sind gelb oder grau gefaßt, die geflügelten Engelsköpfe rosa. Vergoldet wurden alle Blüten- und Blattranken, Glöckchen, Rosetten und das Gitterwerk [423].

Fresken: In der Kreuzkapelle von Jos. Dieffenbrunner (nach 1727) [424], in Chor und Schiff 1740 von Matthäus Günther (1705–1788) [425].

Oberammergau (Lkr. Garmisch-Partenkirchen), Pfarrkirche St. Peter und Paul (Abb. 17–20).

Literatur: Dehio III, S. 380; Dehio/Gall, S. 210 f.; Dischinger, S. 97 ff., 144 f.; Hager I, S. 433; Hager II, S. 33; Historischer Atlas 6, S. 39; Hitchcock II, S. 137 f.; KDB Obb. I, 1, S. 636; KKF Nr. 21; Mayer-Westermayer III, S. 18 ff.; Mois IV, S. 140–153; Pörnbacher I, S. 180.

---

421 Archivalische Sekundarverweise auf Mittenwald finden sich bei Hoffmair (AEM, 8°/190), S. 57 (1737), 106 (1740).

422 Bauer, S. 39.

423 Im Vergleich dazu sei die vorherige, im Laufe der Zeit stark verschmutzte Fassung (von 1951?) erwähnt, die dem Raum ein beinahe düsteres Aussehen verlieh. Die rosa und weiß gefaßten Stukkaturen standen auf überwiegend rosarotem, aber auch gelbem, weißem und graugrünem Grund. Die Innenflächen waren rosa oder grün ausgefüllt.

424 Hitchcock II, S. 135.

425 Gundersheimer, S. 24 ff.

Quellen: AEM, Sig. 8°/190 (siehe Quellenanhang). In den Kirchenrechnungen des PfA Oberammergau keine Erwähnung der Stukkatoren [426].

Besitzverhältnisse: Seit dem 14. Jh. in Besitz des Klosters Rottenbuch. Die »weltliche« Herrschaft war das Kloster Ettal, dem seit seiner Gründung das Klostergericht Ammergau zugehörte.

Baugeschichte: Beginn des Neubaus 1736 durch Joseph Schmuzer [427]. Bauherren waren die Rottenbucher Pröpste Patritius Oswald und nach dessen Tod (1740) Clemens Prasser, der zuvor Pfarrvikar in Oberammergau war. Im Oktober 1738 Aufstellung des Dachstuhls. Von 1739 an Innenausstattung. 1742 Abschluß der Bauarbeiten. Weihe 1749. Letzte Renovierung 1931.

Baubeschreibung: Das Lhs. ist ein breiter Saal, zusammengesetzt aus zwei westlichen Achsen mit Stichkappentonne und einem von einer ovalen Flachkuppel überspannten rechteckigen Raum; in dessen Querachse flache Seitenkapellen, die auch am Außenbau sichtbar werden. Der stark eingezogene, lange Chor mit halbrundem Schluß ist unterteilt in einen annähernd quadratischen, von einer flachen Pendentifkuppel überwölbten Altarraum und die Sakristei. Einheitliche Innengliederung durch Kompositpilaster. Im Westen quadratischer Turm mit Zwiebelkuppel über achteckigem Obergeschoß.

Stuck: Gesicherte, 1739/40 von acht Wessobrunner Stukkatoren unter Leitung von F. X. Schmuzer ausgeführte Arbeit. Reiche, aber nicht überladen wirkende Dekoration, die die Flächen wie ein feines Gespinst überzieht. Vorherrschend ist reine Bandwerkornamentik, durchsetzt mit Laubwerk, Blatt- und Blütengirlanden, Weinlaubranken, Muschelrändern und Gitterfeldern. In den Kartuschen sind noch Elemente früherer Dekorationen (Rottenbuch Qhs.) festzustellen, doch ist hier eine vergleichsweise reduzierte Form angewendet, die sich in den folgenden Dekorationen F. X. Schmuzers durchsetzt und weiterentwickelt wird [428]. Mit Ausnahme der Kapitelle, die die unmittelbare Vorstufe zu den Rottenbucher Langhauskapitellen darstellen, ist an der Oberammergauer Stuckdekoration das für die Zeit ungewöhnliche Fehlen jeglicher Rokoko-Ornamentik auffallend. Die Stukkaturen sind »zwar wesentlich entwickelter als jene in Garmisch, zeigen aber immer noch (im Unterschiede zu Dießen) den frühen Rokokostil mit viel Band- und Pflanzenwerk und Blumen« [429].

Fassung: Vorwiegend weiß und rosa getönte Stukkaturen auf weißem Grund. Auf den grün unterlegten Gitterfeldern sitzen gelbe Rosetten. Keine Vergoldung. Jakob Mois hegt berechtigte Zweifel [430], ob die bei der letzten Restaurierung 1931 bevorzugte Eintönigkeit der Stuckfarben dem Originalzustand entsprechen soll, und vergleicht die Farbigkeit von Rottenbuch mit Oberammergau.

Fresken: Langhausfresken 1741, Chorfresko 1761 von Matthäus Günther [431].

Obermarchtal (Lkr. Donau-Alb, früher Ehingen), Ehem. Prämonstratenser-Reichsabtei (Abb. 121, 122).

Literatur: Zu Schmuzers Stukkaturen gibt es keine Literatur. Über die Baugeschichte des Klosters geben Aufschluß: Dehio III, S. 384 f.; Dehio/Piel, S. 354 ff.; KDM Württemberg I, S. 135–161; Lieb/Dieth, S. 36 ff.; Lieb/Hirmer, S. 16 ff., 145; Kasper II, S. 48–56; Schefold (Dt. Kunstführer Bd. 6), S. 16–21; Spahr II, S. 46 ff.

---

426 Publiziert beim Heimatpfleger von Oberbayern, Reihe A, Heft 4, Beiträge zur Bau- und Kunstgeschichte der Kirchen und Kapellen in den Pfarreien Ober- und Unterammergau, Auszüge aus den Kirchenrechnungen des 17. und 18. Jh., bearbeitet von Sigfrid Hofmann, Schongau 1954.

427 Um den Ablauf der sich überschneidenden Bau- und Ausstattungsarbeiten deutlicher zu machen, werden hier die Daten der beiden Bauten nebeneinander gestellt:

Oberammergau	*Mittenwald*
Baubeginn: 1736	Baubeginn: Mai 1737
Dachstuhl: Okt. 1738	Dachstuhl: Sept. 1738
Stuck: Aug.-Nov. 1739	Stuck: März-Juli 1739
1740	1740
Fresken: Juni/Aug. 1741	Fresken: 1740

428 Siehe die Kuppelkartuschen in Pfaffenhausen, die von den Pendentifkartuschen in Oberammergau beeinflußt sind.

429 Hager I, S. 433.

430 Mois IV, Anm. 5, S. 148.

431 Gundersheimer, S. 53.

Quellen: StA Sigmaringen, Dep. Thurn und Taxis, Archiv Marchtal (siehe Quellenanhang).

Besitzverhältnisse: Das aus einer Stiftung des 8. Jh. hervorgegangene Kloster (Gründung 1171) war seit 1500 reichsunmittelbare Abtei. In einem Teil der Gebäude (Nordflügel) wurde in neuerer Zeit eine Lehranstalt eingerichtet, die von Barmherzigen Schwestern (Kloster der Heimsuchung Mariä) betreut wird. Der übrige Teil der 1803 in ein Schloß der Thurn und Taxis umgewandelten Vierflügelanlage ist seit 1973 Eigentum des Bistums Rottenburg.

Baugeschichte: Die 1686–1692 von Michael und Christian Thumb erbaute und von Johann Schmuzer stuckierte Klosterkirche [432] wurde 1701 geweiht. Kapitelsaal und Sakristei 1701/02 von Franz Schmuzer stuckiert [433]. Nordwestpavillon und westlicher Teil des Konventgebäudes 1702 erbaut; Südwestpavillon 1712; Südflügel von 1737 an; östlicher Teil des Konventgebäudes, Nordostpavillon und Osttrakt seit 1747 unter Johann Caspar Bagnato. Die von F. X. Schmuzer stuckierten Räume befinden sich im ersten Obergeschoß des Südostpavillons.

Baubeschreibung: Die Klosteranlage stellt ein längsgestrecktes Rechteck (120 : 100 m) dar und besteht aus vier dreistöckigen Flügeln mit Kreuzganghof und kräftig vorspringenden Eckrisaliten. Die Kirche liegt in der Mittelachse vor der Klosterwestfront, die Wirtschaftsgebäude isoliert von Kirche und Konvent westlich und südwestlich des Komplexes. Südostpavillon: die Fensterachsen der drei Geschosse durch Lisenen unterteilt; über dem Erdgeschoß ein Gurtgesims; Hausteinsockel; Betonung der Ecken durch Rustika. Alle zur Ostseite gerichteten Fenster sind oben und unten mit grau gefaßten Rokokostukkaturen geschmückt. Der Ostfront des Pavillons ist ein geschweifter Giebel mit Dreiecksabschluß aufgesetzt (Nordostpavillon entsprechend).

Stuck: Sehr schwungvolle Spätrokokodekoration, 1763 von F. X. Schmuzer für 254 fl. ausgeführt. Der Spätzeit entsprechend sparsame Verteilung der einzelnen Motive, deren Hauptelemente von Blattwerk überspielte C-Bögen, Blattwedel und zarte Blütenranken sind. Rocaillewerk tritt fast ganz zurück.

Fassung: Weiße Stukkaturen auf weißem Grund (Original?).

Fresken: Keine.

Osterzell (Lkr. Ostallgäu, früher Kaufbeuren), Pfarrkirche St. Stephan und St. Oswald (Abb. 59, 74–76, 81, 82).

Literatur: Dehio III, S. 397 f.; Ders. Östl. Schwaben, S. 191. Kurzinventar Kaufbeuren, S. 172–174. Pörnbacher I, S. 180. F. X. Schlecht, Chronik von Osterzell, Wemding 1922, S. 17 ff; Steichele-Schröder VII, S. 409; Vollmer I, S. 89 ff.

Quellen: Stiftungsrechnung von 1749/50 im Pfarrhof (ehem. Schloß) Osterzell (siehe Quellenanhang). AEM, Sig. 8°/191 (Die dem Kloster Raitenbuch incorporirten Pfarreyen Osterzell, Schwabmühlhausen, Schwifting und Steindorf) ohne Erwähnung Schmuzers. AEM, Sig. B 1462 (Anselm Greinwald, Beiträge zur Geschichte Raitenbuchs und Osterzells) keine Künstlerangaben.

Besitzverhältnisse: Die freiadelige unmittelbare Reichsritterschaft Osterzell war von 1699 bis 1803 in Besitz des Klosters Rottenbuch.

Baugeschichte: Die ursprünglich romanische Anlage (um 1180) spätestens um 1450 gotisiert. 1686 Langhauserweiterung und Turmerhöhung. 1708 Chorerneuerung und Anbau der Sakristei an der Chorsüdseite. 1749/50 zweite Langhauserweiterung und Umgestaltung des Inneren. 1828 Hinzufügung der oberen Empore. Letzte Renovierung 1951 ff.

Baubeschreibung: Das Lhs. ein Saal zu vier Achsen mit flacher Stichkappentonne. Gliederung durch Doppelpilaster. Zweigeschossige Westempore. Eingezogener Chor zu zwei Achsen mit $^3/_8$-Schluß und Stichkappentonne. Gliederung durch einfache Pilaster mit kräftigen Gebälkstücken. Gedrückter Chorbogen. An der Nordseite des Chores der got. Turm.

Stuck: Gesicherte Arbeit F. X. Schmuzers, 1750 für 250 fl. ausgeführt. Reiche Rocailledekoration, verwandt mit den Stuckausstattungen in der Kappel und Petzenhausen. Mit Osterzell setzt eine zweite Stilphase Schmuzers ein, die sich durch knorpelig behandeltes Muschelwerk auszeichnet. Die Anordnung der Osterzeller Chordekoration wurde vorbildlich für Hausen, Schmiechen und Iffeldorf.

---

432 Vgl. Kosel, S. 122 ff. Die Stukkaturen Johann Schmuzers wurden, vor allem im Chor, 1776 von Giuseppe Antonio Morisi überarbeitet (Reinhard Hootz, Bildhandbuch Baden-Württemberg (Deutsche Kunstdenkmäler) 3. Auflage, München 1977, S. 408; Lieb/Hirmer, S. 145; Spahr II, S. 48).

433 Vgl. Kosel, S. 121 ff.

Fassung: Weiße Stukkaturen auf gelbem oder rosa Grund. Die Innenflächen sind hellgrün oder rosa ausgefüllt. Vergoldet wurden alle vegetabilischen Elemente, wie Blattwedel und Blumengirlanden, ferner auch Rippen, Pfeifen und Umrisse der Ornamente [434].

Fresken: 1750 von Johann Baader (1717–1780) für 100 fl.

PARTENKIRCHEN (Lkr. Garmisch-Partenkirchen), Wallfahrtskirche St. Anton (Abb. 1, 2).

Literatur: DEHIO III, S. 403; DEHIO/GALL, S. 203 f; DISCHINGER, S. 68 f., 159. HAGER I, S. 432 f. Historischer Atlas 9, 1955. HITCHCOCK I, S. 144. KDB Obb. I, 1 S. 639. KKF Nr. 128; LAMB I, S. 371 ff. MICK, S. 16 ff.

Quellen: Durch einen Brand im Jahre 1865 wurden viele der im Pfarrarchiv befindlichen Akten vernichtet, so daß für die Zeit von 1710 bis 1776 keine Unterlagen vorhanden sind.

Besitzverhältnisse: Partenkirchen in der ehemaligen Grafschaft Werdenfels gehörte seit 1294 zum Hochstift Freising und unterstand dem Archidiakonat Rottenbuch.

Baugeschichte: An die 1704 errichtete Votivkirche, einen kleinen achteckigen Zentralbau mit Altarraum, wurde 1735/36, wohl durch Joseph Schmuzer, ein Langhaus angebaut und dabei gleichzeitig das Oktogon stuckiert.

Baubeschreibung: Dem oktogonalen Raum ist nordwestlich der quadratische Chor angeschlossen, der das Untergeschoß des Turmes (mit achteckigem Aufsatz und Zwiebelhaube) bildet. Anschließend das Priesterhaus [435]. Der Kernbau besitzt ein Klostergewölbe, der Chor wird von einer Kuppel mit Laterne und das 1735/36 dem Zentralbau angefügte rechteckige Lhs. von einer ovalen Kuppel überwölbt.

Stuck: Der Entwurf der um 1735/36 entstandenen Stuckdekoration ist Joseph Schmuzer zuzuschreiben, Ausführung vielleicht unter Mitwirkung seines Sohnes Franz Xaver. Sehr zarte, kleinteilige Dekoration aus reinem Bandwerk, reichlich mit Gitterwerk und eingestreuten Blüten durchsetzt, die das Gewölbe des Achtecks wie ein Gespinst überzieht. Verwandtschaft mit den kurz zuvor entstandenen Garmischer Stukkaturen. Die geschweifte Kartuschenform weist auf die Rottenbucher Ostteile, während die Rosette im Gewölbescheitel ähnlich in den Rottenbucher Seitenschiffen vorkommt.

Fassung: Überwiegend weiße Stukkaturen auf rosa oder gelbem Untergrund. Die Gitterfelder sind hellblau unterlegt.

Fresken: 1736 von Johann Ev. Holzer (1709–1740) [436].

PETZENHAUSEN (Lkr. Landsberg), Filialkirche Unserer Lieben Frau (Abb. 64, 67, 68).

Literatur: DISCHINGER, S. 146. Heimatbuch Landsberg, S. 567; Historischer Atlas 22/23, S. 166; KDB Obb. I, 1 S. 537; Landsberger Geschichtsblätter 13, 1914, S. 70 f.; München I, S. 328.

Quellen: Ehem. Pfarrarchiv Petzenhausen, heute Ordinariatsarchiv Augsburg (siehe Quellenanhang).

Besitzverhältnisse: Die Frauenkirche in Petzenhausen war dem Kloster Wessobrunn inkorporiert.

Baugeschichte: Chorturmanlage des 14. Jh. 1737/38 Umgestaltung des Chors durch Franz Schmuzer. 1747 Verlängerung des Langhauses durch Joseph Schmuzer, dabei Einbau der Empore. Stuck 1748.

Baubeschreibung: Gegenüber dem dreiachsigen, flachgedeckten Lhs. mit Vorzeichen eingezogener, rechteckiger Chorraum im Untergeschoß des Turmes. In der Chorsüdwand ein hohes Rundbogenfenster, an der entsprechenden Stelle der Nordwand ein Wandgemälde. Turmunterbau durch Lisenen und Giebelbogenfriese gegliedert; Oberbau mit Blendarkaden und Zwiebelhelm.

Stuck: Die Chordekoration zwischen 1736 und 1738 von Franz Schmuzer, der auch den Choraltar verfertigte. Stukkaturen im Lhs. gesicherte Arbeit von F. X. Schmuzer, 1748 für 135 fl. ausgeführt. Die Stuckbehandlung knüpft an die späten Rottenbucher Teile an: Blattwerk mit umge-

---

434 Nach der im Pfarrhof Osterzell aufbewahrten Kirchenrechnung von 1749/50, fol. 12, empfing »H. Lucas Schmidt Mahler zu Schongau wegen 15 tägiger Vergoldung, nebst Essen gratis, à 24 kr des Tags, zusammen 6 fl. Dann ist für 10½ Buch fein geschlagen Golt ausgelegt wordten 34 fl 21 kr«.

435 Siehe dazu das Grundrißschema bei DISCHINGER, S. 70.

436 Siehe Anm. 58.

bogenen Spitzen und Rändern, sehr fein geripptes Muschel- und Blattwerk, sorgfältig ausgearbeitete Blumen- und Blattranken. Schmale Bandleisten und Bandwerkornamentik neben Rocaillewerk. Mit Rücksicht auf den kleinen Raum sparsame Verteilung der einzelnen Motive.

Fassung: Weiß und rosa getönte Stukkaturen auf gelbem oder weißem Grund. Die Eckkartuschen sind rot ausgefüllt, das Innenfeld der Kartusche über der Empore ist rot marmoriert. Keine Vergoldung bis auf eine schmale Leiste am Rahmeninnern des Langhausfreskos.

Fresken: Entstehungszeit und Maler unbekannt (wohl 1748).

PETZENHAUSEN (Lkr. Landsberg), Pfarrkirche St. Peter und Paul (Abb. 69–73).

Literatur: DISCHINGER, S. 146. Heimatbuch Landsberg, S. 566 f. Historischer Atlas 22/23, S. 166. KDB Obb. I, 1 S. 536; Landsberger Geschichtsblätter 13, 1914, S. 67 ff; München I, S. 328. NEU III, S. 22.

Quellen: Ehem. PfA Petzenhausen, heute Ordinariatsarchiv Augsburg (siehe Quellenanhang).

Besitzverhältnisse: Die Pfarrkirche Petzenhausen war dem Kloster Wessobrunn inkorporiert.

Baugeschichte: 1725 Neubau des eingestürzten Turmes durch Joseph Schmuzer; von 1747 an Renovierung der baufälligen mittelalterlichen Kirche ebenfalls durch Joseph Schmuzer. Stuck 1749 und 1751/52.

Baubeschreibung: Dreiachsiges Lhs. mit gedrückter Stichkappentonne auf Doppelpilastern (mit Rocaillekapitellen). Zweigeschossige Orgelempore. An der Südseite ein Vorzeichen. Eingezogener zweiachsiger Chor mit Halbkreisschluß. Ovales Spiegelgewölbe. Seitlich des Hochaltars zwei Oratorien. Im nördlichen Chorwinkel viereckiger Turm, im Südosten zweigeschossige Sakristei.

Stuck: Gesicherte Arbeit F. X. Schmuzers, dem dafür insgesamt 320 fl. bezahlt wurden. Die Chordekoration 1749 entstanden, die des Langhauses 1751/52. 1750 wegen der Arbeiten in Osterzell und der Kappel keine Tätigkeit Schmuzers in Petzenhausen. Der Chorstuck ist an Weingarten, Hohenpeißenberg und Winkl orientiert (spätere Wiederholung in Zankenhausen), die Stukkaturen des Lhs. dagegen stehen in Einklang mit den gleichzeitigen Dekorationen in Osterzell und Kappel.

Fassung: Weiße Stukkaturen auf zartgrauem, hellgelbem oder rosa Grund. Die Felder an der Emporenbrüstung sind hellgrün gefaßt. Im Chor und an der Chorbogeninnenseite reiche, im Lhs. sparsame Vergoldung.

Fresken: 1802 von Sebastian Jaud (1751–1824) aus Haid.

PFAFFENHAUSEN (Lkr. Unterallgäu, früher Mindelheim), Hauskapelle St. Ulrich des ehem. Priesterseminars (Abb. 50–52).

Literatur: DISCHINGER, S. 101 ff., 147 f. Historischer Atlas 7 (Teil Schwaben), S. 142 ff; Kurzinventar Mindelheim, S. 405; BRAUN I, S. 191; JULIUS SCHÖTTL, Kirchenführer Pfaffenhausen, Weißenhorn 1965; DERS., Ein Bau von Joseph Schmuzer in Pfaffenhausen (Bayerisch Schwaben) 1736–1749: Das Münster 14, Heft 9/10, 1961, S. 356–359; DERS., Das ehemalige Priesterseminar in Pfaffenhausen, ein Bau von Joseph Schmuzer aus Wessobrunn (1683–1752): Jb. des Hist. Vereins Dillingen LXI/LXIII, Jg. 1959/61, S. 37–47.

Quellen: Bischöfliches Priesterseminar Dillingen: a) Akte Nr. 1740 betreffend die Geschichte des Seminars Pfaffenhausen 1739, 1744, 1782. b) Akte Nr. 1741 betreffend Baulichkeiten 1735–1767. Die von Schöttl zitierten Monatsrechnungen des Hochfürstlichen Priesterhauses zu Pfaffenhausen 1735 ff. [437] sind unauffindbar [438]. Somit kann der mit Franz Xaver Schmuzer 1746 geschlossene Vertrag nur nach Schöttl [439] zitiert werden. Danach erhält Schmuzer 350 fl, um »die neuen Zimmer, Communitäten, Stiege und Gäng weiß zu machen, dann die Kapell mit einem wenig Gibs samt den 2 Nebenaltärlen von Stockhodor« zu fertigen.

Besitzverhältnisse: Das Priesterseminar in dem zum Hochstift Augsburg gehörigen Markt Pfaffenhausen wurde 1734 von dem Augsburger Fürstbischof Alexander Sigmund [440] gegründet. Nach

---

437 Jb. des Hist. Vereins Dillingen LXI/LXIII, 1959/61, S. 46.

438 Anfragen nach dem Verbleib der Archivalien bei Dr. Adolf Layer, Weihbischof Rudolf Schmid, Prälat Martin Achter und Bistumshistoriker Dr. Peter Rummel verliefen leider ergebnislos.

439 Das Münster 14, Heft 9/10, 1961, S. 357.

der Aufhebung des Seminars 1804 stand das Gebäude größtenteils leer, bis es 1891 in den Besitz der Ursberger Kongregation überging.

Baugeschichte: Baubeginn des Priesterseminars Juni 1735. Baumeister war Joseph Schmuzer. Nach dreijähriger Unterbrechung (1737–1740) Fortführung der Arbeiten bis 1745. Innenausstattung des Seminargebäudes 1747–1749. 1744 Grundsteinlegung zur Hauskapelle, im Juni 1745 Wölbung derselben. April 1746 Vertrag zur Stuckierung. 1756 Weihe. Fresken erst 1774. Letzte Renovierung der Kapelle 1963. Außenrestaurierung des Seminargebäudes 1968.

Baubeschreibung: Das Seminargebäude bildet eine Vierflügelanlage mit Binnenhof. Die Kapelle ist ein Zentralbau auf ovalem Grundriß, der in den Mittelrisalit des Ostflügels so eingelassen ist, daß nur die Rundung, in der der Hochaltar steht, nach außen vorspringt. Maße 11 : 9 m. Innerhalb des Kapellenraumes wird durch Wandpfeiler (mit Pilastern und korinthisierenden Kapitellen besetzt) am Schnittpunkt der Diagonalen mit dem Oval ein Quadrat ausgebildet, das von einer Flachkuppel auf Pendentifs überwölbt wird. An den Längsseitenwänden je zwei rundbogige Oratorien, dazwischen jeweils ein Seitenaltar. Im Westen doppelte Emporenanlage.

Stuck: Dem kleinen Zentralraum vorzüglich angepaßte Stuckdekoration von F. X. Schmuzer, wofür ihm 1746 350 fl. ausbezahlt werden. Die Stukkaturen überziehen die Wände, Emporen, Gewölbezwickel und Kapitelle. Sie bestehen aus Rocaille- und Bandwerk, reich durchsetzt mit Blatt- und Blütenmotiven und knüpfen an Rottenbuch (Seitenschiffe und Emporenbereich) und Oberammergau an.

Fassung: Rosa, grau oder weiß gefaßte Stukkaturen auf gelb oder rosa getöntem Grund. Blumenranken mit weißen und gelben Blüten und grünem Blattwerk. Sparsame Vergoldung.

Fresken: 1774 von Johann Joseph Anton Huber (1737–1815) aus Augsburg.

ROTTENBUCH (Lkr. Weilheim-Schongau, früher Schongau), Ehem. Augustiner-Chorherrenstift, Pfarrkirche Mariä Geburt (Abb. 3, 5–13 und Farbtafeln I, II).

Literatur: DEHIO III, S. 471. DEHIO/GALL, S. 268 f.; DISCHINGER, S. 104 ff., 148 f.; HEILMAIER, S. 124–139; HITCHCOCK I, S. 159 ff. HITCHCOCK II, S. 138 ff; KDB Obb. I, 1 S. 591; KKF Nr. 8; MAYER-WESTERMAYR III, S. 27 ff.; MOIS I, 1953. MOIS V, S. 81–87. DERS., Die ehemaligen Nebenkirchen und Kapellen des Klosters Rottenbuch: Lech- und Ammerrain 2, 1951, Nr. 11 und 12; 3, 1952, Nr. 4, 5, 7, 8; PÖRNBACHER I (dort ausführliches Literaturverzeichnis).

Quellen: AEM, Sig. 8°/ 190 (siehe Quellenanhang). AEM, Sig. 8°/ 58 (siehe Quellenanhang) [441].

Besitzverhältnisse: Landständisches Kloster. Das Archidiakonat Rottenbuch gehörte zum Hochstift Freising.

Baugeschichte: Gründung des Klosters 1073. Bis 1468 Errichtung von Chor und Qhs. der bestehenden Kirche, bis 1477 Erbauung des Langhauses. Unter Propst Patritius Oswald Beginn der Umgestaltung des spätgotischen Raumes durch Joseph Schmuzer (1737/1738). Unter Propst Clemens Prasser Weiterführung der Umgestaltung 1741–1745. Letzte Renovierung 1961–63.

Baubeschreibung: Dreischiffige Basilika mit Qhs. und polygonalem Chor. Lhs. zu 6 Jochen. Den got., mit Spitzbögen verbundenen Pfeilern wurden im 18. Jh. Pilaster mit korinthisierenden Kapitellen vorgelegt. Die steilen got. Gewölbe wurden nach Abschlagen der Rippen in Stichkappentonnen umgewandelt. Das Qhs. besteht aus drei annähernd quadratischen Rechtecken. Die Vierung ist um fünf Stufen gegenüber dem Lhs. erhöht. Einschiffiger, langer Chor, etwas breiter als das Mittelschiff, mit $^3/_8$-Schluß, nochmals drei Stufen erhöht. Vor der Westfassade freistehender got. Glockenturm mit klassizistischem Helm.

Stuck: Chor und Qhs.: April–Nov. 1737 und April–Sept. 1738. Langhaus: April–Okt. 1741 und Mai–August 1742. Seitenschiffe: August–Okt. 1742 und 1744. Empore, Taufkapelle und Josephskapelle: 1745.

---

440 Auf Fürstbischof Alexander Sigmund, Pfalzgraf von Neuburg (1690–1737), den Gründer des Pfaffenhausener Priesterseminars, folgte Johann Franz Schenk von Stauffenberg, der 1740 im Alter von 82 Jahren starb. Er ließ 1737 den Seminarbau einstellen und plante stattdessen einen Bau zu dem schon bestehenden Priesterseminar in Dillingen. Sein Nachfolger, Fürstbischof Joseph, Landgraf von Hessen (1740–68), veranlaßte die Wiederaufnahme der Bautätigkeit in Pfaffenhausen.

441 Ein zweites Exemplar der Hoffmair-Chronik befindet sich unter der Signatur KL 79 im HStA München.

Erste gesicherte Arbeit F. X. Schmuzers, bei der er nach dem Entwurf seines Vaters die Tätigkeit eines Oberpaliers ausübte. In den Ostteilen kräftige, gedrängte Stukkaturen aus Band-, Muschel- und Laubwerk, zusätzlich reich mit Pflanzenmotiven und Gitterwerk durchsetzt. Die Vierungskartuschen mit ihren üppigen, schweren Formen sind noch ganz dem Barock verpflichtet. Die leichtere, bewegtere Langhausdekoration von außergewöhnlichem Formenreichtum. Lebhafte Wirkung durch die umgebogenen Ränder und Spitzen des Blatt- und Rocaillewerks. Fast völliger Verzicht auf Bandwerk, das aber bei der Dekoration der Seitenschiffe und der Empore wieder zu Geltung kommt und dort gleichberechtigt neben zierlicher Rocaille- und Blattwerkornamentik steht. Rottenbuch hat vorbildlich auf F. X. Schmuzers Dekorationen in Weingarten, Pfaffenhausen und Hohenpeißenberg gewirkt. Es stellt eine der hervorragendsten Leistungen süddeutscher Rokokostukkatur dar.

Fassung: Weiße Stukkaturen auf rosa getöntem Grund oder rosa gefaßte Stukkaturen auf weißem Grund. Die Innenflächen zartgelb und hellblau, die Gitterfelder grün unterlegt. Die Pilaster in den Ostteilen rot marmoriert, im Lhs. hellblau getönt. Mit Ausnahme der Seitenschiffe und des Joches unter der Empore sehr reiche Vergoldung.

Fresken: Alle Fresken von Matthäus Günther (Chor und Qhs. 1737, Lhs. 1741/42, Seitenschiffe 1744, Fresko unter der Empore und Josephskapelle 1746) [442].

Schmiechen (Lkr. Aichach-Friedberg), Wallfahrtskirche Maria Kappel (Abb. 105–108).

Literatur: Dehio III, S. 487. Ders., Östl. Schwaben, S. 29 f.; Historischer Atlas 22/23, S. 131 ff., 181; KDB Obb. I, 1 S. 546; KKF Nr. 572; Steichele-Schröder II, S. 529 f.

Quellen: Freiherrlich von Wiedersperg-Leonrodsches Schloßarchiv in Schmiechen, Aktenstück G 501 (siehe Quellenanhang).

Besitzverhältnisse: Die Hofmark Schmiechen war von 1509 bis 1810 in Besitz der Grafen Fugger-Kirchberg (vgl. auch Türkenfeld). Heute ist das Schloßgut Schmiechen Eigentum der Familie von Wiedersperg-Leonrod.

Baugeschichte: Aus dem 15. Jh. stammt die sog. Gruftkapelle mit ihren got. Strebepfeilern (auch Fuggersche Grabkapelle), die aus der Ostwand des heutigen Langhauses unmittelbar neben dem Turm herausragt und früher als Chor der alten Kirche diente. Zu Beginn des 17. Jh. Erweiterung des Baus mit gleichzeitiger Drehung der Längsachse, so daß der Chor der heutigen Wallfahrtskirche nach Süden gerichtet ist. 1710/1711 Turmneubau von Michael Natter aus Dießen. 1754–1756 Sakristeianbau, Stuckierung und Ausmalung. 1773 höhere Wölbung der Gruftkapelle und Einsetzung der ovalen Fenster. Letzte Renovierung 1929–1931.

Baubeschreibung: Über das rechteckige Lhs. sind am südlichen und nördlichen Ende breite Gurtbögen gespannt, so daß ein quadratischer Mittelraum entsteht. Über vier Hängezwickeln spannt sich eine kreisrunde Flachdecke, die durch ihr illusionistisches Gemälde den Eindruck einer realen Kuppel hervorruft. Der eingezogene, dreiseitig geschlossene Chor umfaßt zwei Fensterachsen und wird von einer Stichkappentonne, die auf Pilastern aufliegt, überwölbt.

Stuck: Gesicherte Arbeit F. X. Schmuzers aus den Jahren 1754/55. Die zuerst entstandenen Chorstukkaturen stehen in engem Zusammenhang mit Türkenfeld. Das Dekorationsprinzip entspricht dem Osterzeller Chor, doch zeichnen sich die nach Osterzell entstandenen vergleichbaren Chorräume (Türkenfeld, Schmiechen, Iffeldorf) durch eine reichere, alle Gewölbeflächen überspielende Dekoration aus, die in Schmiechen durch ihre Kleinteiligkeit besonders lebhaft wirkt. Bei den Gurtbögen, die im Stil des Chors der Petzenhausener Pfk. stuckiert sind, tritt wieder das (in Türkenfeld verdrängte) Blattwerk in Erscheinung. Während die Emporenkartuschen denjenigen an den Ettaler Oratorien und der Iffeldorfer Empore nahestehen, machen sich bei den Kuppelkartuschen Einflüsse der Langhauskartuschen von Kappel und Türkenfeld bemerkbar. Die verwendeten Knorpelringe, spitz zulaufendes Muschelwerk, wellenförmig gebogene Rocaillesäume, knotenartig verdickte Ränder und das Tropfenmotiv sind charakteristisch für Schmuzers Stil der fünfziger Jahre.

Fassung: Fassung aller Stukkaturen und Altäre von Franz Anton Anwander aus Landsberg [443]. Weiße Stukkaturen auf rosa oder hellgrünem Grund, im Lhs. auf Goldmuster. In den Bögen sparsame Vergoldung.

---

442 Gundersheimer, S. 27 ff.
443 Siehe KKF Nr. 572, S. 6 f.

Fresken: Von Franz Martin Kuen (1719–1771) aus Weißenhorn. Chorfresko »Martin Kuen pinxit 1754«, Langhausfresko »Martin Kuen pinxit anno 1755« [444].

Seekirch am Federsee (Lkr. Biberach, früher Saulgau), Pfarrkirche Mariä Himmelfahrt (Abb. 113–115).

Literatur: Dehio/Piel, S. 449. Dehio III, S. 497; Kasper I, S. 54 f; Lieb/Dieth, S. 121; Thieme-Becker XXX, S. 181.

Quellen: StA Sigmaringen, Dep. Thurn und Taxis, Archiv Marchtal. Heiligenrechnungen Seekirch 1563 und 1564 (siehe Quellenanhang).

Besitzverhältnisse: Seekirch war seit dem 16. Jh. in Besitz der Reichsabtei Marchtal.

Baugeschichte: 1616 durch die Abtei Marchtal errichtet. 1756 Erneuerung des Langhauses durch den Marchtaler Maurermeister Joseph Mosbrugger, dem F. M. Kuen als Maler und J. G. Übelher als Stukkator zur Seite standen. 1760 Renovierung des Chors (Chronogramm über dem Hochaltar) mit Stukkaturen von F. X. Schmuzer und Malereien von F. Sigrist. Letzte Renovierung 1941.

Baubeschreibung: Das Lhs. ein flachgedeckter Saal zu 5 Fensterachsen. Im Westen geschwungene Empore. Eingezogener, dreiseitig schließender Chor, an den die Sakristei angebaut ist. Einheitliche Pilastergliederung. Im Westen der Turm mit welscher Haube und 1756 aufgesetzter Laterne.

Stuck: Im Lhs. von Johann Georg Übelher, 1756. Im Chor gesicherte Arbeit von F. X. Schmuzer aus dem Jahre 1760. Die Dekoration nimmt ihren Ausgang in der Spruchkartusche über dem Hochaltar und zieht sich netzartig in blattwerkdurchsetzten Rocaillebögen über das Gewölbe. Die Zwickelkartuschen (vgl. Kappel, Türkenfeld) fangen die Bewegung auf und tragen sie gleichzeitig in spiegelbildlicher Umkehrung bis zum Chorbogen fort. Stuckbehandlung und Motivauswahl stehen weiterhin in der Nachfolge der Kappeldekoration.

Fassung: Keinesfalls original. Die Stukkaturen sind teilweise rosa, in der Hauptsache gelbbraun oder weiß überstrichen und sitzen auf (ehemals) weißem Grund.

Fresken: Im Lhs. von Franz Martin Kuen (1719–1771) aus Weißenhorn, 1756 entstanden [445]. Im Chor von Franz Sigrist (1727–1803), 1760 entstanden [446].

Maria Steinbach an der Iller (Lkr. Unterallgäu, früher Memmingen), Kreuz- und Marienwallfahrtskirche.

Literatur: Dehio III, S. 505. Ders., Östl. Schwaben, S. 168; Ludwig Dorn, Zur Chronologie der Erbauung der Wallfahrtskirche Maria Steinbach: Memminger Geschichtsblätter Jahresheft 1970, S. 22–25; Historischer Atlas (Teil Schwaben) 4, S. 323 ff.; Hitchcock II, S. 123 ff.; Kalender für kath. Christen 65, 1905, S. 119–126; Alfons Kasper, Kunstwanderungen im Nord-Allgäu V, Schussenried 1966, S. 106–112; KKF Nr. 205; Kurzinventar Memmingen, S. 146 ff.; Ludwig Mayr, Beschreibung der Wallfahrtskirche Maria Steinbach, Legau 1929; Heinz Jürgen Sauermost, Der Allgäuer Barockbaumeister Johann Georg Fischer, Augsburg 1969, S. 127–129; Vollmer II, S. 41–50; Vollmer IV.

Quellen: HStA Stuttgart, Bestand B 486 Kloster Rot Nr. 1744–1757: Bü 1755 (siehe Quellenanhang) – Bü 1757. Kreisarchiv Biberach, Dep. Graf Erbach-Erbach (siehe Quellenanhang).

Besitzverhältnisse: Steinbach war Exklave des Prämonstratenser-Reichsstifts Rot an der Rot. Bauherr war der Roter Abt Ignaz Vetter.

Baugeschichte: Auf Vorgängerbauten aus dem 12. und 16. Jh. folgte 1749 ein Neubau nach dem Plan des damaligen Pfarrers von Steinbach und späteren Abtes des Klosters Rot, Benedikt Stadelhofer (1694–1760). Im Sommer 1750 Vollendung des Rohbaus und Außenverputz; 1751 Innenverputz und Beginn der Innendekoration, diese im wesentlichen 1755 abgeschlossen. Weihe 1755. Fortführung der Stuck- und Gemäldeausstattung bis 1765. Letzte Renovierung 1964–67.

Baubeschreibung: Das Lhs. eine Wandpfeilerkirche zu 4 Achsen, die westliche Achse erheblich verbreitert. Die Seitenkapellen mit (im ersten und letzten Langhausjoch abgeschrägten) Quertonnen überdeckt und durch geschwungene Emporen unterteilt. Stark eingezogener Vorchor mit fast ebener Flachkuppel über querrechteckigem Grundriß; seitlich davon die Sakristei (im Norden) und

444 Vgl. E. W. Kraetzer, Franz Martin Kuen, ein schwäbischer Rokokomaler des 18. Jh., Phil. Diss. Würzburg 1928.
445 Wie Anm. 444.
446 Matsche–von Wicht, S. 74 ff.

ein Beichthaus (im Süden) abgeteilt. Halbrund schließender Altarraum. Einheitliche Innengliederung durch marmorierte Pilaster mit korinthisierenden Kapitellen. Doppelte Fensterreihung. Im Westen über der konkav-konvex vorgeschwungenen Fassade der nach einem Blitzschlag auf 57 m verkürzte Turm.

Stuck: 1750 Vertrag zur Stuckierung mit J. G. Übelher und F. X. Schmuzer um 2700 fl. Die ausgeführte Dekoration mit starken Anklängen an den Feichtmayrschen Stil im wesentlichen 1751–55 entstanden, wahrscheinlich nach Entwurf von Übelher, von dem die gesamte Stuckplastik, auch die Altäre und die beiden Kanzeln stammen. Schmuzers Tätigkeit ist trotz insgesamt 16wöchigen Aufenthalts in den Jahren 1751 und 1752 nicht näher bestimmbar, da nirgends in Steinbach für ihn charakteristische Motive einwandfrei zu erkennen sind.

Fassung: Weiße Stukkaturen mit reicher Vergoldung auf überwiegend weißem Grund. Innenfelder rosa und gelb getönt.

Fresken: 39 Deckengemälde von dem fürstäbtlichen Kemptener Hofmaler Franz Georg Hermann (1692–1768), 1751–54 entstanden; Hochaltarblatt »1763« signiert [447].

STEINGADEN (Lkr. Weilheim-Schongau, früher Schongau), Ehem. Prämonstratenserkloster, Pfarrkirche St. Johannes Baptist (Abb. 46–49 und Farbtafeln V, VI).

Literatur: DEHIO III, S. 505 f. DEHIO/GALL, S. 269; DIEDRICH, S. 104 ff.; HAGER III, S. 124–177; HEILMAIER, S. 136; Historischer Atlas 22/23, S. 229 ff.; HITCHCOCK I, S. 172. HITCHCOCK II S. 144 f.; KDB Obb. I, 1 S. 598 ff.; KKF Nr. 5; G.-F. KOCH, S. 76 f.; PÖRNBACHER II. FRANZ SERAPH RINGMEIR, Die ehemalige Klosterkirche, nunmehrige Pfarrkirche in Steingaden (hrsg. von Sigfrid Hofmann), Steingaden 1935, S. 14–18; RUPPRECHT, S. 47–49; WIEBEL S. 8.

Quellen: Bayerische Staatsbibliothek München, Cod. germ. mon. 2960 (siehe Quellenanhang) [448].

Besitzverhältnisse: Landständisches Kloster. Die Klosterhofmark Steingaden unterstand dem Landgericht Schongau.

Baugeschichte: Die Kirche des 1147 gegründeten Klosters 1176 geweiht. In der zweiten Hälfte des 15. Jh. Einwölbung der Seitenschiffe und Bau der westlichen Vorhalle. Nach Verwüstungen im Bauernkrieg 1525 und einem Brand 1646 Wiederherstellung des beschädigten Baus bis 1663. Aus dieser Zeit die Stukkaturen des Chors und der Seitenschiffe, wohl von Johann Schmuzer. Zur 600-Jahrfeier der Klostergründung (1747) Neugestaltung des Mittelschiffs durch Franz (Xaver) Schmuzer und Johann Georg Bergmüller.

Baubeschreibung: Der rom. Bau, eine ehemals flachgedeckte Pfeilerbasilika ohne Qhs., ist im Kern erhalten geblieben. Im Westen rom. Doppelturmfassade und got. Vorhalle. Im Osten des Mittelschiffs halbrunde Apsis mit Blendarkaden; die Seitenschiffe flach schließend. Im Mittelschiff drei zweiachsige Joche, jeweils von Flachkuppeln überwölbt. Den Pfeilern sind Pilaster mit korinthisierenden Kapitellen und hohen Gebälkstücken vorgelegt. Breite, geschweifte Fenster. Im Westen reich geschwungene Orgelempore. Der vierjochige Chor, in dessen Obergaden runde Fensteröffnungen eingelassen sind, wird von einer Stichkappentonne gewölbt.

Stuck: Wahrscheinlich zwischen 1740 und 1742 nach dem Entwurf Franz Schmuzers von Franz Xaver Schmuzer ausgeführt. Reiche und wirkungsvolle, aber für die Zeit etwas schwerfällige Dekoration, die sich motivisch zum Teil an Gablingen [449] (1735) und Rottenbuch [450] (1741/42) orientiert. Verhältnismäßig kräftige Stuckmodellierung. Wenig Rocaillewerk, dafür Verwendung barock empfundenen Muschelwerks. Besonders eindrucksvoll die lebhaft geschwungene Orgelempore.

---

447 CORDULA BÖHM, Franz Georg Hermann, Der Deckenmaler des Allgäus im 18. Jahrhundert, Phil. Diss. München 1968, S. 120 ff., 222 ff.

448 Die bei P. Hildebrand Dußler OSB (Das Kloster Steingaden und Lechbruck, in: Lech- und Ammerrain Jg. 5, Nr. 3) zitierten Akten des Klosters Steingaden im StA Neuburg behandeln nach Auskunft von Archivdirektor Dr. H. Troll ausschließlich Grundstücksangelegenheiten des Klosters im heutigen Regierungsbezirk Schwaben und können keine Aufschlüsse zur Baugeschichte der Klosterkirche vermitteln.

449 Scheidbogenornamentik und Pilasteraufsätze erinnern an Gablingen.

450 Die Steingadener Kapitelle, die Rahmen der Deckenfresken und die Hochwandfresken orientieren sich am Rottenbucher Langhaus. Der Kuriosität halber sei hier Georg-Friedrich Kochs Eindruck von der Steingadener Langhausdekoration wiedergegeben: »Das Dekor, das sich in reichen und bizarren Formen nicht genug tun kann . . ., umgibt die Fresken wie ein wüstes Distelgestrüpp und wirkte in seiner Überfülle masslos und unkünstlerisch« (S. 77).

Fassung: Graue Stukkaturen auf weißem, gelbem oder blaugrauem Grund. Die Innenflächen gelb getönt. Reichliche Vergoldung.

Fresken: Von Johann Georg Bergmüller (1688–1762) aus Augsburg, im wesentlichen um 1741/42 entstanden. Das Fresko unter der Empore »1751« bez. [451].

TÜRKENFELD (Lkr. Fürstenfeldbruck), Pfarrkirche Unserer Lieben Frau (Abb. 92, 93, 95–98).

Literatur: DEHIO/GALL, S. 134 f.; Heimatbuch Fürstenfeldbruck, S. 305–307; Historischer Atlas 22/23, S. 133 ff., 182; KDB Obb. I. 1, S. 477; G. -F. KOCH, S. 93; München I, S. 360 ff.; Türkenfeld 762–1962. Festschrift zur 1200-Jahrfeier 1962, S. 20 ff.

Quellen: Fehlen [452].

Besitzverhältnisse: Die Hofmark Türkenfeld war 1598–1789 in Besitz der Grafen Fugger-Kirchberg, denen auch die Hofmark Schmiechen gehörte [453].

Baugeschichte: 1489 Bau der spätgot. Pfk. 1754 Umbau, Stuckierung und Ausmalung. 1804 Anbau einer Sakristei. 1805 Errichtung der Kreuzkapelle an der Südseite des Langhauses und Aufstellung der Altäre. 1888/89 Verlängerung des Schiffs und Stuckierung der Kreuzkapelle. Letzte Renovierung des Gesamtbaus 1953, des Außenbaus 1975.

Baubeschreibung: Das Lhs. ist ein Saal zu vier Jochen. Im zweiten Joch (von Westen) zwei halbrunde Kapellen angebaut. Doppelgeschossige Westempore. Eingezogener dreijochiger Chor mit 5/8-Schluß. Am Außenbau abgestufte Strebepfeiler. Einheitliche Gliederung des Innenraumes durch marmorierte Wandpfeiler mit Rocaillekapitellen. Stichkappentonnen. An der Nordseite des Chors der got. Satteltürm mit Stabwerk und Bogenblenden.

Stuck: Zuschreibung an F. X. Schmuzer, um 1753/54 entstanden (Fresken »1754« sig.). Ähnlichkeit mit seinen Dekorationen in Hohenpeißenberg/Winkl [454], Osterzell/Kappel [455] und Schmiechen [456]. Das Blattwerk wird (bis auf Blattwedel und Blumengirlanden) durch Rocaillewerk ersetzt. Häufige Anwendung des Tropfenmotivs. Die Form der hohen, schmalen Kartuschen wird rundlicher und kompakter.

Fassung: Bei der Restaurierung 1953 gelang es, die Übermalungen der vier Renovierungen des 19. und frühen 20. Jh. von den Stukkaturen zu entfernen und die ursprünglichen Farbtöne der Rokokoumgestaltung freizulegen [457]. Es sind dies rosa und weiß gefaßte Stukkaturen auf weißem Grund mit grünen, rosa oder gelben Innenflächen. Die Rahmen der Fresken sind gelb getönt. Reiche Vergoldung an Blumengirlanden, Blattwedeln, Pfeifen, Tropfen und den Umrissen der einzelnen Ornamente.

Fresken: Deckenfresken von Christoph Thomas Scheffler (1700–1756) aus Augsburg 1754. Chorfresko bez. »C. T. Scheffler Augustanus invenit 1754«. Langhauskartuschen 1766 von Johann Baader (1717–1780) gemalt, die westliche Kartusche an der Langhaussüdwand sig. »Baader Lechmihler pinxit 1766«.

WEINGARTEN (Lkr. Ravensburg), Benediktinerabtei Hl. Blut (Abb. 26–45).

Literatur: Zu Schmuzers Stukkaturen gibt es keine Literatur. Über die Baugeschichte des Klosters geben Aufschluß: DEHIO III, S. 569–571; DEHIO/PIEL, S. 528; DISCHINGER, S. 108 ff., 151 f.; DRISSEN, S. 85 ff.; HITCHCOCK II, S. 144; Inventar Ravensburg, S. 156 ff.; Katalog, Die Vorarlberger Barockbaumeister, Einsiedeln 1973, S. 171 ff.; KDM Württemberg, Oberamt Ravensburg, S. 159 ff.; KKF Nr. 528 und Großer Kunstführer Nr. 5, 1950; LIEB/HIRMER, S. 20 ff., 145 ff.; P. ADALBERT NAGEL OSB, Joseph Schmuzer, der Schöpfer des Idealplanes von Weingarten 1741: Das Münster 25, 1972, S. 277 f.; P. GEBHARD SPAHR OSB, Neue Beiträge zur Baugeschichte der Basilika und der Klostergebäude von Weingarten: Montfort 18, 1966, S. 244 ff. SPAHR I. SPAHR II, S. 128 ff.

---

451 DIEDRICH, S. 104–126.
452 Siehe Anm. 229.
453 Noch heute wird der jeweilige Türkenfelder Pfarrherr von den Besitzern von Schmiechen ernannt (Festschrift zur 1200-Jahr-Feier, S. 3).
454 Chorbogenkartusche, Kapitelle, Kapellen.
455 Chorkartuschen, Kapitelle, Stichkappenfüllungen.
456 Langhauskartuschen und gesamte Chordekoration.
457 Festschrift Türkenfeld, S. 20.

Quellen: HStA Stuttgart, Bestand B 522, Büschel 66–68 und Nr. 461a (siehe Quellenanhang).

Besitzverhältnisse: Das 1056 von den Welfen gestiftete Kloster wurde durch Heinrich III. (1039–1056) reichsunmittelbar. 1803 fiel die Abtei der Säkularisation zum Opfer. Seit 1922 wieder mit Benediktinern besetzt [458]. In neuerer Zeit wurde in der ehemaligen Prälatur eine Pädagogische Hochschule eingerichtet.

Baugeschichte: Während die Weingartener Stiftskirche in nur neun Jahren erbaut und ausgestattet wurde, zog sich der ebenso grandios geplante Klosterbau über 70 Jahre hin. Die 1727 begonnenen Arbeiten wurden bereits 1728 auf Geheiß der kaiserlichen Landvogtei wieder eingestellt. Als Abt Placidus Renz 1740 schließlich die Genehmigung zum Weiterbau erhalten und anschließend Joseph Schmuzer erneut nach Weingarten berufen hatte, konnte der Idealplan von 1723 auch in seiner reduzierten Fassung nicht mehr verwirklicht werden. Außer der Prälatur wurden nur noch der Ostflügel des Konvents und ein Teil der Vorbauten an der Ostseite errichtet, bis 1792 die Arbeiten endgültig eingestellt werden mußten.

Baubeschreibung der Prälatur: Die langen Fronten der dreigeschossigen Traktbauten des von 1740 an von Joseph Schmuzer errichteten nördlichen Klostergevierts werden von vierstöckigen Eckpavillons und einem vierstöckigen Mittelrisalit im Nordflügel unterbrochen. Die beiden Treppenhäuser sind im Mitteltrakt neben den Eckpavillons angeordnet. Das durchgehend mit Stichkappentonnen gewölbte Erdgeschoß ohne Stukkaturen. Im ersten Stock des Mittelrisalits der ehemalige Theatersaal, heute Festsaal; darüber ein zweigeschossiger, ursprünglich als Bibliothek vorgesehener Saal, der infolge der von 1742 an auftretenden Finanzschwierigkeiten im Rohbau stehenblieb und nie vollendet wurde [459].

Stuck: Die Stuckdekorationen im Innern der Klosteranlage lassen drei Stilphasen erkennen: 1. Stukkaturen von Franz Schmuzer, um 1729–1732 (Gänge in beiden Stockwerken des gesamten Osttraktes, Wintersakristei, Krummer Gang und Raum 204 in der Prälatur) [460]. 2. Stukkaturen von Franz Xaver Schmuzer, um 1742/43 (insgesamt 12 Räume in beiden Stockwerken des Nordostpavillons und des Ostflügels der Prälatur). Die Dekorationen sind in der Mehrzahl der Räume so angeordnet, daß sich eine Betonung sowohl der Diagonalen als auch der Mittelachsen ergibt. Die Ornamente bestehen aus Band-, Blatt-, Gitter- und Muschelwerk. Ausgesprochene Rocaillebildungen kommen in den Räumen 207, 210, 213 und 215 vor. Weitere Motive sind Blumengirlanden, Glöckchen, Springbrunnen und mit Blüten gefüllte Rocaillevasen. Das Bandwerk wird gegenüber Oberammergau und Mittenwald kleinteiliger, die Blumenranken zierlicher, die Bögen schmaler, das Muschelwerk feiner gerippt. Das ist wohl mitbedingt durch die kleineren Räume von vergleichsweise geringer Höhe, kennzeichnet aber auch die Rottenbucher Langhausdekoration, von der Schmuzers Weingartener Stukkaturen abhängen. Das Bischofszimmer (Raum 210) mit seiner reich vergoldeten, farbigen Fassung wurde durch seine außergewöhnliche Wandgliederung vorbildlich für das Langhaus der Gnadenkapelle auf dem Hohenpeißenberg. Raum 213 wird durch farbige Behandlung der Stukkaturen und Gemälde in den Kartuschen hervorgehoben, während der Audienzsaal (Raum 215) von dem großen Gözschen Deckenfresko beherrscht wird. 3. Stukkaturen von Joh. Jakob Schwarzmann, um 1770 (beide Stockwerke des Nordwestpavillons, Festsaal, Treppenhäuser und Gänge der Prälatur).

Fassung: In Raum 213 rosa und grau, im Audienzsaal gelb und rosa gefaßte Stukkaturen. In den übrigen Räumen stehen die Stukkaturen weiß auf weißem Grund. Die Innenflächen wurden gelb, hellblau, rosa oder grün getönt, die Gitterfelder gelb, hellblau oder grün unterlegt. Reiche Vergoldung in 210 und 215, etwas sparsamere in 110, 207 und 213.

Fresken: Im Audienzsaal großes Rundfresko von Gottfried Bernhard Göz (1708–1774), wofür ihm 1742 425 fl bezahlt wurden [461]. Von seiner Hand stammen wohl auch die kleineren Fresken in Raum 213.

---

458 Die Benediktinerabtei befindet sich im Südtrakt.

459 Abmessungen nach DRISSEN, S. 87 f.: Länge des Nordflügels mit den beiden Eckpavillons 106 Meter, des Ostflügels 75,50 Meter, des Westflügels 64 Meter. Die inneren Abmessungen der Prälatur ergeben 70 : 57,50 Meter. Mittlere Höhe der Klostertrakte 21,30 Meter. Höhe der Eckpavillons und des nördlichen Mittelrisalits 25,60 Meter. Höhe der Räume im ersten Obergeschoß 4,57 Meter, im zweiten Obergeschoß 4,37 Meter.

460 Siehe Quellendokument 27 b.

461 HStA Stuttgart, Bestand B 522 Nr. 461a: Abteirechnungen von Weingarten: »am 23. 10. 1742 dem Maler Göz von Augsburg wegen gemachten neuen Audienzzimmer 425 fl.«.

WINKL (Lkr. Landsberg), Pfarrkirche St. Peter und Paul (Abb. 61–63).

Literatur: DEHIO/GALL, S. 280; Heimatbuch Landsberg, S. 671 f.; Historischer Atlas 22/23, S. 191; G. -F. KOCH, S. 47; München I, S. 380 f.

Quellen: Im PfA Prittriching nach Auskunft des Pfarrers keine Archivalien vorhanden.

Besitzverhältnisse: Die Hofmark Winkl war seit 1615 in Besitz des Jesuitenkollegs in Landsberg.

Baugeschichte: Von dem mittelalterlichen Bau hat sich der Turm (um 1400) erhalten, der in seinem Erdgeschoß den Altarraum birgt. Das Lhs. wurde in der Mitte des 18. Jh. umgestaltet und dabei eine flache Stichkappentonne eingezogen.

Baubeschreibung: Lhs. zu vier Achsen. Gliederung durch marmorierte Doppelpilaster. Im Westen zweigeschossige Empore. Stark eingezogener, niedriger Chorraum im Erdgeschoß des got. Turmes.

Stuck: Zuschreibung an F. X. Schmuzer aufgrund seiner Dekorationen in Rottenbuch (Emporenbereich), Hohenpeißenberg, Osterzell und Petzenhausen. Um 1747/48 entstanden. Übernahme des weiterentwickelten Oberammergauer Kartuschentyps. Viele Motive stehen in engem Zusammenhang mit Hohenpeißenberg [462]. Die Verwandschaft zwischen beiden Dekorationen wird zusätzlich durch die gleiche Fassung der Stukkaturen (weiße Ornamente mit reicher Vergoldung) unterstrichen.

Fassung: Vgl. Hohenpeißenberg.

Fresken: 1748 von Johann Georg Wolcker (1700–1766) aus Augsburg.

ZANKENHAUSEN (Lkr. Fürstenfeldbruck), Pfarrkirche St. Johann Baptist (Abb. 99–101).

Literatur: DEHIO/GALL, S. 134; Heimatbuch Fürstenfeldbruck, S. 317 f.; Historischer Atlas 22/23, S. 113, 191; KDB Obb. I, 1, S. 480; München I, S. 381.

Quellen: Fehlen [463].

Besitzverhältnisse: Von 1598–1773 war das Jesuitenkolleg in Landsberg Inhaber der Hofmark Zankenhausen. 1783 kam Zankenhausen an den Malteserorden, Kommende Kaltenberg [464].

Baugeschichte: Der spätgotische Bau wurde um die Mitte des 18. Jh. unter Beibehaltung des Turmes und Verwendung größerer Mauerteile barock umgestaltet. 1829 Anbau einer Sakristei im Süden des Chors. Letzte Restaurierung 1959/60.

Baubeschreibung: Lhs. zu drei Achsen mit Spiegelgewölbe auf flachen Wandpilastern. Einfache Westempore, im Mittelteil leicht vorgezogen. Eingezogener quadratischer Chorraum mit Flachdecke, angefügt eine halbrunde Apsis (am Außenbau mit dem Schiff mittels Trompen unter ein Dach mit dreiseitigem östlichen Abschluß gebracht). Dem Eingang im Westen eine Vorhalle vorgelagert. Turm an der Nordwand des Chors.

Stuck: Zuschreibung an F. X. Schmuzer, um 1756/57 (Fresken »1757« sig.) entstanden. Die vornehmlich aus Rocaillewerk bestehende Dekoration ist mit Blütenketten, Bandwerkbögen, Blattmotiven, Stucktropfen, Pfeifen und Gitterwerk durchsetzt. Die Anordnung der Chorstukkaturen ist dem Chor der Petzenhausener Pfk. entlehnt, während sich bei den Kartuschen in der Langhausquerachse Einflusse von Ettal und Schmiechen bemerkbar machen. Die Stuckbehandlung knüpft an Türkenfeld und Hausen an.

Fassung: Rosa Stukkaturen auf weißem Grund. Die Innenflächen in hellem Türkis oder mit Goldmuster ausgefüllt. Vergoldet sind alle vegetabilischen Elemente, ferner die Pfeifen, Tropfen und gelegentlich die Umrisse der Ornamente.

Fresken: 1757 von dem Münchener Hofmaler Franz Kirzinger (1730 bis nach 1795). Chorfresko bez. »Franc. Kirzinger pinxit 1757«. Langhausfresko bez. »Franc. Kirzinger Monacensis pinxit 1757«.

---

462 Stichkappenfüllungen, Fensterumrahmungen, Kartuschen, Kapitelle.

463 In den Archiven von Türkenfeld und Schmiechen sind keine Unterlagen zum Bau der Zankenhausener Kirche vorhanden. In den Annalen 1857 ff., die sich im Pfarrarchiv Türkenfeld befinden, berichtet der damalige Pfarrer, daß bereits 1857 keine Registratur und kein Inventar in Zankenhausen vorhanden war.

464 Die z. Z. unbesetzte Pfarrei Zankenhausen wird von Türkenfeld aus betreut.

ANHANG

QUELLEN ZU LEBEN UND WERK

Pfarrarchiv Wessobrunn [465]

1 Taufeintrag Franz Xaver Schmuzers am 27. 11. 1713 (C 86): »Josepho Schmuzer et Theresiae honestis Coniugibus de Wessobrunn baptizavit R. P. Placidus Vicarius Masculum Franciscum Xaverium no(min)e levante Bartholomäo Heiss Venatore actum 27. Nov. 1713.«

2 Schmuzers erste Heirat mit Maria Anna Franziska Herckner ist in den Wessobrunner Matrikelbüchern nicht verzeichnet.

3 Kinder aus der ersten Ehe:
1. *Johann Nepomuk Benedikt* 12. 1. 1746 (D 218): »Domino Francisco Xaverio Schmuzer praecellenti Gypsatori de Gaisboith, et Mariae Annae Franciscae Herckhnerin, hon(estis) con(iugibus) baptizavit P. Hermannus Ausserstorffer p. t. Vicarius masculum Joannem Nepomuzenum Benedictum no(min)e, tenente eum ad S. Fontem Daniele Miller Pistore nostri Monasterij de Gaisboith actum 12. Januar: 1746.«
2. *Maria Veronika* 15. 1. 1747 (D 235): »Domino Francisco Xaverio Schmuzer Gypsatori de Gaisboith, et Mariae Annae Franciscae Hercknerin, hon. con. baptizavit idem foemellam Mariam Veronicam nomine, tenente eam ad S. Fontem Anna Maria Millerin de Gaisboith. Actum die 15. Januar: 1747.«

4 Tod der ersten Frau Schmuzers am 13. 6. 1748 (D 77): »Die 13. Junij pie in Domino obiit Domina Maria Anna Francisca Schmuzerin conjugata de Gaisboith, morbo acuto correpta, omnibus mor. Sacramentis refecta.«

5 Zweite Heirat am 23. 11. 1750 (D 74) [466]: »D(ominus) Franciscus Xaverius Schmuzer Viduus de Wessobrunn Gypsarius et Pictor et Maria Rosa Filserin Soluta de Schongau Matrimonium contraxerunt in Eccl(es)ia n(ost)ra mon(aste)r(ia)li ad Aram s(anc)tae Crucis coram me P. Ruperto Mayr p. t. Loci Vicario et requisitis Testibus D. Joanne Enthard Camerario et Scriba Mon(aste)rii, et Daniele Miller, Pistore Mon(aste)rii die 23. 9bris 1750.«

---

465 Die fünf Matrikelbücher im Pfarrarchiv Wessobrunn gliedern sich wie folgt auf: A = Taufbuch 1630–1670 (jedes Teil neu paginiert), Trauungsbuch 1630–1690, Sterbebuch 1630–1678. B = Taufbuch 1670–1703. C = Taufbuch 1704–1730, Trauungsbuch 1704–1726 (1709–1713 incl. fehlen), Sterbebuch 1704–1728. D = Taufbuch 1730–1750, Trauungsbuch 1730–1750, Sterbebuch 1735–1750. E = Taufbuch 1751–1786, Trauungsbuch 1751–1785, Sterbebuch 1751–1819 (1785–1801 incl. fehlen).

466 In den im Pfarrarchiv Schongau aufbewahrten Matrikelbüchern taucht nur eine Maria Rosa Filser auf, die als Gattin Schmuzers in Frage kommt. Es ist dies die am 10. Juni 1728 getaufte Tochter des Johann Filser und der Sybilla Weingand (Taufeintrag in Band III: »Pfarr-Matrickel vom Jahre 1655 bey July 1729«, S. 353). Da allerdings am 17. 2. 1731 eine »Maria Rosa Filserin infans« im Sterberegister erscheint, ist es fraglich, ob es sich bei der 1728 Geborenen tatsächlich um Schmuzers zweite Frau handelt.

6 Kinder aus der zweiten Ehe:
1. *Maria Magdalena* 24. 5. 1752 (E 7): »Domino Francisco Xaverio Schmuzer Gypsario de Gaisboith et Mariae Rosae Filserin hon. Con. baptizavit idem foemellam nomine Mariam Magdalenam de Pazzi Matrinam agente Anna Maria Millerin ibidem. Die 24. Maij 1752.«
2. *Pontian Anselm* 25. 8. 1753 (E 14): »Domino Francisco Xaverio Schmuzer Gypsario de Gaisboith et Mariae Rosae Filserin honestis coniugibus, baptizavit idem P. Rupertus Mayr Professus et Vicarius loci masculum, Pontianum Anselmum nomine; Patrinus agente Daniele Miller Pistore Monasterii die 25 augusti 1753. Qui P. Vicarius sequenti die, quae fuit Domenica 11 post Pent: zelose ex cathedra ad Populum Jacens, sub media concione apoplexia tactus, post duas horas piissime in Domine defunctus est, cum ingenti luctu et fletu Parochianorum.«
3. *Johann Joseph* 24. 10. 1754 (E 21): »Domino Francisco Xaverio Schmuzer gypsario de Gaisboith, et Mariae Rosae Filserin Honestis Coniugibus baptizavit P. Josephus Packenreit p. t. Vicarius masculum nomine Joannem Josephum, quem e Sacro Fonte suscepit Daniel Miller Pistor Monasterii die 24 octobris. 1754.«
4. *Johann Ev. Caspar* 2. 1. 1756 (E 30): »Domino Francisco Xaverio Schmuzer gypsario de Gaisboith, et Mariae Rosae Filserin Hon. Con. baptizavit P. Josephus Packenreit p. t. Vicarius masculum nomine Joannem Evangelistam Casparum quem e Sacro Fonte levavit Daniel Miller pistor Monasterii die 2. Januarii anno 1756.«
5. *Franz Xaver* 2. 12. 1756 (E 35): »Domino Francisco Xaverio Schmuzer Gypsario de Gaisboith et Mariae Rosae Filserin Hon. Con. baptizavit P. Josephus Packenreit p. t. Vicarius masculum nomine Franciscum Xaverium quem e Sacro Fonte levavit Daniel Miller Pistor Monasterii die 2. Dec. 1756.«
6. *Anna Maria* 8. 12. 1757 (E 41): »Domino Francisco Xaverio Schmuzer Gypsario de Gaisboith, et Mariae Rosae Filserin Hon. Con. baptizavit ad modum R. D. P. Maurus Bayrhamer Conventualis foemellam nomine Annam Mariam, quam e Sacro Fonte levavit Anna Maria Millerin de Wessobrunn die 8 Decembri 1757.«
7. *Zwillinge ohne Namen* 3. 8. 1759 (E 49): »Francisco Xaverio Schmuzer gypsario de Gaisboith, et Mariae Rosae Filserin, hon. Con. natae sunt gemellae, quo ab obstetrice baptizato brevi post mortuo, et in coemeterio sunt sepulto die 3. Aug. 1759«.
8. *Zwillinge Daniel und Franz Xaver* 16. 7. 1761 (E 59): »Francisco Xaverio Schmuzer, Artis anaglyptico penito, et Mariae Rosae Filserin, hon. Con. de Gaisboith, baptizavit P. Maximinus Eckhardt Vicarius gemellosi primi nomen Daniel, alterius Franciscus Xaverius, utriumque e S. latice levavit Daniel Müller, Pistor Mon(aste)rii, die 16. Juli:.«
9. *Franz Xaver* 18. 11. 1762 (E 65): »Francisco Xaverio Schmuzer, Gypsario, et M. Rosae Filserin, hon. Con. de Gaisboith, baptizavit idem masculum Franciscum Xaverium nomine, eius Patrinus erat Daniel Miller, pistor Mon(aste)rii. Actum 18. Nov. 1762.«
10. *Anna Maria* 16. 11. 1763 (E 70): »Francisco Xaverio Schmuzer, gypsatori de Gaisboith et Mariae Rosae Filserin, hon. Con. baptizavit idem foemellam Annam Mariam nomine, levante Anna Maria Millerin, de Wessobrun. Actum 16. Novembris 1763.«
11. *Maria Rosalia* 4. 9. 1765 (E 77): »Francisco Xaverio Schmuzer, gypsatori de Gaisboith, et Mariae Rosae Filserin, hon. con. baptizavit P. Beda Riessler foemellam Mariam Rosaliam nomine, quam ex S: Fonte levavit Anna Maria Millerin de Wessobrunn. Actum 4. Septembris.«

7 Tod der zweiten Frau Schmuzers am 8. 11. 1768 (E 37): »Domina Maria Rosa Schmuzerin de Wessobrun om: mor: SS: rite munita in praesentia Vicarii pie obiit, octavo Novemb.«

8 Heirat der Tochter Maria Veronika am 6. 2. 1769 (E 22): »Joanes Maximus Schmid solutus [467] prae dita Virgine Maria Veronika Schmuzerin de Wessobrunn, coram me P. Sebastiano Altinger, et testibus Daniele Miller et Josepho Sailler Solemne Matrimonium contraxit. Actum 6. Februarii 1769.«

9 Kinder aus der Ehe der Tochter Maria Veronika:
1. *Maria Ottilia* 13. 12. 1773 (E 106): »Joanni Maximo Schmid Gypsatori de Gaisboith, et M. Veronicae Schmuzerin Uxori eius hon. Con. baptizavit P. Lambertus Äschbacher p. t. Subprior et Vicar. foemellam nomine M. Othiliam Matrinante Anna Catharina Mezin marit: de Gaisboith . . .«

---

467 Johann Maximus Schmid, getauft 26. Juli 1739.

2. *Maria Theresia* 15. 10. 1776 (E 124): Taufpatin ist Marianna Krebs, »Venatrix n(ost)ri m(o)n(aste)rii primaria.«

3. *Außerehelich Maria Anna* 28. 7. 1782 (E 147): »Veronica Schmidin de Gaisbointh: Vulgo beym Schmutzer: maritatae quidem Caeteroquin autem mulieri nullius vitae christianae sed malae famae, et prostitutae foeminae, quae hoc ipso in absentia mariti Sui Maximi Schmid Gypsatoris ex adulterio concepit, huic, inqua, mulieri Baptizavit P. Benno Gerold p. t. Vicarius foemellam M. Annam no(min)e, quam ad S. Fontem tenuit M. Anna Krebsin uxor Venatoris Monasterii n(ost)ri. – Patrem hujus prolis iam dinante partum esse dixit, et postea affirmavit Antonium Bayrlacher uxoratum, et fabrum lignarium de Haydt. Sed cum hic ipse factum hoc coram me constanter negasset, et propterea juramentum coram judice postulasset, res ad eundem delata est: ubi demum conssa fine disceptione finita fuit, quia supra dictus ad primam statim quaesitionem rem totam juxta longitudinem et latitudinem confessus est; dum interim prolis haec e vivis discessit. Collatus autem hic Baptissimus fuit 28 july 1782 [468].«

10 Franz Xaver Schmuzer als Trauzeuge:

1. Heirat von Ferdinand Schnell von Haid und Maria Theresia Perchtold von Forst am 1. 1. 1737 (D 25): »... Testibus Georgio Vogl et Francisco Xaverio Schmuzer Juveni et Joanne Michael Schmuzer pariter Juveni ...« [469]

2. Heirat von Ferdinand Schnell von Haid und Catharina Pock von Peiting am 7. 1. 1743 (D 47): »Franciscus Ferdinandus Schnell Gypsarius de Hayd, viduus, et Catharina Pockin soluta de Peitting, solemne matrimonium contraxerunt ad aram S(anc)tae Crucis in Ecclesia n(ost)ra monasteriali coram me Hermanno Ausserstorffer p. t. vicario, et requisitis testibus Thomae Sporer, Gypsario de Hayd, Francisco Feichtmayr, Gypsario de Augspurg, Francisco Xaverio Schmuzer, Gypsario de Gaisboith, et Joanne Finsterwalder, agricola de Forst, ac praesentibus plurimis aliis. Actum 7. Jan. anno 1743.«

3. Heirat von Johann Michael Schütz und Mechtild Ostin von Bierdorf am 6. 2. 1759 (E 13): »... requisitis testibus D. Francisco Xaverio Schmuzer Wessofontano, et Josepho Sailer aedituo in Forst ...«

4. Heirat von Johann Georg Übelher und Maria Scholastika Raffler am 11. 2. 1760 (E 14): »D. Georgius Üblhör, viduus de Gaisboith et pud. M. Scholastika Raffler, di ibidem coram P. Maximino, Vicario et Testibus Francisco Xaverio Schmuzer, Casparo Schelle, Wessofontanis, aliisque in Ecclesia Parochiali Solemne Mat. contraxerunt, die 11 Februaris anno ut supra« (1760).

5. Heirat von Joseph Hupfauer von Haid und Maria Elisabeth Graf am 12. 1. 1761 (E 15).

6. Heirat von Sebastian Schwaiger und Maria Sabina Zöpf am 12. 11. 1765 (E 19).

7. Heirat von Norbert Spindler von Steingaden und Maria Bader von Haid am 10. 11. 1767 (E 21).

11 Todeseintrag Franz Xaver Schmuzers am 24. 4. 1775 (E 54): »D(ominus) Franciscus Xaverius Schmuzer gypsarius de Gaisboith hydrope ad extrema de repente deductus, praevie o(mn)ibus S(anctis) S(acramentis) moriturientium Sacramentis provisus, decessit ex hac vita 24. Aprilis 1775.«

12 Todeseintrag des Sohnes Johann Joseph am 27. 4. 1777 (E 59): »Paulo post 12mo nocturnam, et longam valde ac duram agoniam in praesentia P. Bennonis p. t. Vicarius aninam excholavit honaestus juvenis Johannes Josephus Schmuzer de Gaisboith SS : morit : sumtio paulo ante praemunitus, et saepius ab eodem invisus, simulque in voluntatem Divinam Resignatissimus 27 Aprilis 1777.«

---

468 Maria Veronika Schmid, geb. Schmuzer wird einmal als Taufpatin erwähnt, und zwar am 12. 10. 1782 bei der Taufe von Johann Michael Diller *loco mariti sui Joh: Maximi Schmid Gypsatoris de Gaisbointh absentis* (E 149).

469 Dieser Johann Michael Schmuzer war ein Sohn von Franz Xaver Schmuzer (Gastknecht) und wurde 1711 geboren. Der Gastknecht F. X. Schmuzer (1672–1749) war ein Neffe Johann Schmuzers. Vgl. Stammtafel in DISCHINGER, S. 177–180.

13 AMMERHOF

StA Sigmaringen, Dep. Thurn und Taxis, Archiv Marchtal: Amtsbücher Kloster Marchtal Nr. 23 (Abbtey-Rechnungen ab a(nn)o 1764 bis 1767 inclusiv: Rep. VII, Pak. 206)

Ausgaab Gelt auf Gebäu 1766

S. 216: Dem Stokhodor Xaveri Schmuzer wegen Amerhofer Capell hat er von mir
P. Tiberio Statthalter empfangen . . . . 12 fl
den 27ten Maij von mir . . . . 33 fl
den 26ten Julij gebe ihme widerumben . . . . 66 fl
den 12ten Octob. . . . . 24 fl
Endlich fir alle Arbeith den Rest mit . . . . 240 fl

dem Mahler Veeser von Andelfingen die Capell in Ammerhof zu mahlen über abzug
6: fl den Rest . . . . 94 fl

14 EISMERSZELL

PfA Moorenweis.

Baurechnung über die neuerbaute Filialgotteshaus St. Georgi in Eismanzell: Annis 1739, 1740 und 1741. (Die Baurechnung ist in vier Abteilungen gegliedert: 1. auf Veranstaltung des Baus, 2. auf Materialien, 3. auf Taglohn, 4. auf Zehrung, und erwähnt F. X. Schmuzer zweimal).

3) Auf Taglohn: Dem Franz Xaver Schmuzer Stokador angedingtermassen die Altäre auf die Dauer von Stokador zu machen wie auch die ganze Kirch samt der Kanzel . . . . 182 fl 29 kr
4) Auf Zehr: Dem Franz Xaver Schmuzer Stokator 12 Wochen die Kost, die Woche 1 fl . . . . 12 fl

15 HEINRICHSHOFEN

PfA Egling. Kirchenrechnung:

1754/55: »So hat Franz Xaveri Schmuzer stuckhator p. Cto. (vom 4. 11. 1754, 30. 4. 1755, 16. 12. 1755) wegen ganz neu zu diesem Gottshaus hergestellten drei Altären accordirtermaßen empfangen 300 fl.« – »1754 dem Herrn Schmuzer Stockhator für 5 buch goldt à 3 fl. 30 xr ...« (frdl. Mitteilung von Wilhelm Neu).

16 KAPPEL BEI UNTERAMMERGAU

PfA Unterammergau [470].

Kirchenrechnung Kappel 1742–1763 [471]: 1750: »Dem H. Franz Xaveri Schmuzer Stockhodor Maistern von Wessenbrun, so die samentliche Stockhodor: und Maurerarbeith umb 300 fl. per accord ybernommen, seint Vermög Scheins sub Nro 4 hieran uf Aufschlag Erlegt worden 100 fl.«

1751: »Dem Stockhodormaistern H. Franz Xaveri Schmuzer von Wessobrun seint für die per accord ybernohmne Stockhodor Arbeith Bey disem Gottshaus, den Rauchen Wurff und machung der 2 seitehen Altär yber die vermög fertiger Rechnung allschon Erlegte 100 fl. lauth ausgestellten Scheins ddto 17. Aug. 1751 sub No 2 auch die noch weithers betreffente 260 fl. behändiget worden, id est 260 fl.«

470 Den genauen Wortlaut der beiden Einträge verdankt die Verfasserin Geistl. Rat und Pfarrer i. R. Anton Bauer, Egling.

471 Vgl. auch die Publikation des Heimatpflegers von Oberbayern, Reihe A, Heft 4: Beiträge zur Bau- und Kunstgeschichte der Kirchen und Kapellen in den Pfarreien Ober- und Unterammergau. Auszüge aus den Kirchenrechnungen des 17. und 18. Jh., bearb. von Sigfrid Hofmann, Schongau 1954, S. 33.

17 Oberammergau

AEM, Sig. 8°/190: Joachim Hoffmair, Beschreibung von höchst nothwentiger erpauung der dem Closter Rottenbuech incorporierten Pfarrkhürchen Beatissimae Virginis Mariae et Sanctorum Petri et Pauli zu Oberammergau.

S. 94: »Den 24. Augusti (1739) ist der bishero in Ausgypsung Ecclesiae Collegiatae (= Rottenbuch) allhier per aestatem occupirte Pallier Michael, von Wessenbrunn, mit seinem ainzigen Jungen nach Oberammergau abgegangen, allda mit Herrn Francisco Xaverio Schmuzer zuwerkhen«.
S. 105: »Die Maurer sindt den 8. Novembri (1739) ausgezahlet und entlassen. Die Stokhatorer von Herrn Paul Pärtl und Johann Plaichner bezahlt, sambt dem Maller 280 fl gedingter massen«.
S. 106: »Den 6. Maij (1740) hat, der nacher Oberammergau und Mittenwaldt reittente Herr Paumeister Joseph Schmuzer mir communicieret, das in der Khürchen Oberammergau würkhlich arbeithen die Wessenbrunnisch Stokhator ...«

18 Obermarchtal

StA Sigmaringen, Dep. Thurn und Taxis, Archiv Marchtal: Dep. 30, Rep. VII, Fach 5, Nr. 70: Amtsbücher Kloster Marchtal Nr. 22 (Rechnungsbuch der Abbtey 1758–1763)

Ausgaab Gelt auf Gebäu 1763

October den 31ten bezahle dem Stokhodor Xaveri Schmutzer fir die obere Zimmer, und Gang des underen Egg-fligels bey Hof	200 fl	
p. abschlag		
Item	11 fl	30 kr
Novbr. den 11ten empfanget dieser widerumb	42 fl	30 kr
Summa	254 fl	

19 Osterzell

PfA Osterzell.

Stiftungsrechnung von 1749/1750: [472]
Fol. 12: »H: Franz Xaveri Schmuzer von Wessobrunn wegen im Chor und Langhauss gemachter Stucador Arbeith, samt Spaiß ger. 10 Wochen gratis, accordierter Massen bezalt worden 250 fl«, ferner wurden ihm »da er das Gewölb angeben, für 3 Täg bonificiert 1 fl 30 kr.«

20 Petzenhausen, Frauenkirche

Ehem. PfA Petzenhausen, heute Ordinariatsarchiv Augsburg:

1) Beyleiffiger Yberschlag yber das lobl. Filial Gotteshaus Unser Lieben Frau zu Pezenhausen 1747, von Joseph Schmuzer: ... Die stokhator arbeit mit sambt dem obern anwurf wirt sich belauffen 135 fl.
2) Einzelnes Blatt eines ehem. Baurechnungsbuches: »Auszug was und wie vill H. Schmuzer an stukhador arbeit bezalt worden

1748: den 1. Juni Herrn Franz Xavery Schmuzer wegen U. L. F.	35 fl
den 23. Juni	20 fl
den 28. Juni	10 fl
den 20. Juli	20 fl
den 9. August	50 fl.«

472 Vollständig wiedergegeben bei Vollmer I, S. 89 ff.

21 **Petzenhausen, Pfarrkirche**
Ordinariatsarchiv Augsburg:

21a Einzelnes Blatt eines ehem. Baurechnungsbuches: »Auszug was und wie vill H. Schmuzer an stukhador arbeith bezalt worden [473]

1749: wegen der Pfarr Kirche		
den 31. May	20 fl	
den 28. Juni	20 fl	
den 12. Juli	16 fl	
den 28. Juli	16 fl	
den 19. Aug.	28 fl	
1751: den 11. Sept.	20 fl	
27. Sept.	20 fl	
30 Okt.	20 fl	
8. Nov.	100 fl	
1752: H. Schmuzer	20 fl	
Item	40 fl	
Latus	455 fl	
H. Schmuzer für das gemähl	60 fl	
1756 et 1757		
Herrn Schmuzer für den Altar	500 fl	
Uncosten bey den Altar aufsezen	14 fl	36 x
Latus	1024 fl	36 x
H. Zöpf für das antipendius	30 fl.«	

21b 2) »Anzeig der Ausgaben bey des lobl. Pfarrgotts S. Petri vorgenommene bau reparation wie folgt:

Herrn Joseph Schmuzer Baumaister des lob. Closter Wessobrunn wegen gemachten Riß und yberschlag	7 fl	20 x
für den Kalch (1748–1767)	232 fl	32 x
Maurer Taglohne	266 fl	6 x
Maurermaister (1751–1755; 1766)	53 fl	
1749: H. Schmuzer stuckhador und Paumaister	100 fl	
1751: H. Schmuzer	160 fl	
1752: H. Schmuzer	60 fl	
Eidem für das gemähl	60 fl	
Item antipendium	30 fl	
1756 et 1757: H. Schmuzer pactierter massen für den Choraltar	400 fl	
Uncösten bey aufsezung des altars	14 fl	36 x
H. Schmädl bildhauer von Weilhamb	25 fl	
H. Johann Baader maller von Lechmüll	50 fl.«	

21c 3) Bau Reparations und Anmerkhungs büechl des lobl. S. Petri et Pauli Pfarrgottshaus in Pezenhausen pro 1751 und folgende Iahr:

1751: 11. Sept.: erste Zahlung an die Stukkatoren, ›H. Schmuzer‹	
30. Okt.: H. Schmuzer	120 fl
(im Baurechnungsbuch nur 20 fl)	
1752: 8. April: H. Schmuzer	20 fl
H. Schmuzer	40 fl
H. Schmuzer für des gemähl	60 fl
1756: Herrn Schmuzer für den altar bezahlt so a 500 fl pactiert worden	
den 18. Okt. 1755	50 fl
den 31. Jan. 1756	75 fl
den 17. Feb. 1756	75 fl
den 13. Apr. 1756	50 fl
den 5. Juni 1756	50 fl

473 Die darin enthaltenen 135 fl. für die Petzenhausener Frauenkirche 1748 wurden hier nicht mehr berücksichtigt.

den 6. Sept. 1756	50 fl	
den 17. Sept. 1756	75 fl	
den 17. Jan. 1757 . . . . . , ...	50 fl	
den 24. Sept. 1757	25 fl	

in allen also H. Schmuzer ist die Summa 500 fl gegeben. Weegen den zwey bögn ist pactiert worden 25 fl, welche aber noch nit bezahlt, weillen H. Schmuzer zu dem altar alle Zugehör von bildhauer Arbeith herstellen mueß, so ab noch nit gestrichen, mithin... (hinzugefügt)
den 20. May 1758 H. Schmuzer gegeben 11 fl erst nach 14 fl
den 21 July 1757 bezahlt 14 fl Nihil
1757: H. bildhauer Schmädl von Weilhamb für die bildnussen beym Choraltar, so Gott Vatter . . . . 25 fl
H. Johann Baader Maller von Lechmühl fürs Chorblatt . . . 50 fl

21d 4) Eigenhändiger Überschlag F. X. Schmuzers: »Baylaiffiger Iberschlag.
Zu dem Chor altar in dem hochlobl. Pfarrgottshaus Pezenhausen, von stukkhador Marmor sauber geschliffen, nebst zwey figuren, und engell sambt anderer dar zue gehöriger arbeit, one Vergoldung,

Erstlich 8 Faß gibs a 5 fl	40 fl	
for underschidliche farben	35 fl	
3 (Pfund) schwem a 1 fl 30 kr	4 fl	30 x
16 (Pfund) dratt von zwaierlai gattung a 18 kr	4 fl	48 x
25 (Pfund) laim a 16 kr	6 fl	40 x
2000 ganze brötter nägl a 2 fl 20 kr	4 fl	40 x
50 wurff latten a 3 kr	2 fl	30 x
10 gemaine brötter a 7 kr	1 fl	10 x
underschidliches aissenwerkh	10 fl	
ain duzet von zwaierlai gattung Bensel	1 fl	10 x
Die stuckhador verdienen bay dieser arbeit, welche aine Zait und flaiß erfordert sambt dem altarblat	455 fl	
Suma	565 fl	36 x

Franz Xaverij Schmuzer Stukhadormaister«

22 ROTTENBUCH

22a a) AEM, Sig. 8°/190: Joachim Hoffmair, Beschreibung von höchst nothwentiger erpauung der dem Closter Rottenbuech incorporierten Pfarrkhürchen... zu Oberammergau. S. 75:
»Am 3. Februarij (1738) ist im Collegio nostro (= Rottenbuch) angekhommen bey gar schlimmem wötter... Herr Joseph Schmuzer sambt (S. 76) seinem Herrn Sohn Francisco Xaverio ainem Maller aber auch gypser, welcher anno proterito bey ausarbaithung Ecclesiae Collegiatae allhier als Pallier vorgestandten, von Ettal heraus...«

22b b) AEM, Sig. 8°/58: Jochim Hoffmair, Beschreibung deß zum großen nuzen deß Closters Rottenbuch... so lang und khostbar erpauten Neuen Weyher zu Sprengelsbach[474].
S. 530: »Zu dem vorhabenten Werkh (= Rottenbuch) hat den Riß gemacht Herr Joseph Schmuzer von Wessenbrunn, auch versicheret, von Wessenbrunn solche Stokhatorer mit zu bringen, welche in Ausmachung der Khürchen completam satisfactionem dabunt.«
S. 535: Am Montag nach dem Weißen Sonntag (1737) haben »die Wessenbrunner, vom Herr Schmuzer böste ausgesuchte Stokhatorer zu arbeithen angefangen, deren neun waren, auch zway Buben«[475].
S. 536: »Auf erkhantnus des Herrn Schmuzers / putabatur, quod Cicero pro domo sua / hatte der Pallier, sein Sohn Franciscus Xaverius / welcher zugleich ein Maller /«, auch der Unterpalier täglich 45 Kreuzer, »das essen, in separata mensa von denen handtwerkhs-Leithen, im Kheller-Stüblein, als auf Mittag Suppen, ain Voressen, Fleisch, Khraut, Gersten etc., per se ain Maß pier, Herrenprodt; seindt auch ad plenam gratiam zway oder drey mallen in das refectorium gelattener khommen«.

---

474 Zitiert in MOIS I, S. 35–46.
475 Die Arbeitszeit der Stukkatoren betrug nach HOFFMAIR, S. 535, elf Stunden am Tag. Um 5 Uhr in der Frühe wurde begonnen. Pausen waren von 7–1/2 8, 11–12 und 3–1/2 4 am Nachmittag. Um 6 Uhr abends wurde die Arbeit niedergelegt.

S. 540: Bezüglich des Arbeitslohnes machte »Herr Schmuzer einen yberschlag wegen der Stokhatorer à 800 fl, Reverendissimus hat alsobaldt offeriert 1000 fl, at non acceptavit. – qualis consequentia.«
S. 542: »Wan die Stokkatorer die arbeith yber haupt (d. h. im Akkord) gehabet hätten, wäre selbige gar glaublich unnd frühezeitig absolviert worden, sed non sic. Das Closter khan es schon bezahlen. Quod differtur non auffertur«. So sind denn auch »die Stokkathorer getröstet nacher Haus gegangen den 17. Nov. bis auf zway, welche doch auch baldt gevolget.«
S. 543: Am 15. 1. 1738 ist in Rottenbuch angekommen »Unser bisheriger Paumaister Herr Joseph Schmuzer von Wessenbrunn mit seinem Herrn Sohn Francisco Xaverio / der ain Maller unnd Stokkatorer / haben mit sich gebracht den Riß für khünftige ausarbaithung, Reverendissimo ybergeben«. Auch am 3. 2. 1738 waren beide wieder, diesmal von Ettal kommend, in Rottenbuch eingetroffen [476].
S. 544: Kurz nach dem 13. 4. 1738 erschien »der Ober-Pallier Franz Xaveri Schmuzer, welcher an der geschwinde, fleiß unnd wissenschafft solle andere ybertroffen haben.«
Im April 1741 traf aus Wessobrunn der schon früher in Rottenbuch beschäftigt gewesene »Unterpallier Michael« ein und mit ihm »ain alter erfahrner Maurer Maister von Wessenbrunn, damit er die Rottenbuecherische Maurer dirigiret«. Auch »des Herrn Schmuzers Sohn Franciscus Xaverius« kam wieder, »ware gleichsam Oberpallier« und hatte 45 Kreuzer Taglohn (S. 644).
Von den Arbeiten im Langhaus berichtet der Chronist, S. 645 f. »daß Sye fleissig unnd vill gearbeithet, so woll die Zimmerleith, Maurer, als Stokhatorer unnd fortgefahren bis den 28. Augusti, unnd so weith, das schon alsdan khunte mit dem ausmahlen angefangen werden.«

Zeitplan zu den Stukkaturen in Rottenbuch [477]

28. 3. 1737	Aufstellen des Gerüstes und Abschlagen der got. Rippen durch die Maurer
15. 4. 1737	Eintreffen Joseph Schmuzers
	Eine Woche nach Ostern beginnen neun, von Joseph Schmuzer ausgesuchte Wessobrunner Stukkatoren, darunter zwei Lehrbuben, mit der Arbeit in Chor und Querschiff.
Anf. Juli	Benno Löderer aus Schongau vergoldet die Stuckornamente
11. 8. 1737	Eintreffen Matthäus Günthers
29. 10. 1737	Die beiden Faßmaler werden entlassen
17. 11. 1737	Die Stukkatoren werden entlassen
15. 1. 1738	Eintreffen von Joseph und Franz Xaver Schmuzer, die den Riß für die künftige Ausarbeitung mitgebracht haben
3. 2. 1738	Erneuter Aufenthalt von Vater und Sohn Schmuzer in Rottenbuch, diesmal von Ettal kommend
9. 4. 1738	Die Gerüste werden vervollständigt
13. 4. 1738	Eintreffen des Unterpaliers und anderer Stukkatoren aus Wessobrunn
	Kurz darauf Eintreffen des Oberpaliers F. X. Schmuzer
20. 5. 1738	Joseph Schmuzer zur Überprüfung der Arbeiten in Rottenbuch, ebenfalls am 2. 7. 1738
Mitte Sept.	Die Stukkatoren haben die Arbeit in Chor und Querschiff beendet
7. 10. 1738	Joseph Schmuzer in Rottenbuch
	Vom 11. 6. 1738 bis 25. 10. 1738 wurde die neue Sakristei ausstukkiert (n. e.)
1739	Der Stukkator-Palier Michael von Wessobrunn ist mit einem Jungen mit den abschließenden Arbeiten beschäftigt
24. 8. 1739	geht er nach Oberammergau, um dort mit F. X. Schmuzer zu arbeiten
1740	Pause in der Kirchenrenovation
	3. 9. 1740 Tod des Propstes Patritius Oswald
	4. 10. 1740 Wahl des Pfarrvikars von Oberammergau, Clemens Prasser, zum neuen Propst
26. 2. 1741	Joseph Schmuzer fragt an, ob in diesem Jahr das Lhs. der Stiftskirche in Angriff genommen werde, da er sonst mit seinen Leuten nach Weingarten gehen werde

476 Vgl. Hoffmair, Oberammergau, S. 75 f.
477 Nach Hoffmair, Sprengelsbach, S. 530–653, zitiert in Mois I, S. 35–49.

5. 4. 1741	Aufstellen des Gerüstes im Lhs.
	Darauf Eintreffen des Unterpaliers Michael und des Oberpaliers F. X. Schmuzer
12. 4. 1741	Eintreffen Joseph Schmuzers
17. 4. 1741	Abnehmen der Schlußsteine
28. 8. 1741	Eintreffen Matthäus Günthers. Er malt vom 29. 8. bis 2. 10. die zwei östlichen Deckengemälde und reist am 3. 10. nach Augsburg heim
Ende Okt.	Die Stukkatoren werden verabschiedet
4. 5. 1742	Propst Clemens fragt das Stiftskapitel, ob trotz der Kriegszeit (Österreichischer Erbfolgekrieg) die Renovation der Kirche fortgesetzt werden solle. Der Konvent entscheidet zustimmend
16. 5. 1742	Eintreffen Matthäus Günthers, um am Mittelschiffsgewölbe weiterzumalen
17. 5. 1742	Aufstellen eines niedrigeren Gerüstes an den Hochwänden des Mittelschiffs
10. 8. 1742	Joseph Schmuzer in Rottenbuch, diesmal von Weingarten kommend
25. 8. 1742	Vollendung der Deckenbilder im Mittelschiff. Günther beginnt mit den Hochwandfresken
	Die Stukkatoren haben das Lhs. vollendet und beginnen mit dem südlichen Seitenschiff
6. 10. 1742	Ein Teil der Stukkatoren wird entlassen
27. 10. 1742	Der Rest wird verabschiedet
1743	Pause in der Kirchenrenovation aufgrund des Österreichischen Erbfolgekriegs
1744	Die Stukkatoren vollenden das nördliche Seitenschiff
	Vom 15. 9. bis 27. 10. malt Matthäus Günther die vier Fresken an den Seitenschiffsgewölben
1745	Die Wessobrunner stuckieren den Raum beim Taufstein und unter der Empore. Gleichzeitig die Emporenbrüstung und der Stuck der Josephskapelle (n. e.)
	Vollendung der gesamten Stukkaturen in Rottenbuch
1746	Matthäus Günther malt das Fresko unter der Orgelempore und die Bilder in der Josephskapelle

Zahlungen an die Stukkatoren

1737	1222 fl 33½ kr	(Hoffmair, S. 540)
1738	768 fl 46 kr	(Ebd., S. 564)
1741	504 fl 56 kr 4 H	(Ebd., S. 648)
1742	537 fl 19 kr	(Ebd., S. 651)
1744	229 fl 15 kr	(Ebd., S. 653)
1745	283 fl 59 kr	(Ebd., S. 653)
	3546 fl 48½ kr	

23 Seekirch

StA Sigmaringen, Dep. Thurn und Taxis, Archiv Marchtal: Dep. 30, Rep. VII, Fach 5, Nr. 157
Heiligenrechnungen Seekirch 1563 und 1564.

Heiligenrechnungen Seekirch 1563 [478]
Fol 21

1756	Mr. Mosbrugger Maurer l. C.	616 fl	51 kr	4 H
	dem Herrn Stockodor Ibelhör	450 fl	–	–
	Herrn Martin Kuen Mahler in Weißenhorn wegen dem Langhaus	450 fl	–	–

Fol. 25
Summarium der Ausgaben

auf verschidene Baumaterialien	728 fl	9 kr	–
auf Künstler, Handtwercksleuth und Tagwercker	2141 fl	45 kr	3 H

478 Bereits 1755 wurden Ausgaben für Baumaterialien verzeichnet. Zum Anrühren der Stuckmasse wurde u. a. Bier verwendet (dem Wirt dafür 29 fl. gegeben).

Heiligenrechnungen Seekirch 1564

1759	H. Boozi Stockendohr wegen der Kanzel accordirt	55 fl
	Die Kost ad 24 Täg ist mit bey gerechnet ihme, und seinen Gesellen.	
1761	Denen H(erren) Stockendohr zum Ein- und Ausstand	1 fl 6 kr
	Dem H. Franz Sigrist Maahler wegen Verfertigung des Plavon in dem Choor accordirter gebe	90 fl
	Die Kost vor 18 oder 20 Täg ist mit bey gerechnet	
	Dem H. Schmuzer Stockendohr wegen der Chor Arbeith accordirter geben	150 fl
	Idem wegen dem Chor-Bogen, und Mahlung der Canzl sambt anderen Gefälligkeiten	16 fl
	Dem Maister Mosprugger an sein Conto bezahlt wegen der Chorarbeith, sambt noch restende 24 fl. Von dem Langhaus p. Abschlag geben	266 fl 22 kr 4 H
	Joseph Mosbrugger Maurermeister zu Marchtall l. Conto No. 14 bezahlt	37 fl 12 kr 4 H
	Item seinem Maurer zum Ausstand	18 kr

24 Schmiechen

Freiherrlich von Wiedersperg-Leonrodsches Schloßarchiv Schmiechen, Aktenstück G 501:

S. 1: Eigenhändige Spezifikation F. X. Schmuzers

Verzaichnus was ich vor bretter latten und gibs zu dem hochlobl. gottshaus Chabll gelifferet

Erst.	96	gemaine bretter zu gristen a 8 x	12	48
	39	fölz bretter a 15 x	9	45
	770	wurff latten a 3 x	38	30
	9	gibs fassl a 2 fl : 15 x	20	15
		Summa	81 fl :	18 x

Ist Mitt danckh bezallt

Franz Xaveri Schmuzer Stuckmeister

S. 2: Eigenhändige Quittung F. X. Schmuzers

Ich Endtz under schribner bekene hirmit das ich under haindtigem dato, von dem hochlobl: gottshaus zu Chabl per abschlag 55 fl: sagen finf und finzg gulden empfangen hab, wirdt in krafft dis beschaind actum schmiechen den 30 Sept: a: 1754.

Es folgen auf den Seiten 3 bis 11 und 13 bis 14 insgesamt elf weitere eigenhändige Quittungen Schmuzers, wonach folgende Zahlungen an ihn ergangen sind:

30. 9. 1754	55 fl
28. 10. 1754	118 fl
23. 4. 1755	50 fl
29. 6. 1755	25 fl
3. 7. 1755	200 fl
28. 9. 1755	200 fl
24. 11. 1755	40 fl 15 kr
7. 12. 1755	10 fl
23. 12. 1755	50 fl
29. 1. 1756	100 fl
30. 3. 1757	100 fl
12. 2. 1758	22 fl
	970 fl 15 kr

S. 12: Eigenhändige Spezifikation F. X. Schmuzers

anno 1757

hab ich zu dem lobl: gottshaus Ckhabl gelifret

1 fas gibs	5	15
5 (Pfund) dratt a 24	2	–
1/2 Spickhöl	–	30
drinckhgelt wegen den gibs fieren	–	8
ist Mitt danckh bezalt den 26 Febr:	7 fl :	53 x

25 Maria Steinbach an der Iller

25a HStA Stuttgart, Bestand B 486 Kloster Rot Bü 1755: »Betreff dem Neubau zu Steinbach«, darunter der Vertrag mit F. X. Schmuzer und J. G. Übelher zur Stuckierung der Wallfahrtskirche:

S. 14: Zu Vernemen welicher gestalten zwischen Ihro Hochwürden und Genaden dem Hochwürdig Hoch Edtl gebohren Hochgelerdten Herrn Herrn Ignatio Abbten deß Hochlöbl: Reichsgottshaus Rott wirdtigister Prelaten

Erstlich anerbiettet sich Johan Georg Ybelherr und dessen Consort Franz Xavery Schmuzer bede Stuckhador wegen der weissen Stuckhador arbeit in der Noy erbauten Kirchen zue Stainbach auf kinfftiges Jahr den Anfang zue Andertens versprechen bedt Stuckhador die ganze Kirchen von oben biß unden alle weisse Stuckhador arbeit sambt aller quateredor und weiß buzung auf das kinstlichste und daurhafftist herzuestellen. Es mag (. . ? . .) haben wie es wolle wie der riss sich zeiget, ittem in der grossen Kubl im Langhaus die 4 große Haubtschildt Basereleft mit Engl oder mit Kindtl auch aller Zuegehör oder insignia zue verfertigen und herzuestellen, mit all hochgenedigen Condento Ihro Hochwürden und Genaden. Dritens verlangen bede Stuckhador das ihnen alle erforterliche Matryalien durch ainen Handtlanger zue rechter Zeit auf das Gerist gebracht werdte, hingegen auch aißendratt nögl bemsel und andteres Geschir. Vierttens auf Hochgenedigens zue sagen, vor mich und mein Consorten in gegenwerdiger Arbeit die tagliche Herrn Kost und Drunckh zue reichen. Finfftens vor mein Balier oder Forsteher diser Arbeit die Kost welliche der Maurer und Zimermaister geniesst sambt dem Trunckh. Vor andtere Gesellen ain Ordt alwo sie sich selbsten verallementieren kennen. Sechstens Ihro Hochwürden und Genaden ingegen das alles in der Kirchen wie oben stehet und mein Riß sich zeiget, mit vollcomener Auszierung wirdt zuestanden sein und herrgesteldt Zwey Tausent /2700/ sibenhundert Gulden, und zwar in werenter Arbeit von Zeit zue Zeit da ain oder andters wirdt verferdtiget sein a: Conto und per Abschlag gegen gegenwerdiger gewöhnlicher Quitung; es auch dem Gesellen wan sie aines zue ihrer Bedirfftigkeit sein solt etwas verabfolgen und ausbezallen zue lassen.

Consentiert. Ignatius Abbas

S. 13: Ihro Hochwürdten und Genaden

Was die Marmorierung anblanget in der ganzen Kirchen zue Stainbach alle Lisenen von Cabeden bis zumb Schafft zue marmorieren und daurhafftiste zue schleiffen und balieren anbey ich auch von meinen Kösten anschaffte die Balierstain wie auch alle erforterliche Spezies zuer Boliz. Anbey hatten Ihro Hochwürden und Genaden beyzueschaffen Gibs farben bemsel Schwam Sandtstain und Hellschleift Stain, nach vollkhomner Verfertigung und schenster Balierung Hochgenedigen Condento, nach meine genauer Iberlögung 1200 fl:

25b Kreisarchiv Biberach, Dep. Graf Erbach-Erbach:

1. »Rechnung der schmerzhafften Mutter Gottes zu Steinbach, sowohl ordinari, als Extraordinari, nemlich das newen Kürchenbau, Einnahmb, und Ausgab in sich haltende, vom Dezember 1750 bis 1751 sambt Beylagen â N: 1 bis N: 105. Eingegeben Mense Decembris 1751 von Fr: Benedict Stadelhofer P:T: Praefecto«:

		fl	xr	H
N: 97	den 6. Augusti (1751) H: Lorenz Walser Stokhadorer Balier auf Abrechnung	51		
N: 98	den 20. Augusti Herrn Placidus Stokhadorer Balier auf Abrechnung	100		
N: 99	den 25. September Herrn Schmuzer auf Abrechnung	50		
N: 102	Herr Hermann Mahler 10 Wochen Kost im Pfleghoff à 2 fl.	20		
	dessen Frau und Tochter 9 Wochen à 1 fl.	9		
N: 103	Herr Ybelhör Stokhador 2 Wochen beym Hürschwürth, und dessen Balier H: Lorenz Walser 11 Wochen allda in der Kost	33	56	
	H: Ybelhör im Pfleghoff 4 Wochen à 2 fl	8		
	H: Schmuzer Stokhador in dem Pfleghoff 5 Wochen à 2 fl	10		
	H: Placidus Stokhadorbalier 11 Wochen à 2 fl	22		
N: 104	Ubrige Stokhadorer vom Hürschwürth 2 Betten gehabt, Schlaffgelt vom 11. May bis 30. October	10	16	

Beilage Nr. 99 ist eine eigenhändige Quittung F. X. Schmuzers:

»Ich Endtz Underschribener bekenne hirmit das ich under heindtigem Dato von Ihro Hochwürden Herrn Herrn Pater Pfleger 50 fl: per abschlag Empfangen hab. Actum Steinbach den 25. Sept: 1751

Franz Xaveri Schmuzer«

2. Jahresrechnung 1752 (»vom November 1751 bis 1752 inclusive, sambt Beylagen â N: 1 bis 113. Eingegeben Mense Jan: 1753«):

		fl	xr	H
N: 96	Herrn Lorenz Stokhadorer Balier Kostgelt	48		
N: 101	Vor Balierstein zum Marmorieren von Zwiefalten	2	16	
	Herrn Ybelhör Kost 16 Wochen Herrentisch à 1 fl 30 xr	24		
	Herrn Schmuzer Kost 11 Wochen Herrentisch à 2 fl	22		
	Herrn Fassmahler Kost 14 Wochen à 2 fl	28		
	Fassmahlers 4 Gesellen Kost 310 Tag à 8 xr	41	20	

3. Jahresrechnung 1753 (»vom November 1752 bis 1753. Eingegeben Mense Nov: 1753«):

		fl	xr
N: 77	HH: Hans Jerg und Franz Hölzle Fassmahler 12 ½ Wochen Kost geben Herrentisch à 2 fl	25	
	H. Ybelhör 25 Wochen Kost geben Herrentisch à 2 fl	50	
	Fassmahler Gesellen in allem 562 Täg Kost geben à 8 xr	74	56
	Stokhador Balier 29 ½ Wochen Kost bezahlt	59	

4. Jahresrechnung 1754 (»vom 9ber 1753 bis 1754 mit Beylagen â N:1 bis N:66 inclusive. Eingegeben Mense 9bris 1754«):

		fl	xr
N: 57	H: Ybelhör Kost geben Wochen 25. Herrentisch à 2 fl	50	
	HH: Hans Jerg und Franz Hölzle Fassmahleren 20 Wochen Herrentisch à 2 fl	40	
	denen Gesellen Kost geben 637 Täg à 8 xr	83	44
	H: Stokhador Balier 14 ½ Wochen Kost bezahlt mit	29	
N: 58	Jacob Schmidt vor ein Bett denen Stokhadoren 4 Sommer lang, undt etwas Arbeit	7	44

5. Jahresrechnung 1755 (»vom 9ber 1754 bis 1755. Eingegeben Mense 9bris 1755«):

		fl	xr
N: 37	dem Jacob Schmidt vor Schreinerarbeit und 2 Betten denen Stokhadoren	4	15
N: 38	dem Ammann vor Brantenwein denen Stokhadoren, und Heu vor 2 Kloster Mähren, so Kürchensachen heraufgeführt	1	28
N: 39	den 9. Augusti H: Ybelhör auf die Arbeit bezahlt	60	
	den 25. October dem nemlichen	59	
	dem Stokhador Balier Kostgelt	40	
	H: Ybelhör Kostgelt 30 Wochen à 2 fl	60	
	denen Stokhadoren beym Abmarsch zu Vertrincken geben	3	
	dem Elias Mohr vor 2 Betten denen Stokhadoren 4 Jahr	7	

6. Jahresrechnung 1756 (»vom 9ber 1755 bis 1756. Eingegeben Mense 9bris 1756«):

		fl	xr
N: 18	den 18. November abgehende Stokhadoren discretion	2	44
N: 22	H. Ybelhör nach und nach auf Abrechnung bezahlt 100 fl. An disen 100 fl seynd H: Ybelhör allein anzurechnen 80 fl 36 xr, weilen Er von Kempten aus anhero geliferet zwei Fass Ybs, vor welche derselbe von dem seinigen ausgelegt 19 fl 24 xr, machen also bede Posten	100	
N: 24	denen Stokhadorer vor Betten	7	28
	denen nemlichen vor Quartier	1	15
N: 27	Herrn Gabler und Sohn den Herrentisch mit Wein 40 Wochen à 2 fl	80	
	des Orgelmachers Gesellen Herrentisch mit Pier 17 Wochen à 1 fl 30 xr	25	30
	H: Ybelhör Herrentisch mit Wein 23 Wochen à 2 fl	46	

Die Jahresrechnung 1757, die letzte von Benedikt Stadelhofers Hand vor seiner Wahl zum Abt des Klosters Rot, enthält keine Beträge für die Stukkatoren. Die folgenden Jahrgänge, verfaßt von Fr. Bernhard Baur (Nov. 1757 bis Nov. 1758) und Fr. Thomas Agr. Mayer (1759–1765), erlauben keine Rückschlüsse auf die Anwesenheit einzelner Künstler, da nur summarische Angaben gemacht werden, z. B. »Kostgelt für die Meister« oder »Kostgeld für alle Kostgänger«.

26 STEINGADEN

Bayerische Staatsbibliothek München, Cgm 2960:[479]

Samlung zu einer Staingadischen Chronik von Gerlacus Haimerle, canonic. Steingadens.

1. Capitel: Von dem Kloster Staingaden an sich selbsten

S. 5: Die Klosterkirchen a fundatione her anoch stehend ist inwendig erst verschiedene Jahre her mit neuen Gewölben Pflaster Stein, Beicht- und Kirchenstühlen, einer neuen Orgel und neuen Fenstern, dan einer schönen Canzel, wohl ausgezieret, und die Gemähle an denen mittleren Gewölben und zu beyden Seiten durch den berühmten Kunst Mahler Herrn Johann Georg Bergmüller, die Arbeit von Gips durch Franz Schmuzern von Wessobrun, die Vergoldung aber durch diesortigen Mahler, Bernhard Ramies, verfertigt worden.

27a WEINGARTEN

HStA Stuttgart, Bestand B 522, Bü 66:

Eigenhändige Bescheinigung F. X. Schmuzers über den Empfang von 1100 Gulden: »Das ich under heintigem Dato von Ihro Hochwürden und Gnaden gnädigem Reichs Prälathen und Herrn Herrn des hochlobl: Reichs Stüfft und Gottshaus Weingarten wegen im mitere und obere Stockh der Gang und alle Zimmer von Stuckhadorarweit aus gemacht, Acortierter Massen 1100 fl sage dausent ein hundert Gulden, Völlig bezalt bin worden, wirdet hie mit in Krafft dis nebst underthenigem Danckh bescheindt Actum Weingarten den 12 octobris 1743 Franz Xaverj Schmuzer Stuckhador Meister zu Wessenbronn«

27b

Nr. 461a	Abteirechnungen von Weingarten[480]
18. 9. 1730	dem Franz Schmuzer seinen ausständigen Rest bezahlt 150 fl.
6. 11. 1731	dem Franz Schmuzer Stockator Abschlag auf seinen Verding im Neugebau gegeben 200 fl.
Nov. 1731	f. d. Stockator 105 fl.
	supra Baumeister et Stockator 280 fl.
	item den 2. 10. 100 fl.
1732	dem Franz Schmuzer Abschlag & insges. 350 fl. dem Schmuzer für Farben für das Heilthumgewölbe (= im Ostflügel südlich der Basilika)
23. 10. 1742	dem Maler Göz von Augsburg wegen gemachten neuen Audienzzimmer 425 fl
12. 10. 1743	dem Stoccador Franz Xaver Schmuzer wegen denen Decken im neuen Gebäu laut getroffenem Accord 1100 fl.
12. 10. 1743	dem Stoccator Franz Xaver Schmuzer auf die Heimreis verehrt 30 fl 40 xr.

ABSCHREIBUNGEN

DILLINGEN AN DER DONAU, Studienkirche Mariä Himmelfahrt (ehem. Jesuitenkirche).

Zuschreibungen an Joseph und Franz Xaver Schmuzer bei 1. JULIUS SCHÖTTL, Studienkirche, 1. Aufl. 1937, S. 3; 2. FRIEDRICH ZOEPFL, Die Studienkirche in Dillingen, o. J., S. 8; 3. ADOLF LAYER, Dillingen (Stadtführer), 2. Aufl. 1971, S. 20. Zu den Stukkaturen, deren Meister bis heute unbekannt sind, siehe KDM Schwaben VI, Stadt Dillingen, bearb. von Werner Mayer und Alfred Schädler, München 1964, S. 194–196 und KKF Nr. 258, 3. Aufl. 1970, S. 3 ff.

OBERMARCHTAL (Lkr. Donau-Alb, früher Ehingen), ehem. Klosterkirche.

Zwei Stuckmarmoraltäre in den Chorseitenschiffen. Zuschreibungen an F. X. Schmuzer siehe S. 74 und Anm. 291. Nach Hugo Schnell[481] ist auch die Obermarchtaler Sakristei 1759 von

479 Zitiert bei HAGER III, S. 140. Die Haimerle-Chronik endet mit dem Jahre 1764.
480 Die folgenden Angaben stellte freundlicherweise P. Adalbert Nagel OSB zur Verfügung.
481 KKF Nr. 139, S. 4.

F. X. Schmuzer stuckiert worden. Diese Angabe wurde von Friedrich Piel übernommen [482]. Tatsächlich sind Sakristei und Kapitelsaal schon 1701/02 von Franz Schmuzer stuckiert worden (Vertrag vom 18. 5. 1701 im StA Sigmaringen) [483].

SCHONGAU, Stadtpfarrkirche Mariä Himmelfahrt.

Zuschreibungen an F. X. Schmuzer bei 1. EBERHARD VON CRANACH-SICHART, Schongau–Altenstadt–Peiting (Deutsche Kunstführer 40), Augsburg 1929, S. 15; 2. DEHIO/GALL, S. 262; 3. HEILMAIER, S. 132; 4. HITCHCOCK II, S. 250, Anm. 53 (nach Entwurf Dominikus Zimmermanns); 5. KDB Obb. I, 1 S. 594; 6. G.-F. KOCH, S. 77; MUCHALL-VIEBROOK, S. 25; 7. THIEME-BECKER XXX, S. 181.

Das 1750 bis 1753 umgestaltete Langhaus der Schongauer Stadtpfarrkirche ist der am häufigsten F. X. Schmuzer zugeschriebene Bau, obwohl Schmuzer in den Quellen [484] nicht genannt wird [485]. Vielmehr geht aus den Kirchenrechnungen hervor, daß 1753 »Jacob Stiller, Stucador auf seine Arbeit pr. Abschlag« 300 fl erhält [486]. Auffallend ist die stilistische Verwandtschaft von Stillers Langhausstukkaturen mit Dominikus Zimmermanns archivalisch belegter Chordekoration aus dem Jahre 1748 [487].

MARIA VESPERBILD (Lkr. Günzburg, früher Krumbach), Wallfahrtskirche.

Zuschreibung an F. X. Schmuzer bei THIEME-BECKER XXX, S. 181. Der heutige Bau wurde 1754/1755 von Johann Georg Hitzelberger errichtet, der möglicherweise auch die Stukkaturen geschaffen hat (nicht Thassilo Zöpf!) [488].

WESSOBRUNN (Lkr. Weilheim-Schongau, früher Weilheim), Pfarrkirche St. Johannes Baptist.

Zuschreibungen des Baus an F. X. Schmuzer bei 1. NEU III, S. 27 f.; 2. Großer Kunstführer, Nr. 13, 4. Aufl. 1968, S. 25 [489]; 3. PFR. A. MAYER, Kirchenführer, 1. Aufl. 1973, o. S. [490]; 4. DISCHINGER, S. 165.

F. X. Schmuzer wurde bisher weder als Maler noch als Architekt nachgewiesen, so daß seiner hier vermuteten Bautätigkeit nicht zugestimmt werden kann. Stukkaturen, Altäre und Kanzel der Wessobrunner Pfarrkirche werden mit Recht Thassilo Zöpf (um 1758) zugeschrieben [491].

---

482 DEHIO/PIEL, S. 356.
483 KOSEL, S. 121.
484 Siehe die Wissenschaftlichen Veröffentlichungen des Heimatpflegers von Oberbayern, Reihe A, Heft 13: Die Kirchen und Kapellen der Stadt Schongau. Beiträge zu ihrer Bau- und Kunstgeschichte aus den Kirchenrechnungen des 17. und 18. Jh., bearb. von Sigfrid Hofmann, Schongau 1957.
485 In der Schongauer Stadtpfarrkirche waren mehrere Mitglieder der Familie Schmuzer tätig. So erwähnen z. B. die Kirchenrechnungen 1657–1660 (vgl. Anm. 484) Matthias und Paulus Schmuzer. 1738 fertigte Joseph Schmuzer einen Kostenvoranschlag für den Langhausneubau an (DISCHINGER, S. 151).
486 Wie Anm. 484.
487 Vgl. SIGFRID HOFMANN, Kultbauten der Stadt Schongau, in: Jb. Lech-Isar-Land 1962. S. 26. In diesem Zusammenhang schreibt eigenartigerweise G.-F. KOCH, S. 77, »das Dekor des Chores blieb unvollendet« (!).
488 Kurzinventar Krumbach, S. 283 ff.; HITCHOCK II, S. 250, Anm. 53; DISCHINGER, S. 67 f.
489 Text von Norbert Lieb.
490 Hier werden F. X. Schmuzer die Gesamtplanung und Johann Michael Feichtmayr die übrige Gestaltung zugeschrieben. Pfarrer Dr. A. Mayer, Wessobrunn, sei für sein Entgegenkommen bei der Durchsicht der Wessobrunner Matrikelbücher verbindlichst gedankt.
491 Vgl. PFLÜGER in: Jb. Lech-Isar-Land 1971, S. 109.

ZEITTAFEL

		27. 11. 1713	Taufe F. X. Schmuzer
		21. 9. 1722	Geburt der Schwester
		1. 1. 1737	Trauzeuge
April–Nov. 1737	Rottenbuch		
15. 1. 1738	Joseph und Franz Xaver		
3. 2. 1738	in Rottenb.		
April–Okt. 1738	Rottenbuch		
1738	Bidingen (?)		
März–Aug. (?) 1739	Mittenwald		
Aug. (?)–Nov. 1739	Oberammergau		
1739 (?)	Holzhausen		
1740	Oberammergau, Mittenwald		
1740	Eismerszell		
um 1740–1742	Steingaden (?)		
		6. 2. 1741	Heirat der Schwester mit Joh. Gg. Übelher
		21. 4. 1741	Tod von Franz Schmuzer
April–Okt. 1741	Rottenbuch		
Mai–Okt. 1742	Rottenbuch		
		7. 1. 1743	Trauzeuge
1743	Weingarten		
1744	Rottenbuch		
1745	Rottenbuch		
Febr. 1745	Überbringung einer von Joseph Schmuzer »gut verfaßten Delineation des Seminaribaus« nach Pfaffenhausen; »dem Sohn Zehrung 1 fl 4 kr« [492].		
		12. 1. 1746	Geburt des 1. Kindes
1746	Pfaffenhausen		
		15. 1. 1747	Geburt des 2. Kindes
1747/48	Hohenpeißenberg		
1747/48	Winkl		
1748	Petzenhausen, ULF		
	Anwesenheit am 1. 6., 23. 6., 28. 6., 20. 7. und 9. 8. belegt		
		13. 6. 1748	Tod der 1. Ehefrau
1749	Petzenhausen Pfk.		
1750	Osterzell, Kappel		
		23. 11. 1750	Zweite Heirat
1751	Kappel (Endzahlung 17. 8.)		
1751	Petzenhausen Pfk.		
	Anwesenheit am 11. 9., 27. 9., 30. 10. und 8. 11. gesichert		
1751	Maria Steinbach		
	Anwesenheit am 25. 9. 1751 belegt		
1752	Maria Steinbach		
		19. 3. 1752	Tod des Joseph Schmuzer
8. 4. 1752	Petzenhausen Pfk.		
		24. 4. 1752	Geburt des 3. Kindes
1752/53	Ettal		
1753/54	Türkenfeld		
1753/54	Hausen b. Geltendorf		
		25. 8. 1753	Geburt des 4. Kindes
		24. 10. 1754	Geburt des 5. Kindes

492 Schöttl in: Jb. des Hist. Vereins Dillingen, Jg. 1959/61, S. 41.

1754 Schmiechen
Anwesenheit am 30. 9. und 28. 10. gesichert
1754/55 Heinrichshofen
Anwesenheit am 4. 11. 1754, 30. 4. 1755 und 6. 12. 1755 gesichert
1755 Schmiechen
Anwesenheit am 23. 4., 29. 6., 3. 7. und 28. 9. gesichert
1755 Iffeldorf

29. 1. 1756 Schmiechen
1756 Petzenhausen Pfk. Choraltar
Anwesenheit am 31. 1., 17. 2., 13. 4., 5. 6., 6. 9. und 17. 9. gesichert

1756/57 Zankenhausen
17. 1. 1757 Petzenhausen Pfk. Choraltar
1757 Schmiechen
Anwesenheit am 26. 2. und 30. 3. gesichert
24. 9. 1757 Petzenhausen Pfk. Choraltar

1758/59 (?) Kloster Rottenbuch
12. 2. 1758 Schmiechen
1758 Petzenhausen Pfk.
Anwesenheit am 20. 5. und 21. 7. gesichert

1760 Seekirch

1761 Krün

1763 Obermarchtal
Anwesenheit am 31. 10. und 11. 11. gesichert

1766 Ammerhof
Anwesenheit am 27. 5., 26. 7. und 12. 10. gesichert

2. 1. 1756 Geburt des 6. Kindes

2. 12. 1756 Geburt des 7. Kindes

8. 12. 1757 Geburt des 8. Kindes

6. 2. 1759 Trauzeuge
3. 8. 1759 Geburt von Zwillingen
16. 10. 1759 Tod der Schwester

11. 2. 1760 Trauzeuge bei der 2. Heirat J. G. Übelhers
12. 1. 1761 Trauzeuge

16. 7. 1761 Geburt von Zwillingen
18. 11. 1762 Geburt des 13. Kindes

16. 11. 1763 Geburt des 14. Kindes
25. 6. 1765 Tod der Mutter
4. 9. 1765 Geburt des 15. Kindes
12. 11. 1765 Trauzeuge

10. 11. 1767 Trauzeuge
8. 11. 1768 Tod der 2. Ehefrau
6. 2. 1769 Heirat der Tochter Maria Veronika
24. 4. 1775 Tod des Franz Xaver Schmuzer
27. 4. 1777 Tod des Sohnes Johann Joseph

ABKÜRZUNGEN

Abb.	=	Abbildung
AEM	=	Archiv des Erzbistums München und Freising (früher Erzbischöfl. Ordinariatsarchiv München)
Anm.	=	Anmerkung
Bü	=	Büschel
Cgm	=	Codex germanus monacensis
Dep.	=	Depositorium, auch Depositum
Fasz.	=	Faszikel
fl	=	Florin (Gulden)
GL	=	Gerichtsliteralien
got.	=	gotisch
H	=	Heller
hg., hrsg.	=	herausgegeben
HANA	=	Hochstift Augsburg, Neuburger Abgabe
HStA	=	Hauptstaatsarchiv
Jb.	=	Jahrbuch
Jg.	=	Jahrgang
Jh.	=	Jahrhundert
KL	=	Klosterliteralien
kr	=	Kreuzer
LA	=	Landshuter Abgabe
Lkr.	=	Landkreis
Lhs.	=	Langhaus
n. e.	=	nicht erhalten
o. J.	=	ohne Jahr
o. O.	=	ohne Ort
o. S.	=	ohne Seite
OSB	=	Ordo Sancti Benedicti (Benediktinerorden)
PfA	=	Pfarrarchiv
Pfk.	=	Pfarrkirche
Qhs.	=	Querhaus
Rep.	=	Repositur
rom.	=	romanisch
StA	=	Staatsarchiv
Verz.	=	Verzeichnis
Zs.	=	Zeitschrift

Die abgekürzt zitierte Literatur wird im Literaturverzeichnis vollständig aufgeführt.

Gekürzt zitierte Literatur

Arens/Stöhlker	FRITZ ARENS und FRIEDRICH STÖHLKER, Die Kartause Buxheim bei Memmingen in Kunst und Geschichte, Buxheim 1962.
Bauer	HERMANN BAUER, Rocaille (Neue Münchner Beiträge zur Kunstgeschichte 4), Berlin 1962.
Boeck I	URS BOECK, Fresken vom Ammerhof. Die ehemalige Pfarrkirche zu Ammern und ihre Fresken: Tübinger Blätter 42, 1955, S. 12–18.
Boeck II	–, Archivalisches zum Bau der Ammerhof-Kirche: Tübinger Blätter 43, 1956, S. 36 f.
Brandis	ILSABE BRANDIS, Die Genesis des süddeutschen Muschelwerks. Ein Beitrag zur deutschen Ornamentgeschichte des 17. und 18. Jahrhunderts, Phil. Diss. (Maschinenschrift), Frankfurt 1943.
Braun	PLACIDUS BRAUN, Historisch-topographische Beschreibung der Diöcese Augsburg in drey Perioden, Augsburg 1823.
Buff	ADOLF BUFF, Die Anfänge der Stuccaturkunst in Augsburg bis in das 18. Jahrhundert: Zeitschrift des Hist. Vereins von Schwaben und Neuburg 23, 1896, S. 1–72.
Dehio III	GEORG DEHIO, Handbuch der Deutschen Kunstdenkmäler: III, Süddeutschland, Berlin 1940.
Dehio, Östl. Schwaben	–, Östliches Schwaben, bearbeitet von Ernst Gall, München-Berlin 1954.
Dehio/Piel	–, Baden-Württemberg, bearbeitet von Friedrich Piel, München 1964.
Dehio/Gall	–, Oberbayern, bearbeitet von Ernst Gall, München-Berlin 1964.
Diedrich	HANS HEINRICH DIEDRICH, Die Fresken des Johann Georg Bergmüller, Phil. Diss., Mainz 1959.
Dischinger	GABRIELE DISCHINGER, Johann und Joseph Schmuzer, Zwei Wessobrunner Barockbaumeister, Sigmaringen 1977.
Döry	LUDWIG VON DÖRY, Stukkaturen der Bandlwerkzeit in Nassau und Hessen: Schriften des Hist. Museums Frankfurt VII, 1954.
Drißen	JOHANN HEINRICH DRISSEN, Die Barockarchitektur der Abtei Weingarten, Frankfurt 1928.
Gundersheimer	HERMANN GUNDERSHEIMER, Matthäus Günther, Augsburg 1930.
Hager I	GEORG HAGER, Die Bauthätigkeit und Kunstpflege im Kloster Wessobrunn und die Wessobrunner Stuccatoren: Oberbayerisches Archiv 48, 1893–94, S. 195–521.
Hager II	–, Die Wessobrunner Stukkatorenschule: Heimatkunst, Klosterstudien, Denkmalpflege, München 1909, S. 14–37.
Hager III	–, Die Bau- und Kunstdenkmale des Klosters Steingaden: Oberbayerisches Archiv 48, 1893–94, S. 124–177.
Hartig	MICHAEL HARTIG, Die Oberbayerischen Stifte I, München 1935.
Hauttmann	MAX HAUTTMANN, Die Geschichte der kirchlichen Baukunst in Bayern, Schwaben und Franken, München 1919.
Heilbronner	PAUL HEILBRONNER, Johann Michael Fischer, Phil. Diss., München 1933.
Heilmaier	HANS HEILMAIER, Wegweiser durch den Pfaffenwinkel: Bayerland 55, 1953, S. 124–139.
Heimatbuch Fürstenfeldbruck	Heimatbuch Fürstenfeldbruck, Fürstenfeldbruck 1952.
Heimatbuch Landsberg	Heimatbuch Landsberg, Landsberg 1966.
Hitchcock I	HENRY-RUSSELL HITCHCOCK, The Schmuzers and the Rococo Transformation of Mediaeval Churches in Bavaria: The Art Bulletin 48, 1966, S. 159–176.
Hitchcock II	–, Rococo Architecture in Southern Germany, London 1968.

Hoffmann	Ilse Hoffmann, Der süddeutsche Kirchenbau am Ausgang des Barock, München 1938.
Hoffmann, Ettal	Richard Hoffmann, Das Marienmünster zu Ettal im Wandel der Jahrhunderte, Augsburg 1927.
Hoffmair, Sprengelsbach	Joachim Hoffmair, Beschreibung deß zum großen nuzen deß Closters Rottenbuch ... so lang und khostbar erpauten Neuen Weyher zu Sprengelsbach (Handschrift, Archiv des Erzbistums München und Freising).
Hoffmair, Oberammergau	–, Beschreibung von höchst nothwentiger Erpauung der dem Closter Rottenbuech incorporierten Pfarrkhürchen ... zu Oberammergau (Handschrift, Archiv des Erzbistums München und Freising).
Kasper I	Alfons Kasper, Kunstwanderungen im Herzen Oberschwabens I, Bad Schussenried 4. Aufl. 1976.
Kasper II	–, Kunstwanderungen kreuz und quer der Donau (Oberschwaben IV), Bad Schussenried 1965.
KDM Obb. I	Die Kunstdenkmäler des Königreiches Bayern: I Oberbayern 1, bearbeitet von Gustav von Bezold und Berthold Riehl, München 1895.
KDM Württemberg	Die Kunst- und Altertumsdenkmale in Württemberg: Oberamt Ravensburg, Stuttgart-Berlin 1931.
KDM Württemberg I	Die Kunst- und Altertumsdenkmale in Württemberg: Inventar Donaukreis I, Oberämter Biberach, Blaubeuren, Ehingen, Geislingen, Eßlingen 1914.
G.-F. Koch	Georg-Friedrich Koch, Die Entwicklung der Rocailledekoration in den Kirchenbauten Oberbayerns. Ein Beitrag zur Geschichte des volkstümlichen Rokoko in Süddeutschland, Phil. Diss. (Maschinenschrift), Göttingen 1948.
L. Koch	Laurentius Koch, Der Ettaler Hochaltar, in: Ettaler Mandl, Jg. 55/28, 1976, S. 29 ff.
Kosel	Karl Kosel, Die Stukkaturen der Schmuzergruppe 1695–1725: Zeitschrift des Hist. Vereins für Schwaben, 59/60, Augsburg 1969, S. 101–251.
Lamb I	Carl Lamb, Johann Ev. Holzer, das Genie der Freskomalerei des süddeutschen Rokokos: Augusta 955–1955, Forschungen und Studien zur Kulturgeschichte und Wirtschaftsgeschichte Augsburgs, Augsburg 1955.
Lamb II	–, Die Wies, München 1948.
Landolt	Hanspeter Landolt/Theodor Seeger, Schweizer Barockkirchen, Frauenfeld 1948.
Lieb/Dieth	Norbert Lieb/Franz Dieth, Die Vorarlberger Barockbaumeister, 3. Aufl., München-Zürich 1976.
Lieb/Hirmer	Norbert Lieb/Max Hirmer, Barockkirchen zwischen Donau und Alpen, München 1953.
Loers	Veit Loers, Rokokoplastik und Dekorationssysteme. Aspekte der süddeutschen Kunst und des ästhetischen Bewußtseins im 18. Jahrhundert, München-Zürich 1976.
Matsche	Franz Matsche, Der Freskomaler Johann Jakob Zeiller (1708–1783), Marburg 1970.
Matsche-von Wicht	Betka Matsche–von Wicht, Franz Sigrist 1727–1803, Ein Maler des 18. Jahrhunderts, Weißenhorn 1977.
Mayer/Westermayr	Anton Mayer/Georg Westermayr, Statistische Beschreibung des Erzbistums München-Freising III, München-Regensburg 1884.
Medici-Mall	Katharina Medici-Mall, Lorenz Schmid, Ein Wessobrunner Altarbauer und Stukkateur, Sigmaringen 1975.
Mick	Ernst-Wolfgang Mick, Joannes Holzer 1709–1740, in: Cultura Atesina, Kultur des Etschlandes 13, 1959.
Mois I	Jakob Mois, Die Stiftskirche zu Rottenbuch, München 1953.
Mois II	–, Hohenpeißenberg, in: Oberbayerisches Archiv 75, 1949, S. 3–84.
Mois III	–, Der Neubau des Klosters Rottenbuch 1750–1770, in: Lech- und Ammerrain 1, Nr. 3, 1950.
Mois IV	–, Zur Geschichte des Neubaues der Pfarrkirche in Oberammergau 1736–42, in: Das Münster I, 1947/48, S. 140–153.
Mois V	–, Joseph Schmuzer, »Kloster-Baumeister« des Stiftes Rottenbuch, in: Das Münster 1, 1947/48, S. 81 ff.
Morel	Andreas F. A. Morel, Andreas und Peter Anton Moosbrugger. Zur Stuckdekoration des Rokoko in der Schweiz, Bern 1973.

Muchall-Viebrook	Thomas Muchall-Viebrook, Dominikus Zimmermann, Ein Beitrag zur Geschichte der süddeutschen Kunst im 18. Jahrhundert, Leipzig 1912.
München I	Die Kunst- und Kulturdenkmäler in der Region München (I West), herausgegeben von Michael Meier, München 1977.
Neu I	Wilhelm Neu, Zur Häusergeschichte von Haid bei Wessobrunn im 17. und 18. Jahrhundert, in: Lech-Isar-Land 1968, S. 83–95.
Neu II	–, Zur Häusergeschichte von Gaispoint-Wessobrunn, in: Lech-Isar-Land 1967, S. 3–25.
Neu III	–, Unbekannte Frühwerke des Joseph Schmuzer, in: Lech-Isar-Land 1963, S. 5–34.
Pest	Matthäus Pest, Die Finanzierung des süddeutschen Kirchen- und Klosterbaues in der Barockzeit, München 1937.
Petri	Erika Petri, Johann Michael Feichtmayr, München 1931.
Pflüger	Dorothee Pflüger, Der Wessobrunner Stukkateur Thassilo Zöpf, Phil. Diss., München 1971 (Zusammenfassung in: Lech-Isar-Land 1971, S. 93–111).
Pörnbacher I	Hans Pörnbacher (Hrsg.), 900 Jahre Rottenbuch, Beiträge zur Geschichte und Kunst von Stift und Gemeinde, Weißenhorn 1974.
Pörnbacher II	–, Die Kirchen der Pfarrei Steingaden, Weißenhorn 1973.
Rupprecht	Bernhard Rupprecht, Die bayerische Rokokokirche, Kallmünz 1959.
Schefold	Max Schefold, Kloster Obermarchtal (Deutsche Kunstführer 6), Augsburg 1927.
Schnell I	Hugo Schnell, Die fürstäbtliche Residenz in Kempten, München 1947.
Schnell II	–, Die Wessobrunner Stukkatoren, in: Deutsche Kultur im Leben der Völker (Mitteilungen der Akademie zur wissenschaftlichen Erforschung und zur Pflege des Deutschtums) 16, München 1941, S. 183–193.
Schnell III	–, Die Bedeutung von Wessobrunn, in: Zeitschrift für bayerische Landesgeschichte 35, 1971 (Festschrift für Norbert Lieb), S. 186–201.
Spahr I	Gebhard Spahr, Die Basilika Weingarten, Sigmaringen 1974.
Spahr II	–, Oberschwäbische Barockstraße I (Ulm bis Tettnang), Waldbad-Baienfurt 1977.
Steichele/Schröder	Anton Steichele/Alfred Schröder/Friedrich Zoepfl, Das Bistum Augsburg, historisch und statistisch beschrieben, 2–10, Augsburg 1864 ff.
Thieme-Becker	Ulrich Thieme/Felix Becker, Allgemeines Lexikon der bildenden Künstler 30, Leipzig 1936, S. 181 (Zusammenstellung des Artikels »Schmuzer« von Norbert Lieb).
Thon	Christina Thon, Johann Baptist Zimmermann als Stukkator, München-Zürich 1976.
Vierl	Peter Vierl, Der Stuck, Aufbau und Werdegang am Beispiel der Bamberger Residenz, München 1969.
Vollmer I	Eva Chr. Vollmer, Oberbayerische Künstler in Osterzell bei Kaufbeuren, in: Lech-Isar-Land 1977, S. 89 ff.
Vollmer II	–, Zur Stuckdekoration der Wallfahrtskirche Maria Steinbach an der Iller, in: Ars bavarica, Bd. 9, München 1978, S. 41–50.
Vollmer III	–, Stuckdekorationen von Johann Michael Merck im Weilheimer Gebiet. Ein Beitrag zu Leben und Werk des Hofstukkators Friedrichs des Großen, in: Lech-Isar-Land 1979 (in Vorbereitung).
Vollmer IV	–, Neue Erkenntnisse zur Innenausstattung der Wallfahrtskirche Maria Steinbach an der Iller, in: Ars bavarica (in Vorbereitung).
Waldstein-Wartenberg	Angelus Graf Waldstein-Wartenberg, Neue Einsichten in die barocke Umgestaltung, in: Festschrift zum 600jährigen Weihejubiläum der Klosterkirche Ettal, Ettal 1970, S. 81 ff.
Wiebel	Richard Wiebel, Steingaden, in: Kalender Bayerischer und Schwäbischer Kunst, München 1921, S. 8.
Wolf I	Friedrich Wolf, Der Stuckator Franz Xaver Feichtmayr d. Ä. und sein bedeutender Mitarbeiter Jakob Rauch, in: Zeitschrift des Hist. Vereins für Schwaben 59/60, 1969, S. 251–269.
Wolf II	–, François de Cuvilliés, in: Oberbayerisches Archiv 89, München 1967.
Zürcher/Hell	Richard Zürcher/Hellmut Hell, Zwiefalten, Die Kirche der ehemaligen Benediktinerabtei, Konstanz-Stuttgart 1967.

Sonstige Literatur (Auswahl)

P. Norbert Backmund O. P., Die Chorherrenorden und ihre Stifte in Bayern, Passau 1966.

Helga Baier-Schröcke, Der Stuckdekor in Thüringen vom 16. bis zum 18. Jahrhundert, Berlin 1968.

Gustav Barthel, Barockkirchen in Altbayern und Schwaben, München 1960.

Werner Fleischhauer, Barock im Herzogtum Württemberg, Stuttgart 1958.

Rudolf Guby, Johann Georg Übelherr, in: Münchner Jahrbuch der bildenen Kunst 11, Heft 3/4, 1921, S. 13–29.

Henry-Russell Hitchcock, German Rococo: The Zimmermann Brothers, London 1968.

Wilhelm Jänecke, Über die Entwicklung der Akanthusranke im französischen Rokoko, dargestellt an Stichen französischer Meister in der Zeit von 1650 bis 1750, Phil. Diss. Hannover 1902.

Albert Knoepfli, Stuck-Auftrag und Stuck-Polychromie in der barocken Baukunst: Festschrift Hans Burkard, Gossau 1965.

Ebba Krull, Franz Xaver Habermann 1721–1796, Ein Augsburger Ornamentist des Rokoko, Augsburg 1977.

Norbert Lieb, Stuck-Notizen, in: Beiträge zur Kunstgeschichte des Bodenseeraumes und des Oberrheins (Festschrift für Albert Knoepfli): Unsere Kunstdenkmäler 20, 1969, S. 277 ff.

Willi Mauthe, Weilheim-Wessobrunn-Miesbach, in: Lech-Isar-Land 1962, S. 7–13.

Andreas F. A. Morel, Zur Stuckdekoration in der Schweiz, in: Zeitschrift für schweizerische Archäologie und Kunstgeschichte 29, 1972, S. 194 ff.

Joseph-Maria Ritz, Fränkisch-Bayerisches Rokoko, Phil. Diss. 1918.

Christian Friedrich Rupp, Der Dekor des Bandwerkstiles und des frühen Rokoko in Franken, Phil. Diss. Erlangen 1934.

Erwin Schalkhauser, Die Münchner Schule in der Stuckdekoration des 17. Jahrhunderts, in: Oberbayerisches Archiv 81/82, 1957, S. 1–139.

Ursula Schlegel, Schwäbische Sakralräume des Barock, Phil. Diss. Berlin 1952.

Hilde Schwarz, Das Bandelwerk, Phil. Diss. Wien 1950.

Richard Sedlmaier, Grundlagen der Rokoko-Ornamentik in Frankreich, Straßburg 1917.

Eduard Zimmermann, Bayerische Klosterheraldik, München 1930.

Kunstführer

KKF = Schnell & Steiner Kleine Kunst- und Kirchenführer

Nr. 5	Steingaden, 4. Aufl. 1952 (Verfasser Seraph Ringmeir und Hugo Schnell)
Nr. 7	Ettal, 1. Aufl. 1934 (H. Schnell)
Nr. 8	Rottenbuch, 18. Aufl. 1968 (H. Schnell)
Nr. 17	Mittenwald, 5. Aufl. 1961 (H. Schnell)
Nr. 21	Oberammergau, 7. Aufl. 1974 (F. X. Bogenrieder)
Nr. 45	Unterammergau, 4. Aufl. 1960 (Pfr. A. Bauer)
Nr. 128	Partenkirchen, 6. Aufl. 1964 (H. Schnell)
Nr. 139	Obermarchtal, 4. Aufl. 1965 (H. Schnell)
Nr. 205	Maria Steinbach, 5. Aufl. 1977 (H. Schnell)
Nr. 528	Weingarten, 14. Aufl. 1967 (H. Schnell)
Nr. 572	Maria Kappel bei Schmiechen, 1. Aufl. 1952 (Fritz Zimmermann)
Nr. 759	Hohenpeißenberg, 3. Aufl. 1966 (Bernhard Bauer)

Kurzinventare

Bayerische Kunstdenkmale:
Stadt und Landkreis Memmingen, bearb. von Tilmann Breuer, München 1959;
Stadt und Landkreis Kaufbeuren, bearb. von Tilmann Breuer, München 1960;
Landkreis Marktoberdorf, bearb. von Michael Petzet, München 1966;
Landkreis Krumbach, bearb. von Heinrich Habel, München 1969;
Landkreis Augsburg, bearb. von Wilhelm Neu und Frank Otten, München 1970;
Stadt und Landkreis Mindelheim, bearb. von Heinrich Habel, München 1971.

Historischer Atlas von Bayern. Teil Altbayern:
Heft 4: Das Landgericht Weilheim 1952; Heft 6: Die Klostergerichte Benediktbeuern und Ettal, 1953; Heft 9: Hochstift Freising, Grafschaft Werdenfels, 1955; Heft 22/23: Die Landgerichte Landsberg und Schongau, 1971.

Historischer Atlas von Bayern. Teil Schwaben:
Heft 4: Memmingen, 1967; Heft 7: Mindelheim, 1970.

ORTSVERZEICHNIS

Ist bei Orten kein Landkreis angegeben, so handelt es sich um kreisfreie Städte oder um Kreisstädte in gleichnamigen Landkreisen.

VERZEICHNIS DER BAUHERREN, KÜNSTLER UND KUNSTHANDWERKER

A = Architekt; B = Bildhauer; Faßm = Faßmaler; Kst = Kupferstecher; M = Maler; Mr = Maurer; O = Orgelbauer; Schr = Schreiner; St = Stukkator

ABBILDUNGSNACHWEIS

Klaus Brantl (München): Farbtafel II; Dr. Gabriele Dischinger (München): Abb. 3, 17, 18, 19, 21, 25, 53, 60, 72, 73, 90, 91; Foto Marburg: Abb. 66; Hans Huber (Garmisch-Partenkirchen): Farbtafel I; Hans Käsbauer (Kempfenhausen): Farbtafel IX; Anton H. Konrad (Weißenhorn): Farbtafeln V, VI; Franz Milz (Füssen): Farbtafel VII; Katholisches Pfarramt St. Peter und Paul, Mittenwald: Farbtafel III; Jan Thorbecke Verlag (Sigmaringen): Abb. 128.
Die Strichzeichnungen auf den Seiten 29–31 fertigte Architekt Andreas Risch (Wiesbaden) an.
Alle übrigen Photos und Zeichnungen von der Verfasserin.

Gabriele Dischinger

Johann und Joseph Schmuzer

Zwei Wessobrunner Barockbaumeister

Band 22 der Bodensee-Bibliothek – Monographien zur Kunstgeschichte des Bodenseeraumes. 236 Seiten mit 79 Abbildungen.

Die Bedeutung des Namens Schmuzer gründete bisher auf den hervorragenden Leistungen dieser Künstlerfamilie im Bereich der Stuckdekoration barocker Innenräume. Nun wird erstmals eine umfassende Würdigung der Bautätigkeit dieser Wessobrunner vorgelegt. Die wichtigsten Vertreter, Johann und Joseph Schmuzer, waren, wie ihr berühmter Landsmann Dominikus Zimmermann, künstlerische Doppelbegabungen, die den Typ des Stukkatorbaumeisters verkörperten. Angeregt und geschult durch die Zusammenarbeit mit den Vorarlbergern Michael und Christian Thumb, deren Kirchen- und Klosterbauten er auszierte (Obermarchtal, Friedrichshafen), entwarf Johann Schmuzer die aufwendigste Klosteranlage des 17. Jahrhunderts für die Benediktinerabtei Wessobrunn und schuf in Vilgertshofen die beispielgebende Form einer Wallfahrtskirche. Sein Sohn Joseph trat zu Beginn seiner Laufbahn ebenfalls in nachhaltige Beziehung zu einem Vorarlberger, zu Franz Beer, dessen Einfluß sich im Frühwerk des jüngeren Schmuzer, der Heiligkreuz-Kirche in Donauwörth widerspiegelt. Von 1725 an wird seine Entwicklung zunehmend selbständiger und gipfelt in den bislang unbeachtet gebliebenen Projekten für die Kirche des ehemaligen Reichsstiftes Ottobeuren. Das umfangreiche Werk Johann und Joseph Schmuzers umfaßt den Zeitraum von 1670 bis 1750, in dem die berühmten Barockbauten Süddeutschlands entstanden.

Jan Thorbecke Verlag Sigmaringen

~~64.~~
24.50